Hans D. Sidow
Key Account Management

Hans D. Sidow

Key Account Management

Wettbewerbsvorteile
durch
kundenbezogene Strategien

Die Deutsche Bibliothek – CIP-Einheitsaufnahme

Sidow, Hans D.:
Key Account Management : Wettbewerbsvorteile durch kundenbezogene Strategien /
Hans D. Sidow – 6. Auflage – Landsberg/Lech : Verl. Moderne Industrie, 2000
ISBN 3-478-22443-8

6. Auflage 2000
5. Auflage 1999
4. Auflage 1998
3., völlig überarbeitete Auflage 1997
2., durchgesehene Auflage 1993

© 1991 verlag moderne industrie, 86895 Landsberg/Lech
Umschlaggestaltung: Felix Weinold, Schwabmünchen
Satz: Fotosatz Reinhard Amann, Aichstetten
Druck: Druckerei Himmer, Augsburg
Bindung: Buchbinderei Thomas, Augsburg
Printed in Germany 220443 / 050003
ISBN 3-478-22443-8

Inhaltsverzeichnis

Vorwort zur 6. Auflage

Die ersten Erfahrungen mit einem Gremium von Key Accounts verdanke ich meinem früheren Chef, Herrn Paul Uhl. Die Art und Weise, wie Key Accounts auf einen Unternehmer Macht ausüben, hat mich über Jahrzehnte nachdenklich darüber gemacht, wie man dem begegnen kann. Später habe ich einen Teil dieser Key Accounts in persönlicher Verantwortung bearbeitet und dabei die ersten Erfahrungen mit Key Account Management gemacht. Daraus ist dann ein Hauptberuf in der Beratungsbranche geworden.

Danken möchte ich meinen zahlreichen Kunden und deren Mitarbeitern im In- und Ausland, die Teilnehmer an Workshops und Seminaren waren, die ich leiten durfte. Sie gaben mir so viele Beispiele für ihre Probleme mit ihren Key Accounts, wie sie ein einzelner Mensch zeit seines Lebens allein nie sammeln könnte.

Danken möchte ich meinem Freund und Kollegen Gerd Hoffmann für zahlreiche Denkanstöße und Korrekturen.

Herzlich danken möchte ich auch Frau Dorothea Mühlthaler, die mir bei der Erstellung des Manuskriptes geholfen hat.

Die 6. Auflage konnte aufgrund der Aktualität der Inhalte und der großen Akzeptanz des Buches unverändert aufgelegt werden.

Pöcking, im März 2000

Dr. Hans D. Sidow
Hohe Wurz 5
D-82343 Pöcking
Fon 08157/5177

1. Was heißt Key Account Management?

„Account" bedeutet im Englischen „Konto": Firmen führen die Umsätze mit ihren Kunden als „Konten". Von daher hat sich der Begriff „account" oder „Konto" als Begriff für den Kunden selbst eingebürgert. „Key" ist im Englischen der Schlüssel, der „Key Account" folglich der „Schlüsselkunde". Schlüsselkunden werden in der Regel mit Hilfe von ABC-Analysen nach dem bestehenden Ist-Umsatz-Anteil ermittelt. Daneben finden eine Reihe anderer Auswahlkriterien Anwendung (mehr dazu unter 2.1).

Unter Key Account Management wird folgendes verstanden:

- Eine grundsätzlich **kundenorientierte Einstellung** und Arbeitsweise des Unternehmens, die – gut ausgebaut – einen strategischen Wettbewerbsvorteil ergeben kann. Denn die Erfahrung über Unternehmenskulturen und die Art ihrer Orientierung hat ergeben, daß kundenorientiert denkende und arbeitende Unternehmen tendenziell bessere Gewinne erwirtschaften.
- Ein Ansatz für Lean Management: Auf der Basis von ABC-Analysen werden **differenzierte Bearbeitungsformen** für unterschiedliche Kundengruppen gewählt, um den Anforderungen dieser Kundengruppen sowie eigenen Kosten- und Ertragsgesichtspunkten besser Rechnung tragen zu können.
- **Spezielle Organisationsformen** für den Verkauf an und die Zusammenarbeit mit Schlüsselkunden als Ausdruck einer differenzierten Bearbeitungsform.
  - Dabei werden in der Aufbauorganisation besondere Stellen oder Kundenteams gebildet, welche auf die Zusammenarbeit mit bestimmten Key Accounts spezialisiert sind. Man kann diese Formen auch als **„institutionelles Key Account Management"** bezeichnen.
  - Zum anderen werden die eigenen, internen Leistungsprozesse und Ablaufstrukturen auf Marktsegmente, Kundengruppen oder Einzelkunden ausgerichtet statt an den herkömmlichen vertikalen Hierarchien und Abteilungen. Man spricht dabei auch von **„streamlining"** oder **„Pipeline-isierung" interner Arbeitsprozesse** und Wertschöpfungsketten. Dies steht bei der Einführung in der Regel mit umfassenden Business-Reengineering-Programmen in Zusammenhang.

- Die Summe professioneller **Arbeitsmethoden und Arbeitstechniken** aus Marketing, Verkauf und strategischem Management, mit deren Hilfe die geschäftlichen Möglichkeiten mit Key Accounts besser gesichert und ausgeschöpft werden können. Man kann diesen Ansatz auch als **„funktionales Key Account Management"** oder auch als **Kundenmarketing** bezeichnen. Der einzelne (Groß-)Kunde wird dabei wie ein (kleinerer) Teilmarkt bearbeitet.

In der Praxis treten diese unterschiedlichen Verständnisformen in verschiedenartigsten Kombinationen auf. Nicht nur die einzelnen Branchen, sondern auch die einzelnen Firmen einer Branche verstehen unter Key Account Management unterschiedliches – meist das, was sie selbst praktizieren. So gibt es in der Konsumgüterindustrie viele Firmen, die vor allem den Ansatz des institutionellen Key Account Managements verfolgen. Daneben gibt es aber einige wenige, die lediglich funktionales Key Account Management betreiben. Dabei bleibt die Bearbeitung der Key Accounts voll in der Linie, ohne daß spezielle Stellen für das Key Account Management gebildet werden. Am häufigsten wird eine **Kombination** aus institutionellem und funktionalem Key Account Management betrieben.

So spiegelt Key Account Management in der Praxis letztlich immer die sehr individuellen Beziehungen zwischen einem Unternehmen, seiner Firmenphilosophie, seiner Unternehmenskonzeption, seinem Marketing und seiner Art des Verkaufens mit allen Eigenarten, Stärken und Schwächen zu seinen Kunden wider. Dabei wird versucht,

- zwischen diesen oftmals sehr eigenständigen – auch historisch gewachsenen – Formen ein Geschäft mehr oder weniger erfolgreich zu betreiben und
- zwischen den unterschiedlichen Strategien, Anforderungskriterien, Kulturen, Arbeitsweisen und auch Umgangsformen der verschiedenen Kunden und Branchen eine für beide Teile sinnvolle Wertschöpfungsbrücke herzustellen. Damit ist die Summe aller Maßnahmen von Anbieter und Abnehmer gemeint, **Wertschöpfungspotentiale** für beide Beteiligten zu erkennen, zu erschließen, zu vergrößern und „gerecht" oder – viel strapaziert! – „partnerschaftlich", meist jedoch unter Einsatz der jeweiligen Übermacht, zu teilen.

Lassen sich Unternehmensstrategien und Wertschöpfungsbrücken mit Key Accounts erfolgreich realisieren, so ist dies meist ein Prüfstein für die

Erfolgsträchtigkeit und Schlüssigkeit der eigenen Vorgehensweisen gegenüber den übrigen Marktpartnern. Insofern ist der Erfolg im Key Account Management zugleich auch immer ein wichtiger Test für das eigene Unternehmen,

- in welchem Maße seine Strategien, Konzeptionen und Vorgehensweisen greifen und
- inwieweit veränderte Anforderungen, Probleme, Bedürfnisse, Strategien, Konzeptionen und Vorgehensweisen der Kunden eine Anpassung der eigenen Strategien erfordern.

Hier überschneidet sich Key Account Management mit den Überlegungen des Unternehmens über seine Strategienbildung, die sich von den Themen des Key Account Management auch kaum trennen lassen und in diesem Buch zusammen behandelt werden.

Die Rückkopplung zwischen Großkunden und Hersteller kann sehr wichtige Anstöße für die Verbesserung der Wertschöpfung in der Kette geben. Das Herstellerunternehmen erhält dadurch wichtige Informationen über Probleme, Anforderungen und Veränderungstendenzen im Markt. Das erfordert aber Key Account Manager als Gesprächspartner, die die Fachsprache der Branche ihrer Key Accounts beherrschen, auf deren Wellenlänge mitdenken und Anregungen positiv und kritisch verstehen können. **Key Account Manager müssen sich in den Märkten ihrer Kunden und in deren Köpfen auskennen.** Solche Fachkräfte sind keineswegs ohne weiteres zu beschaffen, sondern müssen konsequent aufgebaut werden.

Früher hat oftmals der Chef persönlich die Rolle des ersten Verkäufers seiner Firma gespielt, er war Träger der Firmenphilosophie und des Firmen-Know-hows. Quelle des Firmen-Know-hows waren die Informationen aus vielen Gesprächen mit großen und kleinen Kunden. Key Account Management war Chefsache. In kleineren Firmen ist es dies heute noch. Bei größeren Firmen muß heute als Äquivalent der qualifizierte Key Account Manager aufgebaut werden. Das heißt zugleich auch, daß Key Account Management nicht nur dann Key Account Management ist, wenn es ausdrücklich als solches bezeichnet oder als Institution organisiert wird („institutionelles Key Account Management"). Vielmehr liegt Key Account Management auch dann vor, wenn es Key Accounts gibt und diese in einer besonderen – zunächst nicht näher definierten – Form bearbeitet werden.

Key Account Management wird als Funktion im Unternehmen oft auch von mehreren Personen oder **Key-Account-Teams** betrieben. Denn die Frage der Schlüssigkeit und Tragfähigkeit der eigenen Konzeptionen und Strategien ist keineswegs nur vom Key Account Manager zu verantworten, sondern interessiert natürlich auch

- die Geschäftsleitung,
- die Marketingleitung,
- die Vertriebsleitung,
- das Produktmanagement,
- die Werbeleitung,
- die Forschung & Entwicklung,
- die Produktion,
- die Logistik,
- das Controlling,
- die Beschaffung usw.,

also im Prinzip das gesamte Unternehmen. Deshalb ist es auch verständlich, daß sich häufig Geschäftsleitungen in das Management ihrer Key Accounts einschalten. Deswegen versteht sich die Rolle des Key Account Managements auch als die einer „Spinne im Netz":

An der Schnittstelle zu den Key Accounts werden die unterschiedlichsten Personen des eigenen Unternehmens eingebunden, eingeschleust. Damit wird die Kette der gemeinsamen Informationen zwischen dem Unternehmen und seinem Key Account dicht geschlossen.

Ähnliche Arbeitsweisen gegenüber und mit wichtigen Kunden hat es natürlich schon vor Aufkommen des speziellen Begriffs Key Account Management gegeben. Nur übten diese Funktion mehrere Personen nebenbei mit aus, z.B.:

- der Verkäufer des Gebietes, in dem der Key Account zufällig den Sitz seiner Zentrale hatte
- der Gebietsverkaufsleiter, der der Zentrale des Key Account geographisch am nächsten lag (Prinzipien der geographischen Nähe, der Qualifikation und der Hierarchieadäquanz)
- der Vertriebsdirektor (Prinzipien der Qualifikation und der Hierarchieadäquanz)
- der Unternehmer selbst (Prinzipien der Hierarchieadäquanz und der Qualifikation, Gedanke der authentischen Darstellung und Abprüfung

der Unternehmensphilosophie sowie des Einholens von Primärinformationen für die eigene Geschäftspolitik)

Probleme mit einem solchermaßen praktizierten Key Account Management gab und gibt es immer dann, wenn

- sich auf Kundenseite rasche Veränderungsprozesse vollziehen,
- die qualifizierte Key-Account-Bearbeitung Spezialisierung im eigenen Fachbereich **und** vertiefte Kundenkenntnis, z.B. wegen dessen hoher Komplexität, **zugleich** erfordert und
- diese Funktion von anderen Stelleninhabern nicht nebenbei mit ausgeübt werden kann.

Denn dann werden Chefs, die Key Account Management nebenbei ausüben, leicht überfordert. Sie können sich nicht sachgerecht in die Kundenprobleme vertiefen und werden dazu verführt, die „vordergründigen" Kundenprobleme zu lösen, z.B. durch Preisnachlässe.

Aus dem **Dilemma des Hin- und Hergerissenseins** zwischen verschiedenen Funktionen, z.B.

- **„Normal-Verkäufer"**: Bearbeitung vieler Kunden **und** zugleich vertiefte Bearbeitung von Key Accounts,
- **Verkaufsleiter**: qualifizierte Mitarbeiterführung **und** qualifiziertes Key Account Management,
- **Vertriebsdirektor**: Vertriebssteuerung **und** qualifiziertes Key Account Management,
- **Unternehmer**: Unternehmensführung **und** qualifiziertes Key Account Management,

ist verständlich, **daß Tiefgang und Professionalität der Key-Account-Bearbeitung Spezialisierung erfordert**:

- Beschränkung der Mehrfachfunktionen auf Key Account Management, unter Verzicht auf andere Aufgaben.
- Beschränkung auf wenige Key Accounts entsprechend dem Bearbeitungsaufwand, den diese aus ihrer individuellen Komplexität heraus erfordern. (Nebenbei: Nicht alle großen Kunden sind schwierig und komplex. Es gibt auch große einfache und kleine schwierige Kunden.)

Dem widerspricht nicht, daß in großen und erfolgreichen Unternehmen Key Account Management nicht als institutionelles, sondern nur als funktionales Key Account Management betrieben wird. Meist handelt es sich dabei um Unternehmen mit starken Pull-Strategien und/oder starkem funktionalem Key Account Management. Deshalb ist Key Account Management im wesentlichen geprägt durch Methodik, Systematik, Instrumentalisierung und Professionalität, also durch die Qualität, mit der es ausgeübt wird. Diese professionelle Qualität gerät immer dann in Schwierigkeiten, wenn für sie durch Doppelbelastung, Überbelastung und Ablenkung durch andere Aufgaben und Interessen zuwenig Zeit für Tiefgang bleibt.

Institutionelles Key Account Management **kann** diese Überforderung mit der Folge der Oberflächlichkeit verhindern – **muß aber nicht**. Maßgeblich sind auch die Qualifikation des Stelleninhabers, die Zahl der Kunden, die er betreuen soll, und die damit verbundene Arbeitslast. So wurde bei einem Unternehmen der Konsumgüterindustrie – mit einem sehr breiten Sortiment – ein institutioneller nationaler Key Account Manager angetroffen, dem sämtliche Zentralen des deutschen Lebensmittelhandels zur verantwortlichen Bearbeitung übertragen worden waren. Wir errechneten für deren qualifizierte Bearbeitung eine Gesamtarbeitslast von über 500 Manntagen pro Jahr. Der Mann war verzweifelt, weil er zum einen zwangsläufig oberflächlich arbeiten mußte, zum anderen auch das Handwerkszeug des Key Account Managements nicht ausreichend beherrschte und drittens die Potentiale dieser Key Accounts nicht annähernd ausschöpfen konnte.

Daraus ergibt sich, daß die Grundform des Key Account Managements das funktionale Key Account Management ist. Dieses ist durch die gekonnte Anwendung von professioneller Methodik und Systematik gekennzeichnet (siehe dazu Punkt 4.: Die Arbeitsmethoden des Key Account Managements).

Funktionales Key Account Management **kann, muß aber nicht** institutionalisiert werden. Das gilt immer bei starken Pull-Strategien. Das Dilemma ist, daß diese immer schwieriger – vor allem mit dem Anspruch der Alleinstellung und der Nichtaustauschbarkeit – realisierbar sind. In Situationen eines Marketing mit Grenzwirkung müssen alle Elemente einer professionellen Marktbearbeitung aktiviert werden.

Wenn im folgenden also von Key Account Management die Rede ist, dann ist damit primär das funktionale Key Account Management gemeint. Dieses müssen alle beherrschen, die die Key Accounts des Unternehmens (mit-)bearbeiten. Man darf nie vergessen, daß Key Accounts auch ohne Key Account Management existieren und bearbeitet werden – mehr oder weniger bewußt und mehr schlecht als recht.

In den folgenden Ausführungen soll daher herausgearbeitet werden, wie Unternehmen ihre Key Accounts erfolgreich bearbeiten können. Dabei sollen die Ideen und Überlegungen, Denkansätze und Systeme, Methoden und Instrumente, Aufbau- und Ablauforganisationen, die für das Key Account Management bekannt sind, für alle Branchen umfassend dargestellt werden. Wo nötig wird auf die spezielle Bedeutung bestimmter Ansätze für bestimmte Branchen hingewiesen. Vielfach ergibt sich jedoch Nutzen für den Anwender der einen Branche durch Analogie-Erkenntnisse. Deshalb wird eher mehr als weniger dargestellt und angeboten. Im Einzelfall muß sich jedes Unternehmen sein Key Account Management selbst zusammenstellen.

2. Gründe für die Einrichtung von Key Account Management

Welche Gründe bewegen ein Unternehmen dazu, Key Account Management institutionell oder funktional einzurichten und zu betreiben? Reicht nicht Kundenorientierung des Unternehmens als strategische Erfolgsposition, ergänzt durch professionelles Verkaufen, aus?

Denn tatsächlich beinhalten ja die Methoden und Instrumente des funktionalen Key Account Managements eine Reihe professioneller Verkaufstechniken hohen Niveaus in ausgeprägter Systematik.

2.1 Veränderungen in den Marktstrukturen

Die einfachsten Gründe für die Einrichtung von Key Account Management ergeben sich immer dann, wenn einige Kunden des Unternehmens im Verhältnis zu anderen gewichtiger werden. Gewichtigkeit kann durch **Umsatzkonzentration** einer Branche entstehen. Dadurch vergrößert sich die Abhängigkeit der Lieferanten von immer mehr Großkunden. Bekannt sind diese Erscheinungen als Pareto-Prinzip, Lorenz-Kurve oder 20-80-Regel, d.h., 80% des Umsatzes werden mit 20% der Kunden gemacht, siehe Abbildung 1.

Weitere Gründe, nicht nur für die Einrichtung von Key Account Management, sondern auch für die Veränderung der gesamten Vertriebsstruktur, können sich immer dann ergeben, wenn sich die Organisation der Kunden sowie deren Struktur und Arbeitsweise verändern, so daß diese aus der bisherigen Vertriebsstruktur des Unternehmens heraus nicht mehr optimal zu bearbeiten sind.

Das war in den Jahren nach 1970 für die Konsumgüterindustrie in Deutschland der Fall, weil sich in dieser Zeit die Struktur des Lebensmittelhandels änderte. Folgende Merkmale kennzeichneten diese Veränderung:

• **Konzentration** der vorher amorphen Struktur vieler Einzelhändler auf wenige nachfragestarke Handelskonzerne.

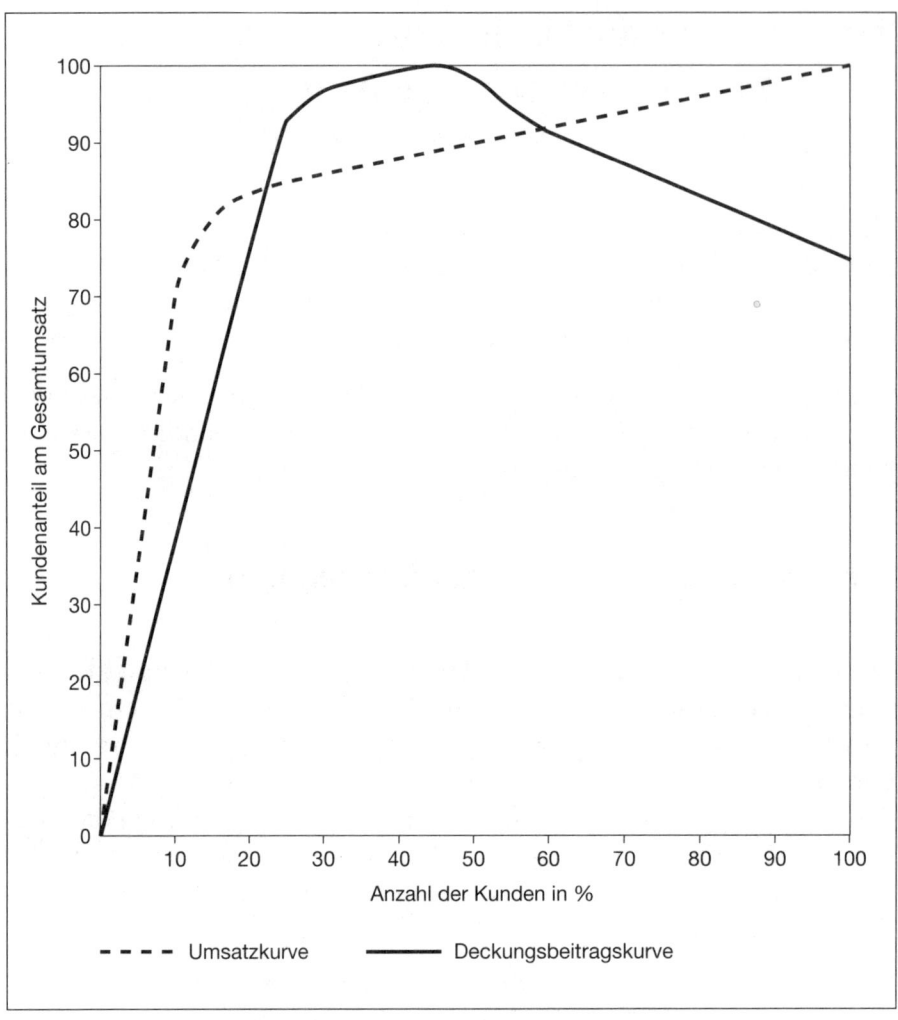

Abb. 1: Lorenz-Kurve: 20% der Kunden bringen 80% der Umsätze,
      aber bei den Deckungsbeiträgen sieht es anders aus.

- **Verlagerung der Entscheidungskompetenzen** von einzelnen regionalen Niederlassungen **in die Zentralen** der Großkunden. Diese Zentralen lagen immer seltener in den Gebieten, in denen der Umsatz getätigt wurde. Das hatte zur Folge, daß den Umsatzverantwortlichen in der Region ein Teil der Instrumente zur Umsatzgenerierung fehlte, zum Beispiel der Einfluß auf die Aufnahme in das Warenwirtschaftssystem des Kunden durch Listung oder die Distribution durch die Zentrale.

In der Konsumgüterindustrie waren deshalb die Verantwortlichen der Industrie für die Bearbeitung der Handelszentralen („Handelsdirektoren") die ersten Key Account Manager. Sie hatten vor allem die Schlüsselentscheidung der Listung in den Handelszentralen zu beeinflussen.

Vergleichbare Probleme tauchten europaweit im Vorfeld und Nachgang der Bildung des Europäischen Marktes auf. Um Computer an die Tochter eines französischen Konzerns in Norddeutschland verkaufen zu können, benötigte die Key Account Managerin eines Computerunternehmens die Einverständniserklärung der Zentrale in Paris. Dort durfte sie aber keine Gespräche führen, weil die bürokratische Reisekostenregelung des Unternehmens einen Besuch der Zentrale in Paris nicht zuließ. Hinzu kam, daß das Verkaufsgebiet Frankreich der französischen Tochterfirma des Computerunternehmens unterstand und diese kein Interesse am Approval für die deutsche Konzerntochter hatte, weil ihr die Teilumsätze aus Deutschland und die damit verbundene Provision nicht angerechnet wurden.

Weitere Beispiele sind aus der Automobilindustrie bei Einführung der Approvals als Qualitätslieferant bekannt, z.B. bei Ford als Q1-Lieferant. Hier bestehen **dezentrale Entscheidungsstrukturen**. Die Approvals für einzelne Zulieferteile werden an verschiedenen Niederlassungen der Konzerne erteilt, gelten dann aber konzernweit.

All dies machte eine Koordination der Key-Account-Bearbeitung, besser der **„Large Accounts"**, also regionenübergreifender Konzernkunden, nötig.

Ein weiterer Grund für die Installation von Key Account Managern ist die **Veränderung des Qualifikationsniveaus der Entscheider bei Großkunden**. Dies erfordert jeweils auch eine Anhebung des Qualifikationsniveaus der Verhandler oder der Teams auf Lieferantenseite, wobei dies nicht notwendigerweise institutionelles Key Account Management erfordert.

Ähnlich werden Überlegungen zur Veränderung der Key-Account-Bearbeitung durch eine **Veränderung der Strategien und Arbeitsweisen der Key Accounts** beschleunigt, insbesondere durch Erhöhung des professionellen Niveaus der Arbeitsweise von Key Accounts.

Beispiel:

In den 50er und 60er Jahren war das Handelsmarketing überwiegend eine Spielwiese unterschiedlicher Herstellerunternehmen mit ihrem Industriemarketing. Nach Aufhebung der Preisbindung der letzten Hand setzte der Handel die Preispolitik als hervorragendes Profilierungsinstrument sehr intensiv ein, bis er spätestens in den 80er Jahren feststellen mußte, daß eigenständige Profilierung mehr erfordert als das einseitige Ausreizen des Preisinstruments. Denn wenn alle Wettbewerber im Handel zum gleichen Zeitpunkt mit dem gleichen Artikel gleich billig sind, geht Profilierung gegeneinander verloren. Also entwickelte der Handel ein eigenständiges Handelsmarketing auf allen Instrumenten mit der Folge, daß vieles nicht mehr in die Konzepte des Industriemarketing paßte. Dieser Prozeß war gekennzeichnet durch stärker werdende Zielkonflikte zwischen den Interessen des Herstellermarketing und denen des Handelsmarketing. Handelsmarketing muß Eigenständigkeit der Profilierung betreiben und dabei auch in der Sortimentsbildung Marken der Hersteller entweder entgegen der Verbrauchernachfrage zurücksetzen oder über sie hinaus forcieren, um Diffenzierung zum Marketing-Mix der Handelskonkurrenz herzustellen. Herstellermarketing muß dagegen die eigene Marke mindestens analog zu Marktanteil und Verbrauchernachfrage bei allen Handelskunden forcieren und verwischt damit wieder differenzierte Sortimentsprofile des Handels. Analytiker und Gestalter dieses Beziehungsdetails ist der Key Account Manager – oder er sollte es wenigstens sein. Seinem gestalterischen Einfluß werden Grenzen gesetzt durch vier Faktoren:

- Die konzeptionelle Willenskraft des Handelspartners einerseits und die Markenstärke bzw. Markenschwäche der Industrie andererseits.
- Die Qualität des Trademarketing der Industrie. Unter Trademarketing ist die Summe aller Maßnahmen der Industrie zu verstehen, mit denen das Marketing des Handels (das Handelsmarketing) im Herstellersinne gestärkt werden soll. Das erfordert einmal Kreativität der Industrie und zum anderen Berücksichtigung der eigenständigen Interessen und Ziele des Handelspartners.
- Die Qualifikation des Key Account Managers, dieses Trademarketing maßgeschneidert bei Key Accounts umzusetzen.
- Die Machtkonzentration bei Key Accounts und der Einsatz dieser Macht gegenüber Lieferanten, z.B. der Automobilhersteller, gegen Ingredient Branding ihrer Zulieferer Ende der 80er Jahre, siehe Abbildung 2.

Die Entwicklung von Key Account Management ist also meist Spiegelbild einer teilweise gravierenden Veränderung der Markt- und Machtstruktu-

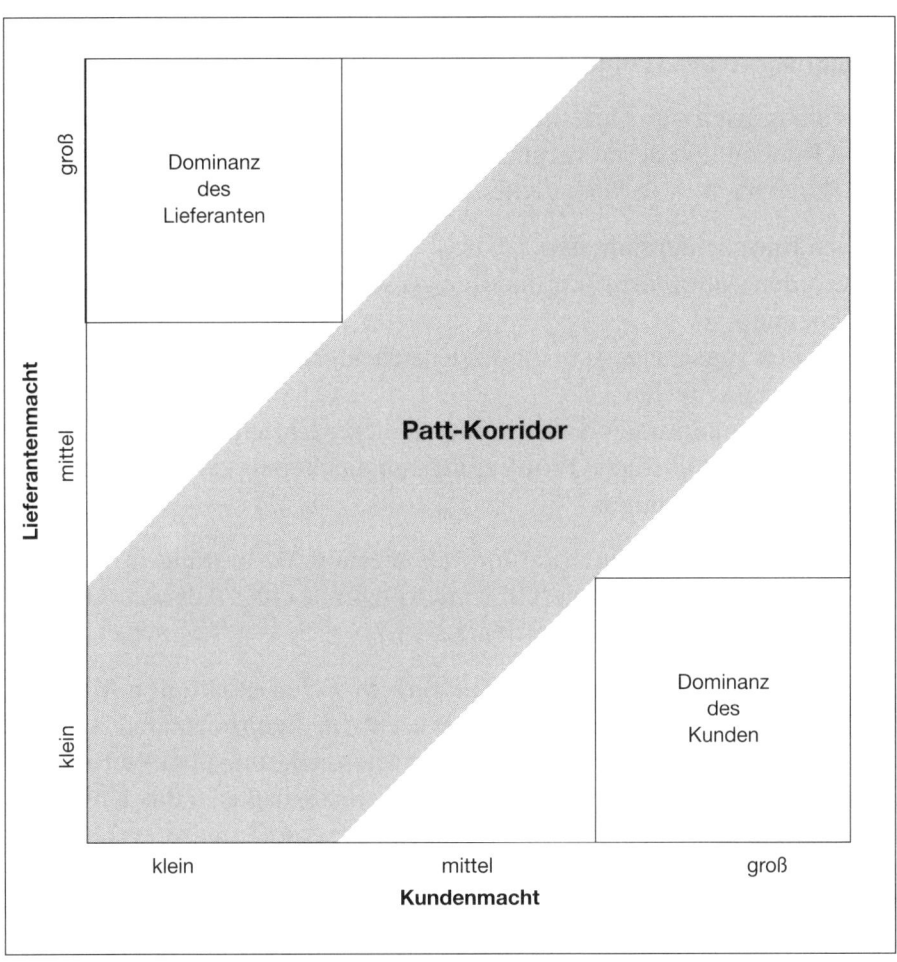

Abb. 2: Die Beziehung zwischen der Macht des Kunden und der des Lieferanten

ren. Daraus haben sich veränderte Strategien der Unternehmen zu ergeben. Das Marketing zielte zunächst auf Massenmärkte, dann auf Marktsegmente und schließlich auf Einzelkunden ab. Die einzelnen Kunden – insbesondere Großkunden, internationale Kunden, Global Players – gestalten ihre Organisationsformen unabhängig von Ländern, Grenzen, Regionen und vor allem **unabhängig von Lieferanten überregional**. Dadurch können sie von regional organisierten Lieferantenunternehmen nicht mehr erfaßt werden. Sie passen sozusagen nicht mehr in die Organisation der Lieferanten hinein. Somit verschiebt sich auch die Bedeutung von z.B. „Made in Germany", „Swiss made" weg zu „Made by BMW", „Made by Lufthansa", „Made by Swiss Air" usw. Globale Marken ersetzen die Bedeutung von Herkunftsländern.

Deshalb müssen sich Unternehmen in Organisation und Arbeitsweise an ihren Kunden und deren veränderten Strukturen orientieren. Bei einzelnen Kunden gilt es, deren individuelle Teilbedürfnisse zu identifizieren:

- nach Entscheidereinheiten
- nach den Anforderungen und den Anwendungen dieser Entscheidereinheiten
- nach den Entscheidern in diesen Entscheidereinheiten und deren Entscheidungskriterien
- nach den zukünftigen Anforderungen dieser Entscheidereinheiten
- nach den zukünftigen Profilierungsmöglichkeiten dieser Firmen bei ihren eigenen Kunden

Das heißt: Die Individualisierung der eigenen Vorleistung in der Prozeßkette muß sehr spezifiziert und auch im Sinne eines Advanced Marketing vorauseilend gestaltet werden.

Hinzu kommt der steigende Wettbewerb in vielen gesättigten Märkten. Das Beispiel von Procter & Gamble ist dafür kennzeichnend: Die Erkenntnis, daß die Potentiale der Markendifferenzierung über Werbung im wesentlichen ausgereizt erscheinen, führte dazu, daß sich das Unternehmen auf die Ausschöpfung von Wertschöpfungspotentialreserven in der Logistik und im Warenwirtschaftssystem der Kunden konzentriert hat.

Als dritter Aspekt ist die Neigung zur Lieferantenkonzentration und teilweise zum Single Sourcing als Triebkraft für Key Account Management zu erkennen. Die großen Automobilhersteller haben die Zahl ihrer Lieferanten drastisch reduziert. Bei BMW hat das eine Reduktion von ca. 4000 auf ca. 400 Lieferanten ergeben.

Das bedeutet natürlich

- eine höhere Abhängigkeit der Lieferanten von den Kunden,
- aber auch eine höhere Abhängigkeit der Kunden von den Lieferanten und als Folge daraus
- einen stärkeren, strengeren Dichtschluß zwischen dem Unternehmen und seinen Kunden.

Des weiteren sind für das Key Account Management und seine Einrichtung die Triebkräfte aus der Qualitätssicherung, dem Total Quality Management und dem Business Process Reengineering mitbestimmend: Alle drei Ansätze überlagern, durchdringen und bedingen sich in vielfältiger Weise. Sie haben jedoch einen gemeinsamen Ausgangspunkt, und der besteht in den Anforderungen der Kunden.

Vielfach ist auch die veränderte Rolle der Beschaffungswirtschaft der Kunden Ausgangspunkt für die Veränderung des Verkaufs bei Lieferanten zur Ausformung eines Key Account Managements.

Beschaffungsmarketing entwickelt sich zu einem umfassenden Element des Geschäftsprozesses und wächst zum Teil aus seiner engen Spezialfunktion heraus. Dabei muß das Beschaffungsmarketing die voll integrierten Aktivitäten von Engineering, Produktion, Marketing und Verkauf, Qualitätsmanagement und Kostenmanagement seiner Lieferanten analysieren und bewerten können. Hinzu kommt der Trend zum Outsourcing von Aktivitäten. Weitere Triebkräfte sind die sich rasch ändernden Technologien und verkürzten Produktlebenszyklen. All dies verändert die Situation des Verkaufs.

2.2 Gesichtspunkte für die Bestimmung von Key Accounts

Gründe für die Einrichtung von Key Account Management ergeben sich auch aus der Unterschiedlichkeit der Kunden. Sie erfordert ein hohes Maß an Spezialisierung auf deren Belange, die ja von der Gliederung der Unternehmen nach Strategischen Geschäftseinheiten oder Business Units, aber auch vom Special Key Account Management her bereits bekannt sind. Hinzu kommt, daß in vielen Branchen Key Accounts untereinander in scharfem Wettbewerb zueinander stehen und kein Interesse daran haben, daß sensible interne Informationen auf dem Umweg einer engen Zusammenarbeit mit Lieferanten zu ihren Wettbewerbern gelangen. Diese Gefahr könnte theoretisch auch durch Geheimhaltungsabkommen (secrecy agreements) mit den Lieferanten beseitigt werden. Tatsächlich ist es aber doch so, daß sich ein und dieselbe Person (oder dasselbe Key-Account-Team) schwertun würde, im Kopf auseinanderzuhalten, welche Information sie von wem hat und an wen sie diese nicht weitergeben darf. Dieses Dilemma legt eine getrennte Bearbeitung der Key Accounts durch unterschiedliche Personen und Teams im Lieferantenunternehmen nahe.

Daneben gibt es aber noch andere Gesichtspunkte, um Kunden als Key Accounts zu klassifizieren.

2.2.1 Kriterien für die Bestimmung von Key Accounts

Die Auswahl, Bestimmung oder Einstufung eines Kunden als Schlüsselkunde oder Key Account für das eigene Unternehmen erfordert, daß auf den Kunden ein oder mehrere Gesichtspunkte zutreffen, die eine höhere Professionalität der Kundenbearbeitung in Qualität und Tiefgang und damit eine höhere Qualifikation des Kundenbearbeiters erfordern.

- **Großkunden** als Key Accounts **(Major Accounts)**
  Die einfachste Auswahl war immer die Festlegung von Großkunden nach der ABC-Analyse: A-Kunden nach ihrer Umsatzwertigkeit waren im Prinzip die ersten Key Accounts. Grund für ihre Sonderbehandlung ist in den meisten Fällen das hohe geschäftspolitische Risiko, das mit ihrem möglichen Ausfall verbunden ist. Auch ohne den Begriff Key Account Management waren es immer strategische Kunden oder Chefkunden, deren Sicherung das besondere Augenmerk des Unternehmens galt. Die Bindung dieser Großkunden an das Unternehmen ist ein herausragendes Ziel des Key Account Managements.
- **Entwicklungskunden** (Potentialträger)
  Für die Strategie des Unternehmens, Erster oder Zweiter in den Märkten zu sein, in denen es operiert, ist natürlich die Kenntnis der Potentiale und die Erringung hoher Marktanteile bei Key Accounts ein bedeutender strategischer Aspekt. Deswegen ist die Potentialwertigkeit ein wichtiger Gesichtspunkt für die Bestimmung von Key Accounts. Das Ziel des Key Account Managers gegenüber diesen Key Accounts muß sein, möglichst hohe Marktanteile bzw. die Marktführerschaft in Segmenten zu erwerben, in die man hineinliefert.
- **Wachstumskunden**
  Für die eigenen Wachstumsstrategien eines Unternehmens sind Kunden, die selbst wachsen, von strategisch außerordentlicher Bedeutung. Hier geht es vor allen Dingen für die Zielsetzung des Key Accounts Managements darum,
  - das Wachstum dieser Kunden zu erkennen,
  - kundenbezogene Leistungen zu konzipieren, die es dem eigenen Unternehmen ermöglichen, am Wachstum dieser Kunden zu partizipieren,

28

- eigene Leistungen zu konzipieren, die dem Key Account helfen, seine Wachstumsstrategie erfolgreich zu realisieren.

Das erfordert einen Kundenfokus, der vor allen Dingen von Tiefgang, aber auch Voraussicht in bezug auf die zukünftigen strategischen Schritte der Kunden gekennzeichnet ist.

- **Kunden mit hohen absoluten Deckungsbeiträgen**

Auch nach diesen Kriterien können Key Accounts bestimmt werden, da die absoluten Deckungsbeiträge aus den Geschäften mit Großkunden eine wesentliche Basis sind für die Ertragserwirtschaftung des Gesamtunternehmens.

- **Kunden mit Deckungsbeitragspotential**

Unter diesen Kunden verbergen sich zum einen solche, bei denen der Deckungsbeitrag noch ausgebaut werden kann, zum anderen aber auch solche, bei denen er sehr schlecht ist, so daß eine Sanierung dieser Key Accounts ansteht (Sanierungs-Key-Accounts). Ziel des Key Account Managements muß es sein, die Potentiale zur Verbesserung der Deckungsbeiträge mit dieser Kundengruppe herzustellen, auszuschöpfen und zu sichern.

- **Übergreifende Key Accounts (Large Accounts)**

Bei diesen Kunden handelt es sich um solche, die von einer Stelle, einer Sparte oder einer Niederlassung des eigenen Unternehmens nicht ausreichend erfaßt werden können. Sie entziehen sich sozusagen der herkömmlichen Organisation eines Lieferanten, und ihre oft weltweite Bearbeitung erfordert Koordination. Key Account Manager, die dies tun, werden oft auch als Global Key Account Manager (GKAM), International Key Account Manager (IKAM) oder Strategische Account Manager (SAM) bezeichnet.

- Des weiteren kann man **Kunden entsprechend ihrer Marktbedeutung** einem Key Account Management zuführen (Marktführer dürften zugleich auch vom Umsatzpotential her schon Key Accounts sein).

- **Imageführer und Prestigeträger**

Das Image dieser Kunden und ihrer Produkte im Markt ist so hoch, daß es für das eigene Unternehmen sehr wichtig ist, diese Key Accounts zu halten und zufriedenzustellen. Man erhofft sich dadurch eine Transferwirkung des Images dieser Key Accounts auf das eigene Unternehmen (welches sich der Kunde häufig auch gern bezahlen läßt) sowie Referenzen für weitere Kunden.

- **Meinungsbildner**

Meinungsbildner müssen weder groß noch prestigeträchtig sein: Es gibt ausreichend viele Beispiele von Kunden, die in ihrer Branche Wortführer sind und einen sehr starken lateralen Einfluß haben. Es ist daher in nicht wenigen Fällen angebracht, diese Kunden einer gesonderten Bearbeitung zuzuführen.

- **Know-how-Träger**

  Das Know-how-Potential des Kunden und seine Rolle für Forschung und Entwicklung des eigenen Unternehmens auf bestimmten Gebieten bewirkt, daß man die Beziehung zu diesem Kunden besonders qualifiziert gestalten will und muß.

- **Steigbügelhalter**

  Hier handelt es sich um Kunden, die für die Einführung und Umsetzung von neuen Technologien, Produkten und Dienstleistungen in Märkten sehr wichtig sind: Sie sind als Vorreiter und Multiplikatoren besonders geeignet und lassen sich diese Funktion ebenfalls nicht selten gut bezahlen. Die Zusammenarbeit mit ihnen erfordert mit Sicherheit eine besondere Fokussierung.

- **Komplexe Kunden**

  Die Organisation und die Entscheidungsprozesse des Kunden sind so umfangreich und komplex, daß nur eine Spezialisierung auf diesen Kunden mit Tiefgang eine erfolgreiche Erschließung seiner Potentiale ermöglicht. Wichtig ist jedoch, daß hinter der Komplexität auch ein interessantes Umsatzpotential steckt.

- **Angst-Kunden**

  Dabei handelt es sich um Kunden, die in Einkauf und Beschaffung aggressiv agieren und mit ihrem Beschaffungsmarketing dem eigenen Verkauf deutlich überlegen sind. Solche Beispiele von „Purchase-driven Companies" hat es immer wieder gegeben. Insbesondere im Lebensmittelhandel in Deutschland hat sich gezeigt, daß die Fokussierung dieser Firmen auf den Einkauf oft kombiniert war mit Schwächen im Abverkauf. Es ist sehr wichtig, daß Lieferanten diese Überlegenheit im Beschaffungsmarketing erkennen und sich so organisieren, daß sie von diesen Kunden nicht ausgespielt werden können, insbesondere in bezug auf widersprüchliche Aussagen zu Preisen und Konditionen.

- **Entscheidungsmultiplikatoren**

  In vielen Branchen gibt es Einrichtungen, wie Einkaufsverbände, Testinstitute und Informationszentren, deren „Wohlgesonnenheit" einen wichtigen Hebel bietet, um in den Märkten, die sie beeinflussen, erfolgreich voranzukommen. Es ist sicherlich nützlich, wenn ein Unternehmen diese Multiplikatoren einer Spezialbehandlung zuordnet.

- **Kundenwunsch**

  Nicht zuletzt kann es der Wunsch von Kunden sein, einen Key Account Manager zugeordnet zu bekommen. Der Grund dafür liegt oft darin, daß es diesen Kunden lästig ist, in ihren Lieferantenunternehmen keine eindeutig definierten Gesprächspartner sowie keine klaren und einheitlichen Bearbeitungsstrukturen vorzufinden. Jedes Gespräch mit jedem Gesprächspartner erscheint wieder völlig neu und erfordert eine Fülle von Vorinformationen, um überhaupt die gewünschten Entscheidungen zu bekommen. Das macht die Kommunikation mit dem Lieferanten sehr aufwendig, da die Spezialisierung und Professionalisierung mit Tiefgang für das Kundenunternehmen fehlt. Dieses Beispiel zeigt, daß die Einrichtung von Key Account Management keineswegs nur aus dem Interessenspektrum des eigenen Unternehmens erfolgt, sondern auch im Interesse der Kunden selbst liegen kann.

2.2.2 Beispiele für die Auswahl von Key Accounts in verschiedenen Branchen

Werbeagenturen

Eine Werbeagentur unterteilt ihre Kunden entsprechend deren unterschiedlichem „werblichem Niveau": Je nachdem, wie gut das Know-how über Marketing und Werbung im Kundenunternehmen ausgebildet bzw. wie differenziert die Werbeproblematik ist, erfahren die Kunden eine ihrem Anspruchs- und Problemniveau angemessene, maßgeschneiderte Fachberatung. Dabei hat das Etatvolumen nur zweite Priorität. Denn es kann Kunden mit einfachen Werbeproblemen geben, die einen größeren Etat haben als kleinere mit komplizierten Werbeproblemen. Bei dieser Agentur wird zwischen der Kontaktachse und der Problemachse unterschieden. Auf der Kontaktachse wird der beste persönliche Zugang gesucht und ausgebaut. Der Kontakter bleibt nach Möglichkeit über längere Zeit die gleiche Person. Auf der Problemachse wird die dem Niveau des Werbeproblems des Kunden am besten entsprechende Bearbeitungsform angestrebt. Die dafür eingesetzten Spezialisten der Werbeagentur können in bezug auf einen Kunden je nach Art des Werbeproblems wechseln.

Schwierigkeiten können bei dieser Form der Kundengruppenbearbeitung entstehen, wenn ein Kunde aus einer Gruppe mit niedrigerem Anspruchsniveau in eine solche mit höherem Anspruchsniveau hineinwächst und die Art seiner Bearbeitung geändert werden muß. Beispiel: Der Kunde erhält zum ersten Mal einen Marketingleiter, der Marketing und Werbung in diesem Unternehmen professionalisiert. Die Gefahr besteht dann darin, daß der bisherige Kontakter die Veränderung aus seiner Routine heraus übersieht und die bisherige Bearbeitungsweise beibehält: Der Kunde wird unzufrieden und springt ab.

Key Accounts im engeren Sinn sind bei dieser Werbeagentur eigentlich nur die Kunden mit dem höchsten werblichen Anspruchsniveau und den größten Etats. Sie werden auf der Kontaktachse von den oberen Führungskräften der Agentur und auf der Problemachse mit maßgeschneiderten Bearbeitungsformen betreut (wofür es sehr detaillierte Vorgehenskonzepte gibt).

Banken

Eine Bank wählt in ähnlicher Weise unterschiedliche Bearbeitungsformen für ihre beiden wichtigsten Kundengruppen, nämlich Firmenkunden und Privatkunden. Während die Masse der Privatkundschaft in der Regel eine Routinebearbeitung erfährt, die vor allem kostengünstig gestaltet sein muß und bei der freundliche Umgangsformen (Kontaktachse) im Vordergrund stehen, müssen die Firmenkunden mit maßgeschneiderten persönlichen und fachlichen Bearbeitungsformen aktiv betreut werden. Für die Firmenkunden werden pro Niederlassung und pro Filiale spezielle Firmenkundenbetreuer eingesetzt, die vom Leiter des Firmenkundengeschäfts geführt werden. Natürlich benötigen die Firmenkundenbetreuer eine erheblich qualifiziertere Ausbildung, insbesondere fundierte betriebswirtschaftliche Kenntnisse, volkswirtschaftliche Grundkenntnisse, Steuerkenntnisse, umfassende Kenntnisse des gesamten Finanzierungswesens usw.

Die Bestimmung als Key Account richtet sich nach der Größe des Geschäftsvolumens mit ihm und der Höhe des Risikos, welches er darstellt. Die Key Accounts werden bestimmten Firmenkundenbetreuern in fester Verantwortung zur Betreuung zugeordnet. Je bedeutender der Key Account, desto höher ist die hierarchische Ansiedlung des Firmenkundenbetreuers. Auch Privatkunden können in die Firmenkundenbetreuung überführt werden, wenn der Ausbau der Beziehungen zu ihnen und der Umfang der Geschäfte mit ihnen dies sinnvoll erscheinen läßt.

Versicherungen

Bei einer Versicherung wird die gesamte Kundschaft mehrfach segmentiert. Im Vordergrund steht dabei die Ermittlung der Risikoverläufe und dementsprechend marktgerechter Prämien und Tarife. Eine zweite Form der Segmentation ist durch die Unterscheidung zwischen dem Massengeschäft einerseits und dem Geschäft mit Firmenkunden (Industrieversicherungen), Verbänden und sonstigen Großkunden andererseits. Genau wie bei den Banken muß das Massengeschäft vor allem routiniert und kostengünstig abgewickelt werden, während es im Industriegeschäft und ähnlichen Bereichen vor allem auf die Maßschneiderung der Versicherungsleistungen und auf die konkrete Risikosituation des Großkunden ankommt.

Da eine beträchtliche Zahl von Versicherungen diese Maßschneiderung nicht schafft, haben sich einige Fachagenturen darauf spezialisiert. Manche Großunternehmen haben sich ihre eigene Versicherungsabteilung zugelegt, die selbst ihre Risiken abgrenzt und dafür maßgeschneiderte Angebote sucht.

Auch hier wird der Schlüsselkunde nach quantitativen und qualitativen Gesichtspunkten definiert. Die quantitative Bewertung beruht auf der Höhe der Versicherungssumme, die qualitative auf der Höhe des Risikos und der nötigen fachlichen Beratung, Bewertung, Vertragsgestaltung und Betreuung.

Speditionen

Eine weltweit operierende Spedition erfaßt ihre Key Accounts als die von den Umsatz- und Ertragsaussichten bedeutendsten Kunden namentlich in einer Liste. Aus dieser Liste werden wiederum diejenigen Kunden ausgewählt, zu denen mehrere lokale Niederlassungen und/oder fachliche Bereiche des Unternehmens Geschäftsverbindungen haben, was eine Koordination der Bearbeitung erfordert. Der Key Account Manager hat vor allem die Funktion,

- die Kundenbearbeitung der verschiedenen Stellen durch verschiedene Niederlassungen und Fachbereiche zu koordinieren und
- nach Möglichkeit den spezifischen Problemen des Key Accounts entsprechende, maßgeschneiderte Formen von Speditionsleistungen zu schaffen, anzubieten und aufrechtzuerhalten. Dabei stellt sich heraus,

daß bei der Maßschneiderung die Informationstechnologie eine besonders große Bedeutung hat. Die Schaffung einer dazu nötigen kundenproblemgerechten Software setzt jedoch intensiven Kundenkontakt, Problemkenntnis, Kundentransparenz und fachliche Qualifikation des Key Account Managers voraus.

Computerindustrie

Ein Unternehmen der Computerindustrie hat seine Außendienstorganisation von einer produktorientierten Organisation zu einer an Kundenzielgruppen orientierten Organisation umgestellt. Grund dafür war die Tatsache, daß die Verkäufer der einzelnen Produktgruppen sich vor allem bei den Großkunden Konkurrenz mit unterschiedlichen Produkten zur Lösung des gleiches Kundenproblems machten. Bei der kundenorientierten Verkaufsorganisation betreut ein Key Account Manager den einzelnen Großkunden und versucht, ihm maßgeschneiderte Lösungen mit allen in Frage kommenden Systemen des Computerherstellers zu bieten. Außerdem erlangt der Verkäufer oder Berater eine höhere Fachkompetenz durch Spezialisierung auf eine Branche.

In den einzelnen Kundengruppen werden die Key Accounts nach dem Umsatzpotential bestimmt, so daß auch hier quantitative und qualitative Aspekte zur Bestimmung der Key Accounts führen. Dementsprechend sind auch die Anforderungen an den Key Account Manager bestimmt durch hohe, dem Kundenproblem entsprechende Qualifikation: Er muß neben fachlichen Kenntnissen vor allem Kenntnisse in bezug auf die Branche bzw. die spezifische Firma einbringen. Denn die Systeminstallation hängt weitestgehend von einer kundenbezogenen Hardware- und Softwaregestaltung ab. Diese jedoch erfordert Sachkunde in bezug auf die Kundensysteme.

Zulieferunternehmen der Computerindustrie

Ein Zulieferunternehmen der Computerindustrie geht im Hinblick auf seine weltweit stationierten Key Accounts davon aus, daß abnehmende technologische Wettbewerbsvorteile durch kundennahe Faktoren wie Flexibilität, Service und Just-in-Time-Abwicklung kompensiert werden müssen. Es bildet dazu regionale und globale Account-Teams aus einem kleinen Kreis kompetenter Mitarbeiter in den Standorten Europa, Nordamerika, Japan und Südostasien.

Chemische Industrie

Ein Unternehmen der chemischen Industrie bestimmt seine Key Accounts nach unterschiedlichen Gesichtspunkten:

- Großkunden nach Umsatz- und Deckungsbeitragsvolumen und -potential
- Prestigekunden (Image- und Referenzkunden)
- Kunden, die mehrere Sparten und/oder Niederlassungen betreffen und deren qualifizierte Bearbeitung und Potentialausschöpfung durch alle Sparten eine koordinierte Bearbeitung erfordern
- Kunden mit hohem Know-how-Stand auf Schlüsselgebieten der eigenen Forschung und Entwicklung
- Kunden, die für den Eintritt in neue Märkte und Technologien Steigbügelhalterfunktion haben können
- Kunden, die für die Umsetzung eigener Entwicklungen wichtig sind
- Kunden, die mit ihrem Beschaffungsmarketing dem eigenen Absatzmarketing deutlich überlegen sind und damit aus ihrer Firma mehr Vorteile ziehen, als dies das Prinzip Leistung – Gegenleistung rechtfertigt

Die Bestimmung des Key Account Managers erfolgt nach „dem Maß der Betroffenheit". Dies kann resultieren:

- aus der örtlichen Nähe der einzelnen Stelle des Chemieunternehmens zur Entscheidungszentrale des Key Account
- aus der gewachsenen persönlichen Beziehung eines Mitarbeiters zu Entscheidern des Key Account
- aus der gewachsenen fachlichen Beziehung zu den Fachleuten des Key Account
- aus dem Umfang der bestehenden Geschäfte einer Stelle des Chemieunternehmens mit dem Key Account
- aus mehreren dieser Gesichtspunkte

Ähnlich wie in der Werbeagentur besteht die Funktion des Kontakters darin, den Einsatz und das Auftreten von Fachleuten unterschiedlicher Qualifikation beim Großkunden zu koordinieren.

Automobil-Zulieferindustrie

Die Automobil-Zulieferindustrie ist in einer besonderen Situation. Diese besteht darin, daß in Deutschland im wesentlichen nur sechs Kunden für alle Zulieferer bestehen: BMW, Mercedes Benz, Opel, Ford, VW/Audi, Porsche.

In dieser Branche werden Märkte durch Kunden charakterisiert. Dennoch haben einige Unternehmen der Zulieferindustrie lange Jahre nicht nach Grundsätzen gearbeitet, die sich an ihren Kunden orientiert haben, sondern an eigenen inneren Problemen und Strukturen. Die Schwierigkeit ist hier also nicht die Bestimmung der Key Accounts, sondern vielmehr die Ausrichtung der eigenen inneren Abläufe und Organisation auf einzelne Kunden in Form von Key-Account-Teams bzw. key-account-bezogenen Prozessen.

In dieser Branche findet aber eine sehr enge Vernetzung zwischen den Herstellern und ihren Lieferanten statt, die durch folgende Merkmale gekennzeichnet ist:

- der Zulieferer errichtet sein eigenes Werk neben dem Werk des Kunden
- Just-in-Time-Systeme
- EDI-Systeme usw.

Maschinenbauunternehmen

Ein Maschinenbauunternehmen errichtete auf dem Werksgelände eines Key Accounts eine eigene „Niederlassung" mit Konstruktionsbüro, Vorkalkulation und Verkaufsabteilung, um „vor Ort" reagieren zu können, d.h., ständiger Ansprechpartner des Kunden zu sein (Büro beim Key Account).

Verbrauchsgüterindustrie

In der Verbrauchsgüterindustrie werden die Key Accounts fast ausschließlich nach Umsatzvolumen und -potential bestimmt. Die Bestimmung der Key Account Manager erfolgt unter dem Aspekt der Kundenkenntnis, und zwar auf der Beziehungs- wie auf der Sachebene. Der Key Account Manager wird zum Trademarketing-Manager und Vermarktungsberater seines Key Accounts und hilft ihm, die eigenen Produkte auf die für den Key Account optimale Art und Weise zum Nutzen von Hersteller und Key Account zu vermarkten. Das erfordert Kenntnisse des Marketing, des Handelsmarketing und der Betriebswirtschaftslehre, vor allem aber fundierte Kenntnisse über Strategien, Konzeptionen, Entscheidungsprozesse und Abläufe bei den Key Accounts. Der Key Account Manager ist der Spezialist seines Unternehmens für die einzelnen ihm zugeordneten Großkunden. Eine seiner Hauptaufgaben ist die gekonnte Abwehr von wachsender Handelsmacht in Form von Konditionenforderungen und Wertschöpfungs-Verlagerungsversuchen ohne entsprechende Gegenleistung.

Gebrauchsgüterindustrie

In der Gebrauchsgüterindustrie bestimmt ein Unternehmen der Elektrogeräteindustrie seine Key Accounts nach:

- Großkunden entsprechend
  - Umsatzvolumen
  - Umsatzpotential
- Kunden mit Marktbedeutung
  - Marktführer
  - Meinungsbildner
  - Imageführer
- Spezialisten
- Entscheidungsmultiplikatoren
  - Verbände
  - Einkaufsverbände
  - Fachverbände
  - Informationszentren der Stadtwerke und Engergieversorgungsunternehmen
  - Möbelhersteller
  - Testinstitute
  - Versender

Aufgabe der Key Account Manager ist hier vor allen Dingen, die Potentialwertigkeit der einzelnen Key Accounts zu ermitteln und den eigenen Marktanteil bei den Key Accounts entsprechend der Bedeutung des eigenen Unternehmens im Marktumfeld der Key Accounts zu sichern und auszubauen (Potentialausschöpfung).

Zusammenfassung

Aus den Gesichtspunkten und Beispielen für die Auswahl von Key Accounts sind folgende **Kernpunkte** erkennbar:

- Die Definition der Key Accounts erfolgt fast immer nach qualitativen **und** quantitativen Aspekten.

- Schwerpunkte des Key Account Managements sind fast immer „Maßschneiderung" der eigenen Leistung und die Qualität der Bearbeitung.
- Überall stellt sich heraus, daß die auf die Key Accounts maßgeschneiderten Leistungen des eigenen Unternehmens bessere Erträge bringen als das Anbieten und Vermarkten von Standardleistungen.

Key Account Management erscheint als die konsequente Fortentwicklung der Markt- und Kundenorientierung. **Ziele** sind Sicherung und Ausbau von Umsätzen und Deckungsbeiträgen mit Schlüsselkunden.

Die **Methode** besteht in der möglichst absolut problemorientierten Maßschneiderung von Leistungen durch qualifizierte und spezialisierte Mitarbeiter.

Unterschiede gibt es sehr deutlich nach Branchen: In der Konsumgüterindustrie ist die Aufgabe des Produktmanagements und der Produktentwicklung ganz eindeutig dem Bereich Marketing zugeordnet.

In der Investitionsgüterindustrie dagegen sind das Produktmanagement und die Produktentwicklung sehr intensiv in das Key Account Management integriert. Das beste Beispiel sind die sog. „resident engineers" oder stationären Ingenieure in den Forschungs- und Innovationszentren der Automobilindustrie: Sie entwickeln mit den Kunden simultan Teileelemente für neue Automodelle. Der stationäre Ingenieur ist Mitglied des Key-Account-Teams und wird von diesem intensiv unterstützt. Es findet keine Trennung zwischen Kundenbearbeitung und Produktentwicklung bzw. Produktmanagement statt.

2.3 Das neue Verständnis für die Bildung von Strategien

Die Notwendigkeit einer stärkeren Markt- und Kundenorientierung, die im vorigen Abschnitt als Grund für die Einrichtung von Key Account Management dargestellt wurde, ist auch maßgeblich für die veränderten Ansätze in der Strategiebildung.

2.3.1 Top-down-Strategien

In der Vergangenheit wurden Strategien vom Unternehmen auf die Märkte **„heruntergebrochen"**.

Schon das Wort kennzeichnet den Ansatz der Vergewaltigung des Marktes statt der Orientierung an dessen Bedürfnissen und Anforderungen. Das hing – und hängt zum Teil auch heute noch – mit dem unternehmerischen Selbstverständnis zusammen.

Unternehmen der Vergangenheit

- wollten dem Markt ihren Stempel aufdrücken,
- haben Zahlen heruntergebrochen,
- waren „financial driven" – und sind es noch,
- oder wurden von der Beschaffung und der Produktion her angetrieben und betrieben,
- entwickelten ihre Strategien und Unternehmensplanungen **„top-down"**,
- waren damit insgesamt mehr **introvertiert**.

Das hat so lange ganz gut funktioniert, als das Management einen „Riecher" für den Markt und die nötigen strategischen Erfolgfaktoren hatte, um dessen Bedürfnisse zu befriedigen. Dieser Riecher wurde aber im Laufe der Zeit durch Systematik ergänzt und zum Teil ersetzt. Die Anforderungen und Bedürfnisse von Kunden sind heute zum Teil so differenziert und „sophisticated", daß sie allein durch Intuition nicht mehr voll zu erfassen sind. Vielmehr ist eine systematische Beschaffung von Informationen bei Verbrauchern und Key Accounts eine unbedingte Voraussetzung für das Verständnis der Anforderungen derselben. Die Konsumgüterindustrie hat das als erste Branche beim Übergang von der Produktionsorientierung zur Marktorientierung vollzogen. Andere Branchen folgten nach – zum Teil brechen sie erst heute auf. Das bedeutet, daß Strategien und Planungen nicht länger „top-down" aufgebaut werden können, sondern vermehrt „bottom-up" entwickelt werden müssen. Das bedeutet auch, daß Unternehmen auf „customer driven" umschalten müssen.

In den achtziger Jahren waren viele Mittelmanager verunsichert, weil sie Strategien „von oben" erwarteten, die aber in vielen Unternehmen von dort nicht kamen.

Dafür gab es zwei Gründe:

- Viele Manager der siebziger und achtziger Jahre verstanden zu wenig von Strategiebildung, da das moderne Handwerkszeug dafür erst in den siebziger Jahren geschaffen wurde (Portfolio-Matrix, Verständnis der strategischen Erfolgsfaktoren, usw.).

- Das Top-Management hatte sich in vielen Branchen zu weit von der Basis entfernt, dachte mehr in Kategorien wie „Überblick", „Gesamtsicht", „Visionen" oder verlor sich in strategieuntauglicher Detailarbeit. Jedenfalls fehlten dort die relevanten Informationen für die Entwicklung von Strategien, so daß die Erwartungen des Mittelmanagements nicht erfüllt werden konnten.

Gleichzeitig beherrschte weder das Mittelmanagement noch das untere Management die Methoden und Denkansätze der Strategieentwicklung „bottom-up", und wenn dies doch der Fall war, fehlten der Mut von unten und die Autorisierung von oben zur Realisierung von „bottom-up-Ansätzen". Hilflosigkeit und Orientierungslosigkeit prägten in den siebziger und achtziger Jahren nicht selten das Bild des unteren, mittleren, aber auch des Top-Managements in strategischen Fragen. So äußerte sich ein Top-Manager eines bekannten Unternehmens in dieser Zeit zur Frage nach „der" (Einzahl!) Unternehmensstrategie etwas hilflos: „Nageln Sie mal eine Qualle an die Wand!"

2.3.2 Bottom-up-Strategien

Nicht nur durch die Möglichkeiten der ECR (Efficient Consumer Response, d.h. Erfassung und Auswertung von Abverkaufsdaten durch Scannersysteme im Handel), sondern auch durch eine sehr enge Vernetzung der Zusammenarbeit zwischen Lieferanten und Kunden hat sich dies geändert: Informationen werden „bottom-up" generiert, verdichtet, strukturiert, gewichtet und bewertet, so daß daraus brauchbare Schlußfolgerungen für Vorgehensweisen zur Befriedigung von Kundenanforderungen gezogen werden können. Darauf können Strategien und Konzeptionen für die Zusammenarbeit mit Key Accounts aufgebaut und jene zu Strategien für Marktsegmente, Gesamtmärkte und für das gesamte Unternehmen geformt sowie das Vorgehen vom Markt her und zum Markt hin geplant werden.

Heute müssen Strategien von Einzelbedarfen, Einzelanwendungen und Einzel-Kunden her in die Prozeßkette hinein entwickelt werden. Das erfordert **Extrovertierung** des Unternehmens: sich für Informationen der Kunden öffnen und seine Leistungsketten daraufhin fokussieren.

2.3.3 Kooperationsstrategien

Darüber hinaus bekommen Key Accounts große Bedeutung für die Entwicklung der Unternehmensstrategie durch die diversen **Abhängigkeiten**, die von ihnen ausgehen. Diese Abhängigkeiten drücken sich zunächst in **Mengenaspekten** aus. Fällt heute ein Key Account aus, so hat dies gravierende Rückwirkungen auf Produktionsauslastung, Kosten und Ertrag. Solchen Fällen muß und kann Key Account Management vorbeugen. Mengenaspekte drücken sich auch in Logistikproblemen und deren Lösung aus. Die Konsumgüterindustrie sucht hier den Weg über das **Supply Chain Reengineering** (Versorgungskettenrationalisierung). Die Automobil-Zulieferindustrie geht seit Jahrzehnten den Weg der Wahl von Produktionsstandorten in der Nähe der Produktionsanlagen ihrer Kunden und der **Just-in-Time-Lieferungen**. Letztere sind eben wegen der großen Mengen nicht unproblematisch.

Ein anderer Ausdruck der Abhängigkeit ist die mit der Mengenabhängigkeit zusammenhängende **Machtausübung**. Viele Produkte und Dienstleistungen sind über die Jahre hinweg austauschbar geworden. Der Grund sind fehlende Innovationen und zum Teil fehlende Innovationspotentiale. Das führt zu Preis- und Konditionendruck und damit zu verschärftem Kostenwettbewerb. Dem wird in der Konsumgüterindustrie zum Teil durch Ausbau der Lieferantenmacht entgegengewirkt. Diese hat zwei Aspekte:

- Erstens die Verbesserung der eigenen Positionierung durch Schaffung einer Unique-Selling-Proposition über Produkt, Sortimentsausweitung, Werbung und diverse Zusatznutzenelemente. *NIVEA* ist ein sehr gutes Beispiel dafür, nachdem das große Potential der Marke vom Unternehmen relativ spät erkannt worden war.
- Zweitens durch Aufbau einer Angebotsmacht in Form von Marken-Akkumulation, wie dies *Nestlé, Henkel, Procter & Gamble* u.a. über Jahre hinweg praktiziert haben.

Ein wichtiger Aspekt der Abhängigkeit besteht in den **Informationen**, die Unternehmen von Kunden brauchen. Natürlich können Markenartikler diese durch Marktforschung bei Konsumenten erhalten. Heute brauchen sie aber auch die Scannerdaten ihrer Key Accounts, weil diese sehr wichtige Informationen über Aspekte der gesamten Versorgungskette liefern. In anderen Industrien sind frühe und sensible Informationen der Kunden über deren Projekte und Pläne ein wichtiger Ausgangspunkt für eigenes,

„miteilendes" oder simultanes Marketing, wenn dieses schon nicht vorauseilend sein konnte.

Aus dem eng vernetzten Informationsaustausch können gemeinsame **Lernpartnerschaften** über die **gemeinsame Erschließung von Value-added-Potentialen** entwickelt werden. Dies wiederum hat direkte Auswirkungen auf die Bildung und Verbesserung von Wertschöpfungsketten und die Vergrößerung von Wertschöpfungspotentialen.

All das macht deutlich, daß die „Dichte" der Zusammenarbeit in der Form einer teilweisen Verschmelzung sehr wichtig ist, um Wachstumskooperationen zu bilden. Diese setzen zwei Dinge voraus:

- Key Accounts, die zunächst selbst Wachstumsziele verfolgen, dazu tragfähige Wachstumsstrategien entwickelt haben und betreiben.
- Ideen für das Wachstum der Kunden durch den Lieferanten: Wie muß das Unternehmen seine Leistungen gestalten, daß es Key Accounts unterstützen kann, ihr eigenes Wachstum erfolgreich zu betreiben?

Voraussetzung dafür ist die stets aktuelle Kenntnis von Kundenbedürfnissen, Kundenanforderungen, aber auch Stärken und Schwächen der Kunden: Was können sie wirklich, wo haben sie **echte Kernkompetenzen**, und wo haben sie nur „Visionen" und Absichten statt echter Fähigkeiten und strategischer Erfolgspositionen?

Eine Chance kann über Key Account Management immer dann erschlossen werden, wenn es gelingt, mit Key Accounts über deren erfolgreiche Wachstumsstrategien mitzuwachsen. Das Risiko, auf Kunden mit wenig erfolgversprechenden Strategien zu setzen, muß rechtzeitig identifiziert und vermieden werden.

Auf die Anforderungen von Key Accounts muß ein **kundenorientierter Leistungrahmen** aufgesetzt werden. Der Leistungsrahmen umfaßt die Summe aller Leistungen, die zur Erfüllung der Kundenanforderungen erforderlich sind und damit Kundenzufriedenheit und Kundenbindung schaffen. Die einzelnen Leistungsrahmen erfordern Individualität. Die Summe der Leistungsdetails kundenorientierter Leistungsrahmen muß den Kernkompetenzen des eigenen Unternehmens entsprechen bzw. gerecht werden. Trifft dies zu, so handelt es sich um Leistungsrahmen für **„Idealkunden"**. Je weniger der eigene Leistungsrahmen und die eigene Kernkompetenz auf das Anforderungsprofil des Key Accounts passen, desto eher erscheint der Kunde als Grenzkunde. Grenzkunden sind solche, bei denen die bestehenden Leistungen aus der bestehenden Kernkompetenz häufiger nachgebessert werden müssen. Das führt dann nicht selten zur Schmälerung der Deckungsbeiträge der Geschäfte mit diesen Grenzkunden. Dem kann das Unternehmen auf zweierlei Art begegnen:

- Ist der Kunde für die eigene Wachstums- und Ertragsstrategie uninteressant, so muß man überlegen, ob man diesen Grenzkunden nicht weiterbedient, weil er zu teuer kommt, oder mit geschmälertem Deckungsbeitrag die Geschäfte mit diesem Grenzkunden weiterbetreibt. Das verringert die Kapazität für die Zusammenarbeit mit anderen, möglicherweise rentableren Ideal- und Wachstumskunden und damit die Realisierung der eigenen Wachstumsstrategien. Man setzt seine Strategien auf die falschen Kunden und baut damit auf eine Verliererstrategie.
- Ist der Kunde für die eigene Wachstums- und Ertragsstrategie interessant, so muß man das eigene Leistungsprofil besser an die Anforderungen des Kunden anpassen, gegebenenfalls die eigene Kernkompetenz in Richtung mehrerer solcher Kunden ausweiten und damit aus Grenzkunden Idealkunden machen oder sich vom Grenzlieferanten zum strategischen Partnerlieferanten entwickeln. Damit werden erfolgreiche Grenzkunden zur Herausforderung für die Überprüfung und Weiterentwicklung der eigenen Kernkompetenz und des eigenen Leistungsspektrums.

Das **Motto** kann nur lauten: „**Mache deine Kunden erfolgreich, dann wirst du selbst erfolgreich**" (Kundenerfolgssicherung), s. dazu Abb. 3.

2.4 Die Ziele des Key Account Managements

Die Zielsetzung für das Key Account Management ergibt sich aus den Gründen für seine Einrichtung. Die meisten dieser Gründe sollen für das Unternehmen die Gefahr verringern, daß Absatz, Umsatz und Erträge mit den Key Accounts gefährdet oder verschlechtert werden.

Ziele

- Verbesserung der Qualität der Bearbeitung von Key Accounts als Methode, mit der die Sicherung und der Ausbau von Umsätzen und Deckungsbeiträgen aus Geschäften mit Key Accounts erreicht
- und damit die Kundenbindung vertieft und verstärkt werden soll.

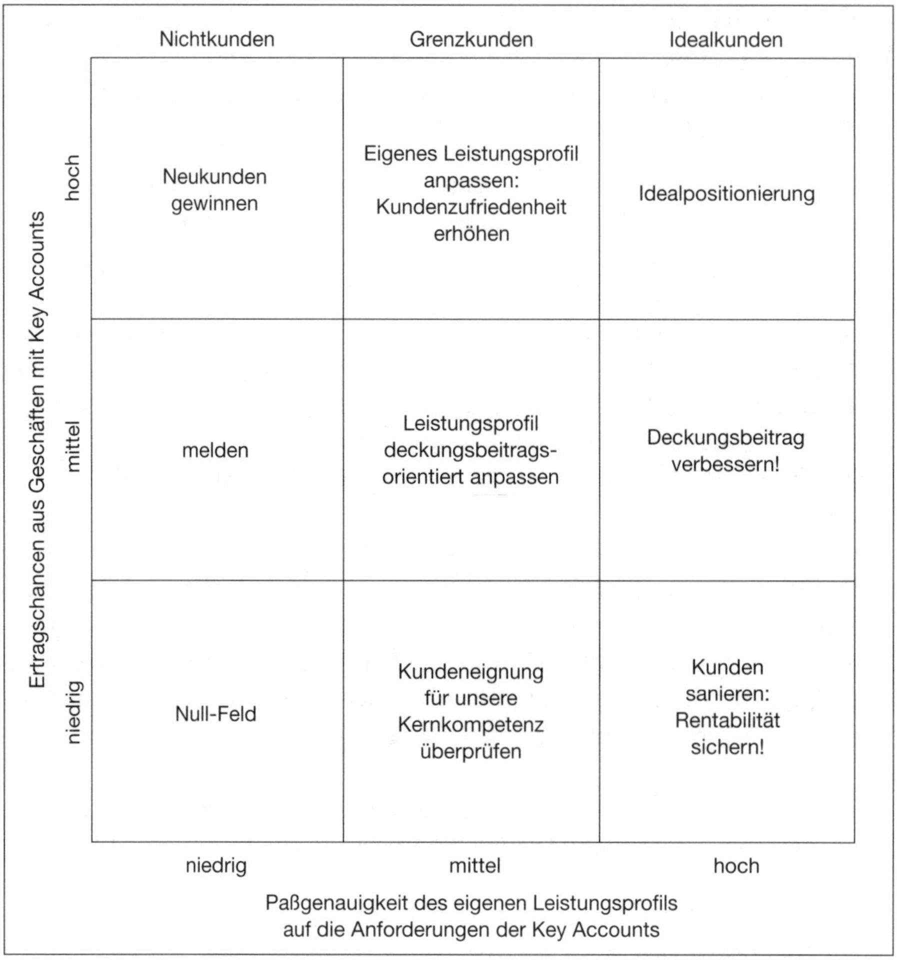

	Nichtkunden	Grenzkunden	Idealkunden
hoch	Neukunden gewinnen	Eigenes Leistungsprofil anpassen: Kundenzufriedenheit erhöhen	Idealpositionierung
mittel	melden	Leistungsprofil deckungsbeitrags-orientiert anpassen	Deckungsbeitrag verbessern!
niedrig	Null-Feld	Kundeneignung für unsere Kernkompetenz überprüfen	Kunden sanieren: Rentabilität sichern!

Ertragschancen aus Geschäften mit Key Accounts

niedrig mittel hoch

Paßgenauigkeit des eigenen Leistungsprofils
auf die Anforderungen der Key Accounts

Abb. 3: Kundenportfolio

Leitgedanke für die Frage, was man mit Key Account Management erreichen will, muß immer sein, wie man durch eine bessere bzw. die beste Key-Account-Bearbeitung bessere Geschäfte machen kann – nach Umsatz und Ertrag. Key Account Management ist kein Selbstzweck, sondern dient dem Geschäftszweck.

Dabei geht es bei großer Abhängigkeit des Unternehmens von einigen wenigen Key Accounts in erster Linie um die Sicherung der Geschäftsbeziehung zu diesen. Die Sicherung von Key Accounts muß im Prinzip schon im Unternehmenskonzept angelegt sein: Langfristig kann jedes Unternehmen nur überleben, wenn es für seine Umfeldpartner, insbesondere seine Key Accounts, sinnvollen Nutzen stiften kann.

Ethisches Prinzip des Key Account Managements sollte daher sein, daß alle Leistungen gegenüber den Key Accounts ihre langfristigen vernünftigen Interessenlagen mitberücksichtigen müssen – zugleich mit den eigenen. Wenn der Key Account Manager einen Konkurrenten beim Kunden um jeden Preis verdrängt, so bedeutet das für den Kunden, daß er von dem verdrängenden Unternehmen abhängig wird. Lieferanten andererseits um jeden Preis an sich zu binden und von sich abhängig zu machen heißt, sie zu schwächen und sich damit langfristig selbst zu schwächen und zu schaden. *Neckermann* und andere sind daran gescheitert, daß sie ihre Lieferanten ausgezehrt haben. *IBM* hat das Prinzip, daß keiner ihrer Lieferanten zu mehr als 25 % von IBM-Umsätzen abhängig sein darf; sonst könnte IBM aus dem vielfältigen Lieferanten-Know-how nicht profitieren. Im Gegensatz dazu steht das Prinzip des „Single Sourcing", wenn sich der Kunde auf bestimmten Gebieten auf einen Lieferanten stützt. Dies erfordert jedoch eine sehr enge vertragliche Absicherung, die den Interessen beider Seiten Rechnung tragen muß.

„Leben und leben lassen" ist das Prinzip für Key Account Management, keine „Gewinner-um-jeden-Preis-Haltung". Wer sein eigenes Unternehmen auf ein sicheres Fundament stellen will, muß zusehen, daß er existenzfähige Key Accounts hat. Andererseits muß Key Account Management auch die Angriffe zu starker Key Accounts, die darauf ausgelegt sind, das eigene Unternehmen auszusaugen und abhängig zu machen, abwehren helfen: „Was haben Sie langfristig von kranken Lieferanten?" muß die erlaubte Frage sein, die ein Key Account Manager seinem Kunden in kritischen Situationen zu stellen hat. Die Abwehr überzogener Forderungen und die Aufrechterhaltung bzw. Wiederherstellung eines ausgewogenen Verhältnisses der eigenen Leistungen des Unternehmens zu den Gegenleistungen des Key Accounts ist heute in vielen Branchen eine wichtige Aufgabe des Key Account Managers. Andererseits betreiben aber auch viele Key Accounts durch ihren Preisdruck Business-Reengineering-Programme in die Unternehmen ihrer Lieferanten hinein, ohne die diese keine Entwicklungs- und Verbesserungsanstöße bekommen würden. Der Austauschprozeß an der Schnittstelle zwischen Unternehmen und Key Account ist also immer zweiseitig und anstrengend. Dennoch ergibt sich für das Key Account Management ein wichtiges Arbeitsprinzip: **„Keine Leistung ohne Gegenleistung."**

3. Die unterschiedlichen Ebenen und Betrachtungsweisen von Key Account Management

Key Account Management erfordert eine Betrachtung unter verschiedenen Blickwinkeln, um besser zu verstehen, was damit gemeint ist. Vier Ebenen bieten sich dabei an, und zwar

- die strategische,
- die organisatorische,
- die personelle und
- die operative Ebene.

3.1 Die strategische Ebene

Auf der strategischen Ebene stellen sich zwei Fragen, die beantwortet werden müssen:

- Welchen Nutzen bringt Key Account Management dem Kunden?
- Welchen Nutzen bringt Key Account Management dem eigenen Unternehmen?

3.1.1 Welchen Nutzen bringt Key Account Management dem Kunden?

Für die Beantwortung dieser Frage spielt der **Customer Value added** eine zentrale Rolle: Dreh- und Angelpunkt für die Entwicklung von Geschäften sind wachsende Wertebildungspotentiale von Kunden. Diese gibt es nur dort, wo Kunden in ihren Märkten und bei ihren Kunden Mehrwert schaffen können. Gelingt es dem Lieferanten, seinem Kunden ein solches „Mehrwertfenster" zu eröffnen, so beeinflußt er den Erfolg seines Kunden prozeßstufenübergreifend in dessen Märkten positiv und kann darauf eine eigene (Teil-)Geschäftsstrategie aufbauen.

Value added oder Mehrwert hat drei Einflußfaktoren:

- mehr Umsatz über mehr Kunden oder Vergrößerung des Marktanteiles
- höhere Preise aufgrund von höherem Nutzen
- niedrigere Kosten

Die Potentiale für Value added bei Kunden werden also zum Ausgangspunkt für Wachstums- und Gewinnstrategien. Es handelt sich um strategisches Verkaufen: die eigenen Strategien so zu formatieren, daß sie die Strategien der Kunden in der Prozeßkette erfolgreich unterstützen helfen. Noch ganz wenige Unternehmen denken und handeln so. Zu selten ist es Aufgabe eines Key Account Managers, dem Kunden dessen Value added aus seinem Konzept zu quantifizieren. Man überläßt dies dem Kunden oder argumentiert aus dem Bauch heraus.

Darüber hinaus gewinnt der Ansatz des Customer Value added eine zeitliche Dimension in die Zukunft. Auf vielen Gebieten ist es existenznotwendig, daß Lieferanten auf ihrem Spezialgebiet dem Kunden zeitlich voraus sind in Form von **vorauseilender Findung von Mehrwertfeldern für Kunden.**

Beides erfordert eine sehr fokussierte Bearbeitung insbesondere von Schlüsselkunden – also Key Account Management.

3.1.1.1 Welche Strategien verfolgen Key Accounts?

Um Kundenerfolgssicherung zu betreiben, muß man sich in die Lage des Kunden versetzen und sich an den Strategien orientieren, die er verfolgt, um zu seinem Erfolg zu kommen. Dabei scheint es zunächst schwierig zu sein, zu erkennen, welche Strategien Kunden verfolgen. Es gibt aber zwei Quellen, um diese Strategien zu erfahren und richtig einzuschätzen. Die Informationen aus diesen Quellen sind wichtige Voraussetzungen, um den Kunden bei der Verfolgung seiner Strategien paßgenau zu unterstützen.

Die erste Quelle ist der Kunde selbst. Man kann ihn immer nach seinen Strategien fragen. Moderne Firmen informieren ihre Lieferanten sehr genau über ihre Anforderungen. Beispiel: Renault in der Broschüre „Purchasing of Components and Materials", Paris 1996. Andere Firmen tun sich damit noch schwer. Dafür gibt es zwei Gründe:

- Der Kunde ist nicht immer in der Lage, seine Strategie in verständlichen Worten zu artikulieren. Mir ist es einmal passiert, daß ich auf die Frage an den Kunden nach seiner Strategie die banale Antwort erhielt: „Wir wollen von allem etwas mehr – außer bei den Kosten." Man kann sich dann damit behelfen, den Kunden in seinem Gesamtverhalten zu beobachten, um die von ihm verfolgten Strategien zu verstehen. Das

Ergebnis kann man formulieren und den Kunden damit konfrontieren. Er wird die eigenen Beobachtungen entweder bestätigen, korrigieren oder einer Antwort ausweichen. Auf jeden Fall wird man nach diesen Versuchen erste Informationen über die Strategien des Kunden haben.

- Der Kunde ist nicht bereit, Lieferanten Informationen über seine Strategie zu geben. Hier kann man sich wie im vorangegangenen Falle durch Beobachtung und Eigenformulierung behelfen. Man kann den Kunden aber auch zur Informationsbereitschaft motivieren. Dies kann durch den Hinweis darauf erfolgen, daß man ihn besser unterstützen kann, seine Strategien zu realisieren, wenn man weiß, welche er verfolgt. Das verhilft in der Regel zu weiteren Informationen, welche die Rekonstruktion der vom Kunden verfolgten Strategien erleichtern.

Die zweite Quelle ist eigenes Nachdenken über die Kundenstrategie und Rekonstruktion derselben. Dabei kann man auf den oben beschriebenen Ansätzen aufbauen:

- Beobachtungen des Gesamtverhaltens des Kunden und eigene Formulierung der Kundenstrategie.
- Fragen nach den von ihm verfolgten Strategien.
- Der dritte Ansatz ist die Rekonstruktion der möglichen Strategie des Kunden aus allgemeinen Kenntnissen über mögliche und im konkreten Einzelfall sinnvolle Strategien: welche Strategien kommen überhaupt generell in Frage, welche müßte er verfolgen, um erfolgreich zu sein? Im Grunde kommt ja immer nur eine begrenzte Zahl möglicher Strategien in Frage, die ein Unternehmen, also auch ein Kunde, überhaupt verfolgen kann:
  - Differenzierungsstrategien, durch die er für seine eigene Leistung gegenüber seinen Kunden und im Verhältnis zu seinen Wettbewerbern ein unverwechselbares Profil oder eine Unique Selling Position – eine Alleinstellung – schaffen will.
  - Qualitätsstrategien, die eine Variante der Differenzierungsstrategien sind.
  - Preisstrategien, die aber echte Kostenvorteile voraussetzen.
  - Zeitführerstrategien, um in der Branche der Schnellste und Zuverlässigste zu sein.
  - Strategien, die mehrere andere kombinieren, zum Beispiel die Strategie der **Zeit-Qualitäts-Kostenführerschaft**, die auch unter dem Schlagwort „Lean Management" bekannt wurde. Den Anforderungen aus dieser Strategie sind heute sehr viele Unternehmen ausge-

setzt. Das hat in Europa und insbesondere in Deutschland zu einem Sturz althergebrachter Denkmuster geführt. Denn etwa Ende der achtziger Jahre galten noch so ehrenwerte Denkrahmen wie „Gut Ding braucht Weile" oder „Qualität kostet ihren Preis". Bis uns die japanische Automobilindustrie vorgemacht hat, daß man Autos zugleich schneller, besser und kostengünstiger bauen kann.

3.1.1.2 Wie richten Lieferanten ihre Strategien auf die ihrer Key Accounts aus?

Das bedeutet, daß der Lieferant heute gegenüber seinen Kunden in der Regel einfach definierbare, aber sehr schwer erfüllbare Forderungen erfüllen können muß: **Er muß durch seine Vorleistung seinen Key Account in die Lage versetzen, schneller, besser und kostengünstiger zu sein.** Das geht in der Regel nur, wenn sich das Lieferunternehmen selbst in die Lage versetzt, schneller, besser und kostengünstiger zu sein. Insofern werden Strategien bottom-up von den strategischen Zwängen der Key Accounts rückwärts in die Prozeßkette hinein bestimmt und strukturiert.

Im Prinzip sind es ja immer wieder die gleichen Erfolgsfaktoren, die Kunden brauchen und suchen und für die sie leistungsfähige Lieferanten benötigen. Nur ist der Bedarf bei einzelnen Kunden und in einzelnen ihrer Entwicklungsphasen unterschiedlich. Deshalb ist das Erkennen von für Kunden wichtigen und benötigten Stärken immer der Ausgangspunkt für die Formatierung der eigenen strategischen Erfolgsfaktoren, also der gezielte Aufbau bestimmter Stärken und der Abbau von Schwächen. Dabei kann es zu Zielgegensätzen zwischen Kunden und Lieferanten kommen, die sich aber häufig auf die faire Teilung des gemeinsam erzielten Mehrwerts beziehen.

3.1.2 Welchen Nutzen bringt Key Account Management dem eigenen Unternehmen?

„Lohnt sich Key Account Management überhaupt für uns?" ist eine Frage, die nicht selten gestellt wird. Die Gegenfrage muß erlaubt sein: „Lohnen sich die Geschäfte des Unternehmens mit seinen Key Accounts? Kann man daraus mehr machen in bezug auf Umsatz und Ertrag? Muß man seine Key Accounts vielleicht sogar schon sichern oder sogar zurückgewinnen?"

50

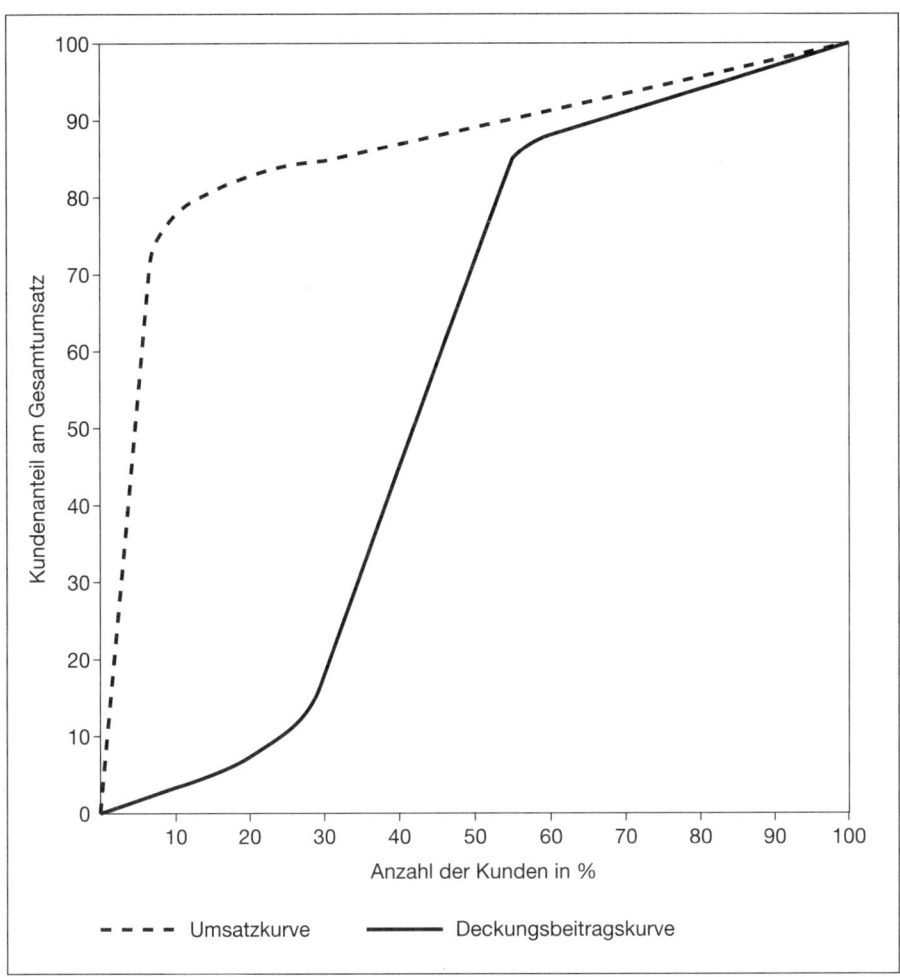

Abb. 4: Diskrepanz zwischen dem Anteil des Umsatzes und
dem Anteil des Ertrages aus Geschäften mit Key Accounts

Für den Nutzen von Key Account Management spricht:

- Die meisten Firmen haben Key Accounts, sei es auch nur aufgrund der Umsatzgewichtung.
- Die Geschäfte mit großen Kunden leiden meist unter der Umsatz-Er-trags-Ungleichheit, d. h., ihr Umsatzanteil ist proportional größer als ihr Beitrag zum Gewinn des Unternehmens (vgl. Abbildung 4).
- Diese Tatsache ist für die meisten Firmen ein Problem.
- Wenige Großkunden machen ihre Lieferanten abhängig. Auch das ist ein existenzielles Problem vieler Unternehmen.

51

- Ziel des Key Account Managements ist immer Sicherung und Ausbau von Umsätzen und Deckungsbeträgen mit Key Accounts.
- Wird dieses Ziel nur einigermaßen erreicht, so ist Key Account Management notwendigerweise nützlich.
- Key Account Management ist meist so wichtig und nützlich, wie es die Key Accounts mit ihren Umsätzen und Deckungsbeiträgen für den Ertrag des Unternehmens sind.
- Key Accounts bestehen zum Teil unabhängig vom unternehmerischen Willen und prägen – mehr oder weniger erfolgreich gesteuert – entscheidend den Unternehmenserfolg und das Ergebnis.
- Die Frage des Nutzens von Key Account Management hängt natürlich entscheidend davon ab, mit welcher Professionalität Key Account Management durch das Unternehmen betrieben wird.
- Bekannt ist, daß Unternehmen mit kundenorientierter Unternehmenskultur und Arbeitsweise tendenziell besser verdienen. Key Account Management ist instrumentalisierter Ausdruck von Kundenorientierung.
- Insgesamt ergibt sich der unternehmerische Nutzen des Key Account Managements aus der Existenz von Key Accounts, egal, ob das Unternehmen Key Account Management kennt und praktiziert oder nicht. (Lassen Sie einmal die fünf größten Kunden bei einem Unternehmen abspringen, und Sie werden sehen, wie schnell Key Account Management in Aktion ist: Wetten, daß sich der Chef selber darum kümmert?)

Positive Effekte des Key Account Managements:

- Höhere Transparenz der Key Accounts, ihrer Entscheidereinheiten, ihrer Entscheider, ihrer Entscheidungskriterien und -prozesse
- Intensiveres Kontaktnetz mehrerer Personen des eigenen Unternehmens zu Entscheidern des Kundenunternehmens (Multi-Level-Kontakte, Kontaktnetze)
- Verbesserte und vertiefte, auch zukunftsorientierte Informiertheit über Kunden und ihre Anforderungen
- Verminderte Konfliktintensität mit den Key Accounts
- Verbesserung des Geschäftsklimas
- Verbesserung der Wettbewerbsposition bei Key Accounts
- Höheres Problemlösungsniveau des eigenen Unternehmens gegenüber Key Accounts

Letztlich stellt sich die Frage nach dem Nutzen des Key Account Managements überhaupt nicht: Key Accounts sind vorhanden und werden so oder anders bearbeitet. Ob man das nun Key Account Management nennt oder nicht, ist zweitrangig. Wichtig ist, daß die Geschäfte mit Key Accounts die Basis für das Gesamtgeschäft stark prägen und dominieren. Soll ein Geschäft Nutzen bringen (und diese Prämisse ist ja wohl nicht diskutabel), so muß das von den Geschäften mit den Key Accounts her aufgebaut werden. **Shareholder Value setzt Customer Value voraus**. Customer Value **muß** zu positiven Deckungsbeiträgen aus Geschäften mit Key Accounts führen.

3.2 Die organisatorische Ebene

3.2.1 Horizontale Gestaltung der Key-Account-Organisation

„Structure follows Strategy" ist ein alter und immer noch richtiger Lehrsatz der Strategen und ihrer Organisatoren. Wenn wir in die Geschichte der industriellen Organisation zurückschauen, so folgten die ersten Organisationsbeispiele der Industrie den Organisationsformen des Heeres – und diese waren streng vertikal. Erst in den letzten Jahren wurde deutlich, daß diese Organisationsform nicht unbedingt paßt, wenn das Unternehmen Kundenorientierung anstrebt. Denn in der Wirtschaft ist der Orientierungspunkt nicht der „Feind" (außer bei konkurrenzfixierten Unternehmen), sondern der Kunde.

In der vertikalen Hierarchie steht der Kunde unten und der Chef oben, in der horizontalen Organisation ist der Kunde Ausgangspunkt und Endpunkt des unternehmerischen Handelns. „Wir wollen den Kunden zufriedenstellen, nicht ständig dem Chef das Gesicht und dem Käufer den Hintern zuwenden", äußerte sich dazu **Jack Welch**, Chef von **General Electric**. Das Problem liegt aber vielfach im Verhalten von Chefs, die ihr Amt zur Befriedigung von persönlichen Eitelkeiten oder zur Kompensation eigener innerer Unsicherheiten benutzen. Das bedeutet, daß Kundenorientierung des Unternehmens nicht nur ein organisatorisches, sondern vor allem ein mentales und kulturelles Problem der Unternehmensführung ist. Das gilt insbesondere für Deutschland.

Friedrich der Große hatte formuliert: „Ich bin der erste Diener meines Staates." Chefs kundenorientierter Unternehmen äußern sich so: **„Ich bin der erste Diener unserer Kunden"** oder: „Meine Arbeit besteht darin, meinen Mitarbeitern zu helfen, bei unseren und für unsere Kunden Erfolg zu haben."

Die Organisation und Arbeitsweise des Lieferantenunternehmens muß Spiegelbild der Kundenstrukturen sein – und nicht umgekehrt versuchen, Kunden in die eigenen, oft veralteten Strukturen zu zwängen. Das erfordert zunächst die Definition von an Kunden ausgerichteten Prozessen und Prozeßketten sowie die Bestimmung der Schnittstellen. Aus Abbildung 5 ergibt sich, daß die Schnittstelle zwischen dem unternehmensinternen Kern der Prozeßkette und dem Key Account vom Key Account Management bedient wird.

Tatsächlich finden hier in der Mitte der neunziger Jahre quasi Verschmelzungen zwischen Unternehmen, ihren Kunden und ihren Lieferanten statt, die früher unvorstellbar gewesen wären.

Das macht auch deutlich, daß die Selbständigkeit der einzelnen Partner in einer Prozeßkette keineswegs zwingend ist. Sie ist nur historisch gewachsen. Vielfach sind die Abgrenzungen zwischen den „Ab-Teilungen" eines Großunternehmens schärfer als die zu Kunden und Lieferanten. Wichtig ist, daß die einzelnen Partner einer Prozeßkette jeweils ein Kompetenzzentrum bilden, d.h. sich auf das konzentrieren, was sie wirklich gut beherrschen. Der Outsourcing-Trend in vielen Industrien fördert die Bildung von Kompetenzzentren.

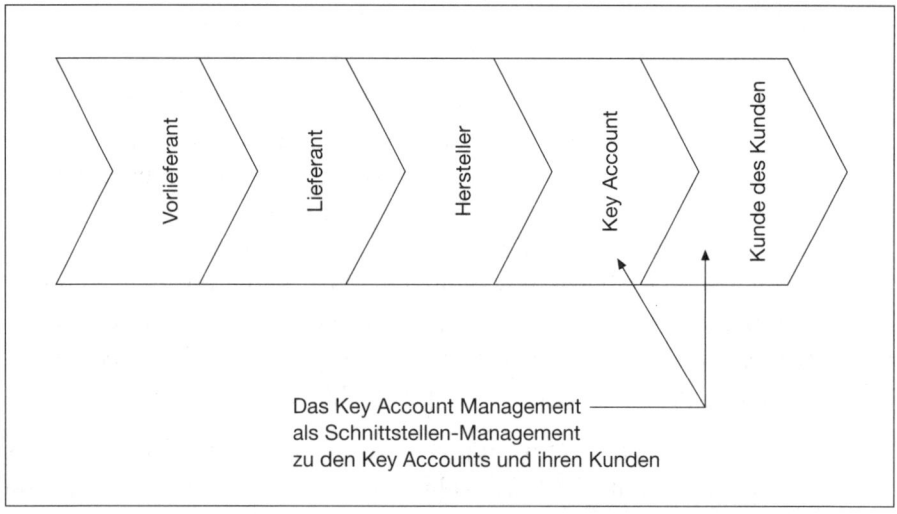

Abb. 5: Geschäftsprozesse, ihre Verflechtungen und das Schnittstellen-Management

Die Vernetzung der Prozesse hat viele Dimensionen:

- Forschung & Entwicklung
- Produktplanung
- Simultaneous Engineering
- Marktvorbereitung
- Lieferantenkoordination
- Produktion
- Logistik
- Vernetzung der Warenwirtschaftssysteme
- Informatik
- Rechnungswesen
- Kalkulation,
- Projektteams
- Customer-Integration
- Kundenclubs
- Kundenbeiräte
- Kundentage
- Kundenforen
- Ombudsleute
- Event-Marketing für Kunden und deren Kunden
- Interfusion
- hierarchieadäquate Kontaktnetze
- Beziehungsmanagement
- Multi-Level-Kontakte
- Fachkontaktnetze
- Strategische Allianzen
- Business-Reengineering-Projekte bei Kunden
- Business-Reengineering-Projekte bei Lieferanten u.v.m.

Es gibt fast nichts, was es in diesem Schnittstellenmanagement nicht gibt. Die Abgrenzungen sind von gestern. Das Motto von morgen lautet: **Multiple Interfusion der Prozeßketten! (MIP)**

3.2.2 Die Ablauforganisation im Key Account Management

Den Einstieg in die Ablauforganisation des Key Account Managements kann **die mit der Unternehmensplanung vernetzte Key-Account-Planung** bilden (siehe Abbildung 6) bzw. die Darstellung der Einzelaufgaben des Key Account Managements im Jahresverlauf (Abbildung 7).

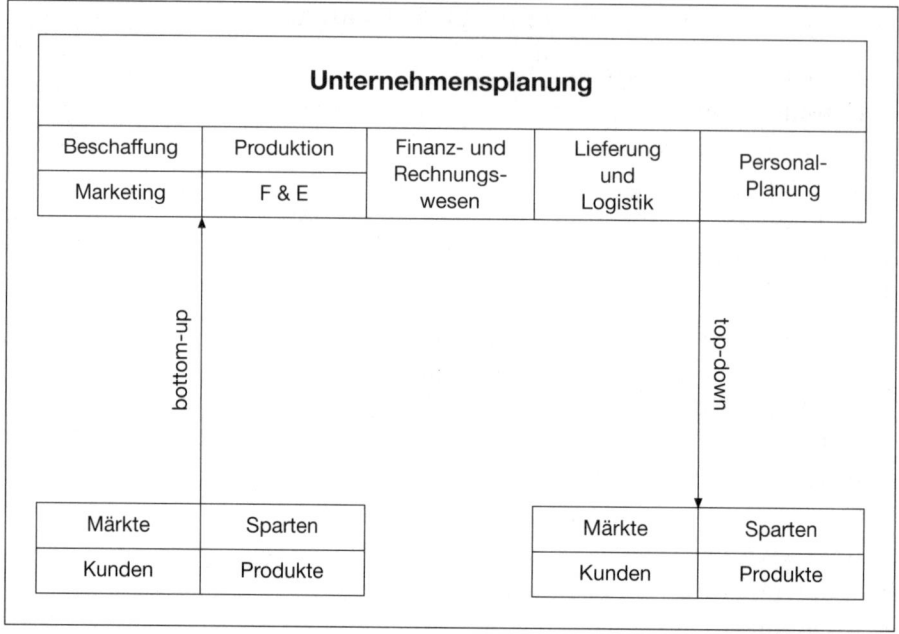

Abb. 6: Die Einbindung des Key Account Managements in die Unternehmensplanung

Bei allen damit verbundenen **Abstimmungsprozessen** wird die Zusammenarbeit zwischen den am Key Account Management direkt oder indirekt beteiligten Bereichen und Personen notwendig sein oder erzwungen werden müssen:

- Verkauf
- Absatz
- Marketing
- Unternehmensplanung
- Produktmanagement
- Feldorganisation
- Verkaufsförderung
- Trademarketing
- Key Account Management usw.

Als Elemente der Ablauforganisation des Key Account Managements lassen sich vor allen Dingen nennen:

- strukturelle Einbindung der Key-Account-Planung in die Unternehmensplanung top-down und vor allen Dingen bottom-up (vgl. Abb. 6)

Einzelaufgaben: \ Quartal:	Q1	Q2	Q3	Q4
Analyse der Ergebnisse: Erfolge, Mißerfolge, Ursachen	●			
Überprüfung von Stragegien	●	●		
Neu-Justierung von Strategien, Innovationen		●		
Eckdaten der Finanzplanung „top-down"		●	●	
Generelle Marketingpläne und -maßnahmen			●	
Key-Account-Pläne „top-down"			●	
Jahresgespräche, Rahmenvereinbarungen	●		●	●
Key-Account-Pläne „bottom-up"	●			●
Gesamtplanung, Unternehmensbudget	●			●
Realisierung der vereinbarten Maßnahmen	●	●	●	●
Wahrnehmung der Aufgaben analog den „10 Elementen" (Regelkreis)	●	●	●	●

Abb. 7: Key Account Management als Prozeß:
Einzelaufgaben des Key Account Managements im Jahresverlauf

- zeitlicher Ablauf der Aufgaben des Key Account Managements und zeitliche Einbindung in die Unternehmensplanung (vgl. Abb. 7)
- Kundenanalyse:
  - Informationen aus eigenen Erhebungen und Beobachtungen
  - Informationen von der Feldorganisation
- Kundenstrategie und Kundenentwicklungsplan
- Kundenkonferenzen, auf denen der Key Account Manager einmal im Jahr die Key-Account-Konzeptionen und die Kundenentwicklungspläne vor den Beteiligten und Betroffenen vorstellt, mit ihnen diskutiert und verabschiedet

- Soll-Ist-Kontrollen und Abweichungsanalysen
- Quartalsgespräche
- Jahresgespräche
- Ausführungsinformationen aus getroffenen Entscheidungen und Absprachen an ausführende und betroffene Stellen
- Deckungsbeitragsanalysen

Die **Zusammenarbeit des Key Account Managements mit der Feldorganisation** ist gesichert durch die gemeinsame Unterstellung unter den Vertriebsdirektor oder Geschäftsführer Vertrieb. Sie muß zusätzlich durch die Form und die Inhalte der Informationen gesichert werden, die

- die Mitarbeiter der Feldorganisation einerseits erhalten und andererseits an das Key Account Management geben,
- der Key Account Manager den ausführenden Kollegen der Feldorganisation zukommen läßt.

Dabei ist das Key Account Management besonders auf Vor-Ort-Informationen aus der Feldorganisation angewiesen. Diese ergeben sich aus:

- Store-checks: Beobachtung des Geschäftsgebarens der Key Accounts
- Gesprächen mit nachgeordneten Stellen und Personen in der Organisation des Key Accounts
- Beobachtungen der Aktivitäten der eigenen Mitbewerber bei den Key Accounts
- Beobachtungen der Aktivitäten der Mitbewerber des Key Accounts

Für die Übermittlung aller Informationen an alle am Arbeitsprozeß des Key Account Management Beteiligten ist eine durchgängige Informationstechnologie auf der Basis von Group-Software **Rückgrat des gemeinsamen Informationsstandes in der Prozeßkette.**

Darüber hinaus empfiehlt es sich, jährlich einmal eine **Key-Account-Konferenz** durchzuführen. In dieser stellen die Key Account Manager pro Key Account ihre Konzepte, Strategien und Kundenentwicklungspläne für das kommende Jahr im Kreis der betroffenen Kollegen und Mitarbeiter vor. Es zeigt sich im Rahmen der Key-Account-Konferenzen bzw. im Rahmen von Seminaren oder Kunden-Workshops, daß dabei eine nicht unerhebliche Menge bisher nicht vollständig oder richtig übermittelter Informationen über den Key Account ergänzt, diskutiert, geklärt und abgerundet wird. Zugleich werden alle Mitverantwortlichen über das gemeinsame Vorgehen und ihre Teilaufgaben dabei informiert.

Key-Account-Kurzbericht und Durchsetzungsinformation
(Kopien oder Mail-Box an alle betroffenen Personen)

Von: .... Telefon: ☐

Besuch: ☐

an: GL ☐ VD ☐ VL ☐ GVL ☐

BL ☐ VF ☐ VID ☐ M ☐

Firma: .... Datum: ....

Ort: ....

Gespr.-Partner: ....

Teilnehmer unserer Firma: ....

Absprachen/ Vereinbarungen:	Erledigung durch:	Termin:	Rückmeldung nach Erledigung:

Abb. 8: Kurzbericht-Formblatt

Über **Entscheidungen, Vereinbarungen und Absprachen**, die der Key Account Manager während des Jahres mit dem Key Account trifft, muß er möglichst rasch und unbürokratisch die an der Key-Account-Bearbeitung Beteiligten informieren und sie zur Ausführung etwa vereinbarter Maßnahmen und Leistungen bringen. Dafür kann man das Formblatt in Abbildung 8 empfehlen, das als Maske eines Kundeninformationssystems (KIS) zu erscheinen hat oder über Mailbox an die verschiedenen Betroffenen in der kundenbezogenen Hierarchie zu übermitteln ist. Wichtig ist dabei vor allem auch, daß die **Ausführung von Maßnahmen**, die der Key Account Manager anordnet, in die Wege leitet oder erbittet, unverzüglich zurückgemeldet wird. Für konkrete Einzelaktivitäten kann man auch das beiliegende Ablaufschema für Absprache, Realisierung und Kontrolle gemeinsamer Aktionen mit Key Accounts verwenden (vgl. Abb. 9).

Einen wichtigen Baustein für die Ablauforganisation bildet das **Kundenbudget**. Es beinhaltet eine kundenbezogene Soll-Planung. Ebenso wichtig für die Ablauforganisation des Key Account Managements ist die nachfolgende Soll-Ist-Kontrolle sowie die Abweichungsanalyse. Dabei geht es nach dem Soll-Ist-Vergleich vor allem um die **Analyse der Ursachen von negativen Abweichungen**.

Immer wenn negative Soll-Ist-Abweichungen beim einzelnen Key-Account **außerhalb** des allgemeinen geschäftlichen Trends des Unternehmens verlaufen, liegen die Ursachen dafür mit großer Wahrscheinlichkeit beim Einzelkunden. Dann besteht die Aufgabe des Key Account Managers darin, diese Ursachen beim einzelnen Key Account zu identifizieren und abzustellen. Key Account Management heißt dann, den Key Account zum erfolgreichen Arbeiten mit den eigenen Produkten zu führen, z.B. durch ihre Anwendung, ihren Einsatz oder ihre Vermarktung. Hierbei kann wieder ein Stärken-Schwächen-Profil über die Arbeitsweise des Kunden hilfreich sein, mit dem auf einen Blick transparent wird, wo die Ursachen im Unternehmen des Key Account liegen.

In diesem Bereich der Analyse und Beseitigung von Ursachen negativer Entwicklungen der Geschäfte mit Key Accounts überschneiden sich in der Konsumgüterindustrie die Funktion des Key Account Managements mit denen des vertikalen Marketing sowie des Handels- und Trademarketing. Auch in anderen Industrien wird hier die Matrixvernetzung mit anderen Bereichen und Abteilungen gefordert.

Eine ausführliche Beschreibung der gesamten Arbeitsweise des (funktionalen) Key Account Managements erfolgt in Kapitel 4.

3.2.3 Die Aufbauorganisation des Key Account Managements: Formen und Beispiele

Die Aufbauorganisation für das Key Account Management und seine Eingliederung in die Vertriebsorganisation sollen die Zielerreichung des Key Account Managements fördern. Die Organisation des Key Account Managements soll also helfen, Umsätze und Deckungsbeiträge aus Ge-

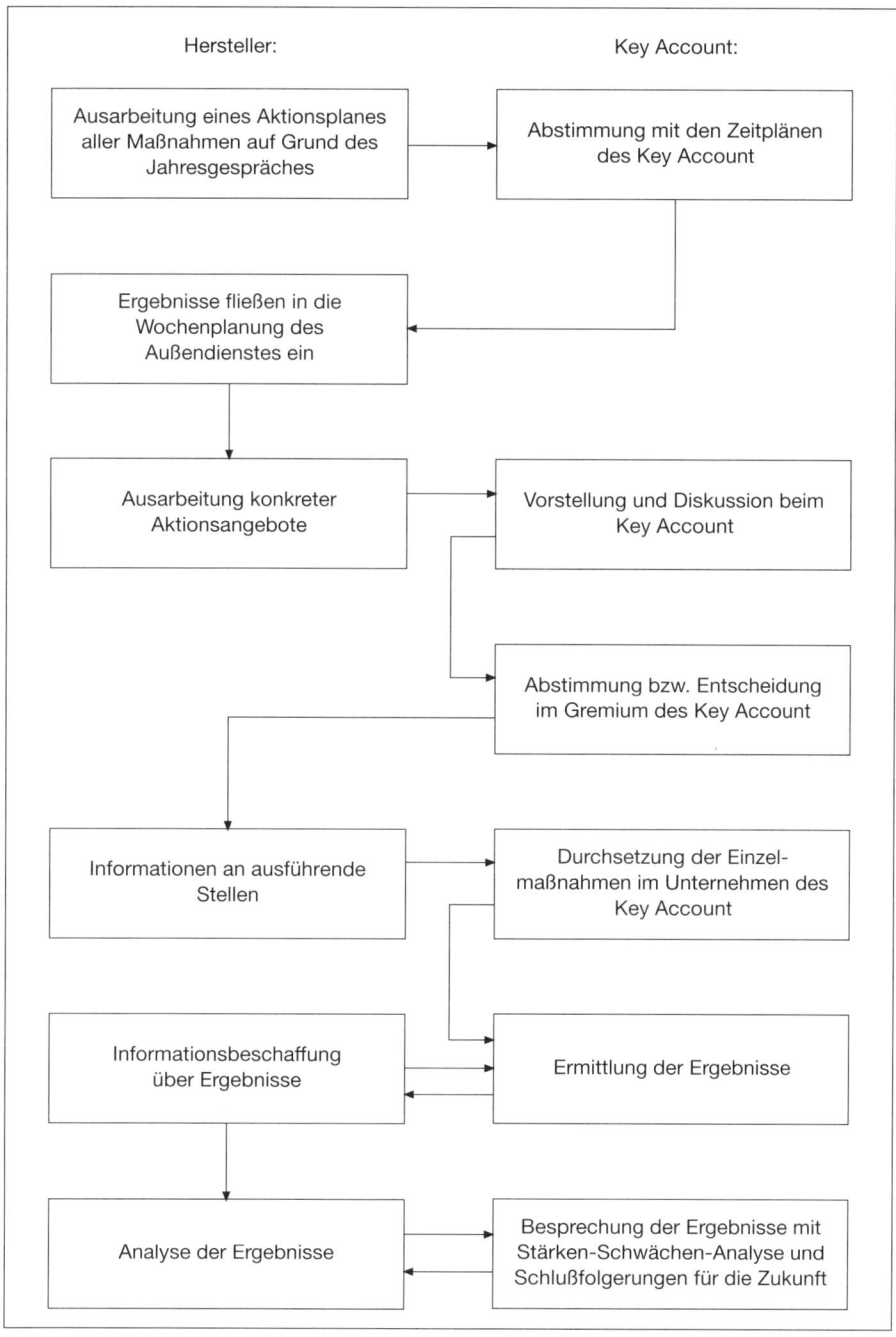

Abb. 9: Ablaufschema für Vorbereitung und Durchführung von Verkaufsförderungsaktionen mit Handelskunden

schäften mit Key Accounts zu sichern und auszubauen. **Deckungsbei-tragsorientierte Umsatzausweitung** mit Key Accounts ist das Geschäft des Key Account Managers: Dazu kann die Art, wie seine Funktionen in die Aufbauorganisation eingebaut sind, hilfreich sein.

Diese hängt von folgenden Faktoren ab:

- Größe des Unternehmens
- Marktstellung
- Markengeltung
- Zahl der Großkunden
- Anteil der Großkundenumsätze am Gesamtumsatz
- Nachfragemacht der Großkunden
- Marktmacht des Unternehmens
- Schwierigkeitsgrad der Großkunden
- Ausbau der Verkaufsorganisation
- Firmenkultur: die eigene und die der Key Accounts
- Bereitschaft und Fähigkeit der Geschäftsleitung und des Vertriebsmanagements, Teilfunktionen an das Key Account Management abzugeben
- Zahl und Qualifikation der für das Key Account Management in Frage kommenden Mitarbeiter
- Image des Unternehmens auf dem speziellen Personalmarkt
- mögliches Gehaltsniveau usw.

Die Faktoren, die auf die Form der Aufbauorganisation Einfluß haben, sind also insgesamt sehr zahlreich und in ihrer Beziehung zueinander sehr komplex. Deshalb ist es besser, anhand von Beispielen die Möglichkeiten von Eingliederungen des Key Account Managements in die Aufbauorganisation des Vertriebs darzustellen.

Verzeichnis der in den folgenden Modellen verwendeten Abkürzungen

BL	= Bezirksleiter/Reisender
GVL	= Gebietsverkaufsleiter
KAM	= Key Account Manager
Mafo	= Marktforschung
NKAM	= Nationaler Key Account Manager
NVL	= Nationaler Verkaufsleiter
PM	= Produktmanager

RKAM	= Regionaler Key Account Manager
RVL -N	= Regionalverkaufsleiter Nord
RVL- S	= Regionalverkaufsleiter Süd
SKAM	= Special Key Account Manager
VD	= Vertriebsdirektor
VF	= Verkaufsförderung
VL	= Verkaufsleiter
W	= Werbung

Modell A: Funktionales Key Account Management in Personalunion mit den Linienfunktionen

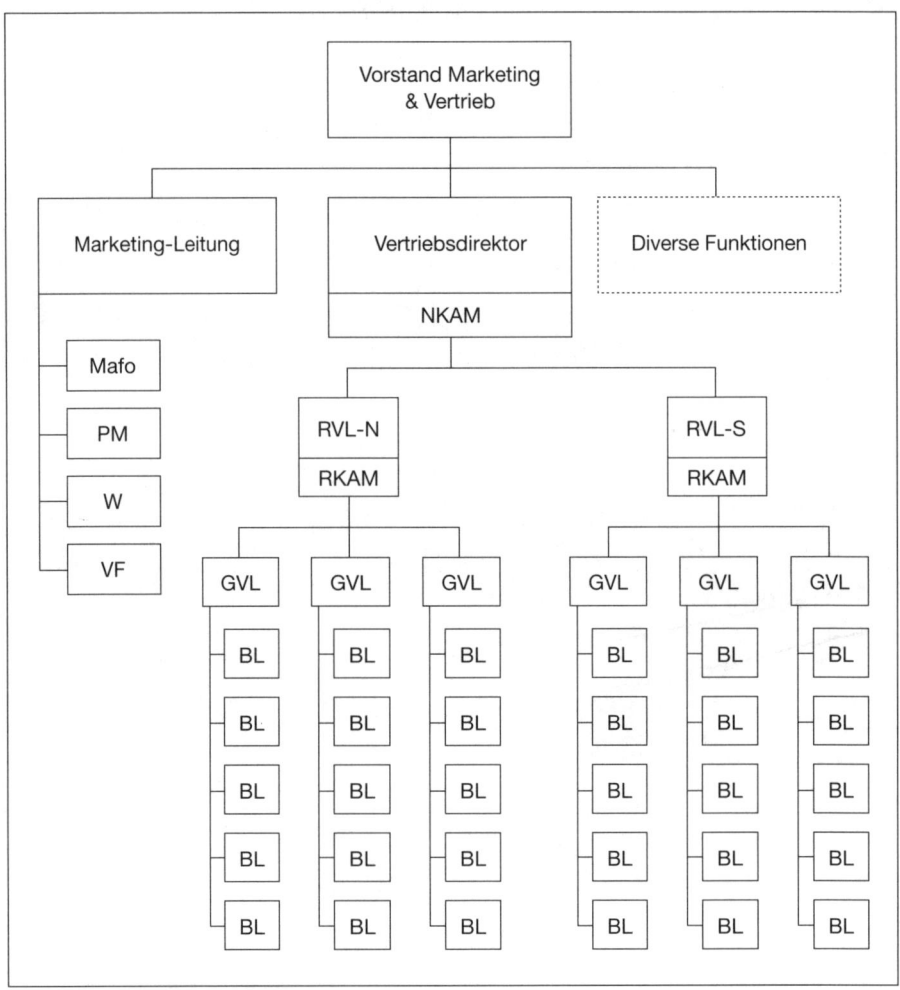

Abb. 10: Modell A: Funktionales KAM in Personalunion mit den Linienfunktionen

64

Das Modell A – Funktionales KAM in Personalunion mit den Linienfunktionen – spiegelt die traditionelle Form der Key-Account-Bearbeitung wider. Diese ist nicht getrennt von der übrigen Aufbauorganisation zur Bearbeitung der Kunden. Den Linienfunktionen der klassischen Organisation werden die Großkunden, hierarchisch abgestuft, zur besonderen Betreuung anvertraut.

Vorteile:
- kein Bruch zwischen Linie und Stab, direkte Durchsetzungsfähigkeit
- weniger Kommunikationsprobleme und -verluste
- Linienführungskraft bleibt „Chef im Markt"

Nachteile:
- Überlastung leicht möglich
- Neigungsorientierte Schwerpunktbildung bei der Aufgabenwahrnehmung. Der einzelne macht das, was ihm liegt: Führen oder Verkaufen
- zu geringe Möglichkeit der vollen Konzentration auf Key-Account-Bearbeitung
- deshalb möglicherweise qualitative Nachteile in bezug auf die Durchdringung und Sicherung von Großkunden

Modell B: Gemischtes Key Account Management

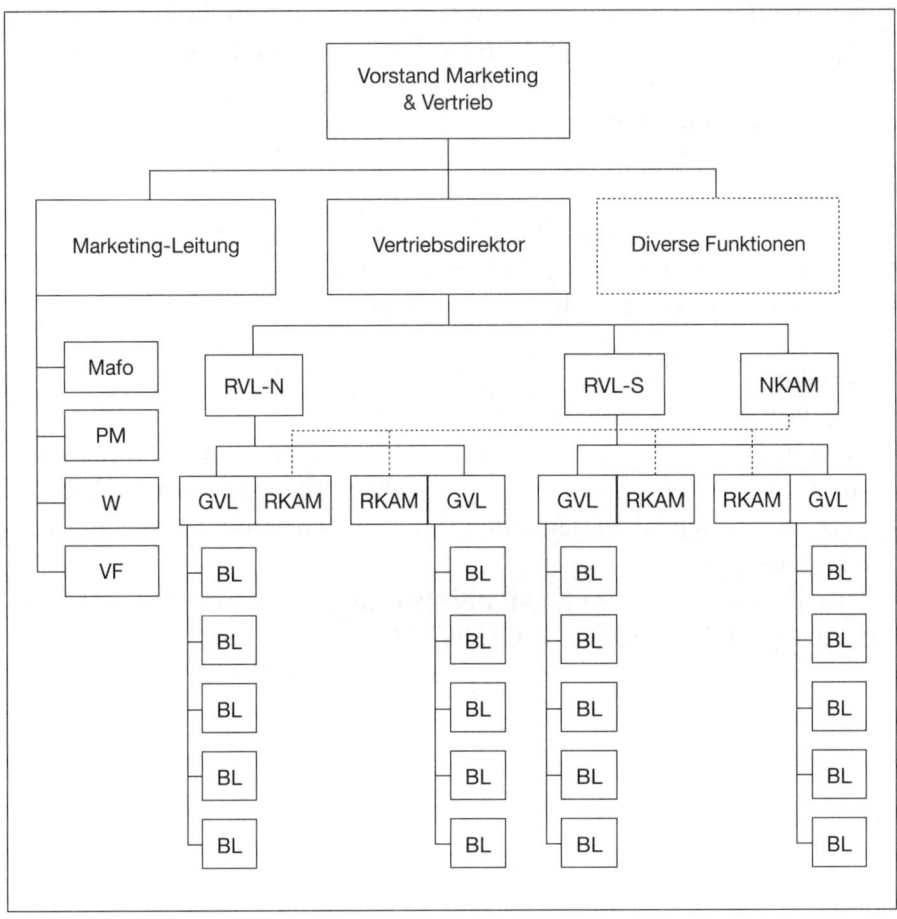

Abb. 11: Modell B: Gemischtes Key Account Management

Beim Modell B – Gemischtes KAM – werden neben der klassischen Verkaufsorganisation gesonderte Funktionen zur Großkundenbetreuung gebildet, und zwar:

- unterhalb der nationalen Verkaufsleitung das Nationale Key Account Management zur Betreuung der nationalen Key Accounts (NKAM)
- in Personalunion mit der Gebietsverkaufsleitung das Regionale Key Account Management (RKAM) zur Betreuung
  - der regionalen Key Accounts
  - der organisatorischen Teileinheiten der nationalen Key Accounts in den Regionen
  - mit fachlichem, aber nicht disziplinarischem Weisungsrecht seitens der Nationalen Key Account Manager

Vorteile:
- Möglichkeit der vollen Konzentration auf die Großkundenbetreuung
- saubere organisatorische Abgrenzung zu anderen Funktionen
- Betonung der Bedeutung des Key Account Managements im Unternehmen und nach außen
- ausreichend Zeit für Tiefgang und Qualifikation der Key-Account-Bearbeitung
- Vorteile des Regionalen Key Account Managements: Der Gebietsverkaufsleiter bleibt Chef in der Region, in der auch das Geschäft gemacht wird und die Key Accounts sich Konkurrenz machen.

Nachteile:
- Überlastung im Regionalen Key Account Management leicht möglich
- der einzelne Regionale Key Account Manager macht das, was ihm liegt: Führen oder Verkaufen
- möglicherweise zu geringe Konzentration im Regionalen Key Account Management auf die Key-Account-Bearbeitung und deshalb mögliche qualitative Nachteile

Modell C: Institutionelles Key Account Management I

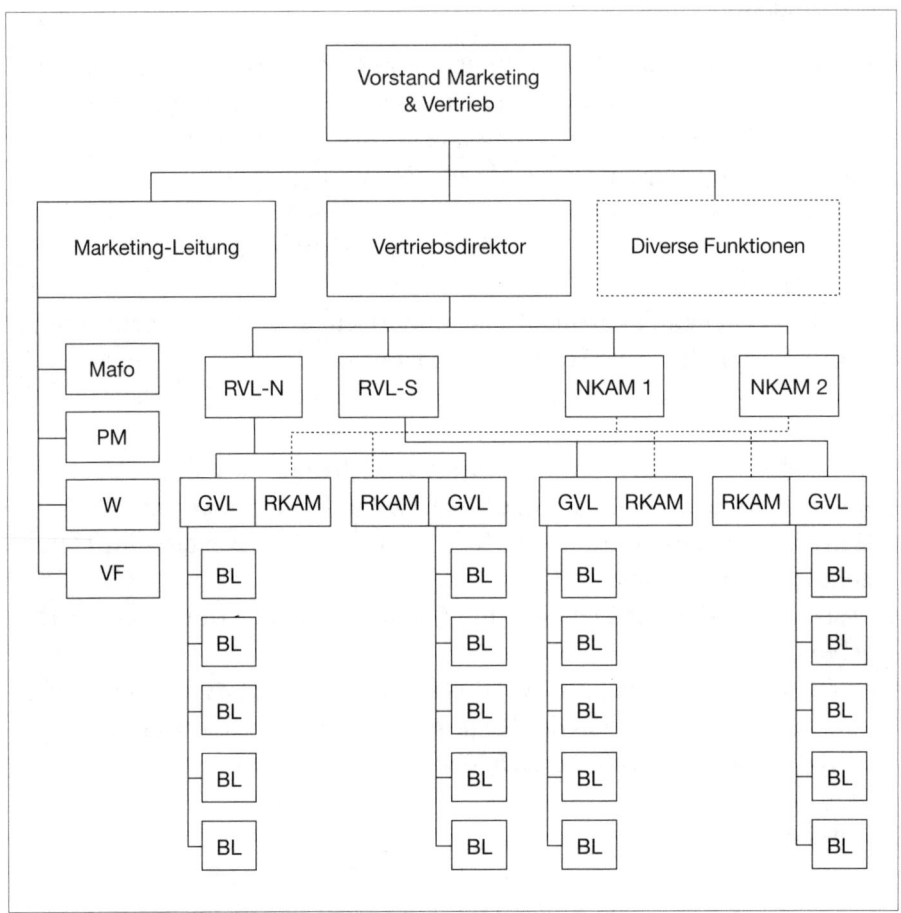

Abb. 12: Modell C: Institutionelles Key Account Management I

Beim Modell C – Institutionelles KAM I – werden neben den Regional-verkaufsleitungen Stellen für Nationale Key Account Manager gebildet, die Personalunion auf der Ebene der Gebietsverkaufsleiter wird aufgehoben, und neben den Gebietsverkaufsleitern werden gesonderte Stellen für das Regionale Key Account Management gebildet. Das Nationale Key Account Management hat gegenüber dem Regionalen Key Account Management fachliche, aber keine personelle Weisungsbefugnis.

Vorteile:
- Möglichkeit der vollen Konzentration auf Großkundenbearbeitung
- ausreichend Zeit für Tiefgang und Qualifikation der Key-Account-Bearbeitung
- saubere organisatorische Abgrenzung zu anderen Funktionen
- Betonung der Bedeutung des Key Account Management im Unternehmen und nach außen

Nachteile:
- Gefahr, daß die Zusammenarbeit in der Region mit Reibungen zwischen Gebietsverkaufsleiter und Regionalem Key Account Manager verbunden ist und die Zusammenarbeit nicht klappt, weil man sich in Konkurrenz zueinander sieht. Diese Gefahr kann durch institutionalisierte gegenseitige Informationen gelöst werden, z.B. durch:
  - formalisierte schriftliche Kommunikation
  - als Group-Software ausgebildete Kundeninformationenssysteme (KIS)
  - Kundenkonferenzen
  - regelmäßige Kundenbesprechungen
- Gefahr der „Zweiklassengesellschaft": Die wichtigsten Kunden und ihre Bearbeitung werden aus der Linie herausgezogen, RVL und GVL von der Kompetenz zur Key-Account-Bearbeitung abgenabelt.

Lösung: RVL und GVL behalten einige wenige regionale Key Accounts zur Bearbeitung.

Vorteil: Abgleich von Vor- und Nachteilen der Organisationsform des institutionellen Key Account Managements.

Nachteil: Inkonsequenz in der Systematik.

Modell D: Institutionelles Key Account Management II

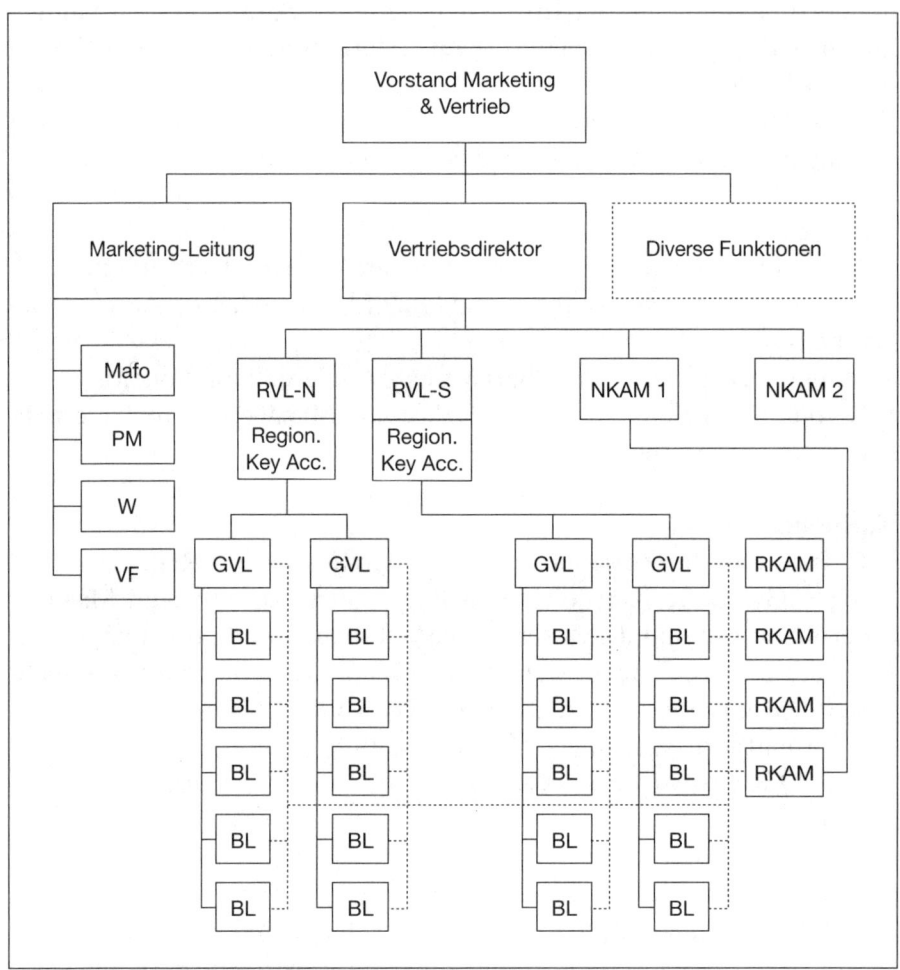

Abb. 13: Modell D: Institutionelles Key Account Management II

Das Modell D – Institutionelles KAM II – entspricht Modell C, mit der Ausnahme, daß dem Verkaufsdirektor, den Regionalverkaufsleitungen und ggf. auch den Gebietsverkaufsleitungen einige Kunden zur persönlichen Bearbeitung zugeordnet werden, so daß sie persönlich Erfahrungen im Umgang mit Key Accounts behalten.

Vorteile:
- Führen der Feldmannschaft und Key Account Management in einer Hand
- sonst wie funktionales Key Account Management, Modell B

Nachteile:
- Stabssystem
- Key Account Management zu stark von der Feldorganisation gelöst
- Gefahr des Eigenlebens
- Probleme in der Informationen, Weisung und Zusammenarbeit
- zu komplex
- zu wenig Kundennähe des Key Account Managements

Modell E: Institutionelles Key Account Management III

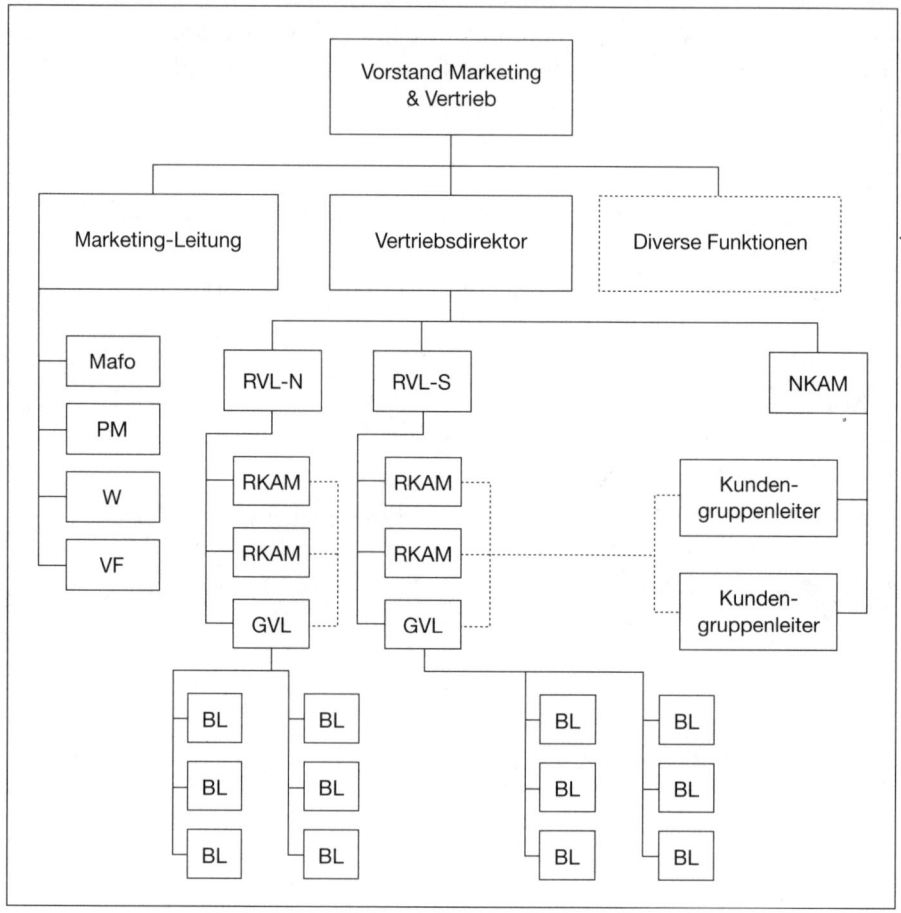

Abb. 14: Modell E: Institutionelles Key Account Management III

Vorteile:
- Nun ist alles nach nahezu allen Gesichtspunkten organisiert und aufgeteilt, und für jeden Aspekt gibt es Spezialisten.

Nachteile:
- Überorganisation
- zu viele Weisungs- und Informationswege
- hohe Kosten
- schwierige Zusammenarbeit
- hohe Reibungsverluste wahrscheinlich

Modell F: Institutionelles Key Account Management IV

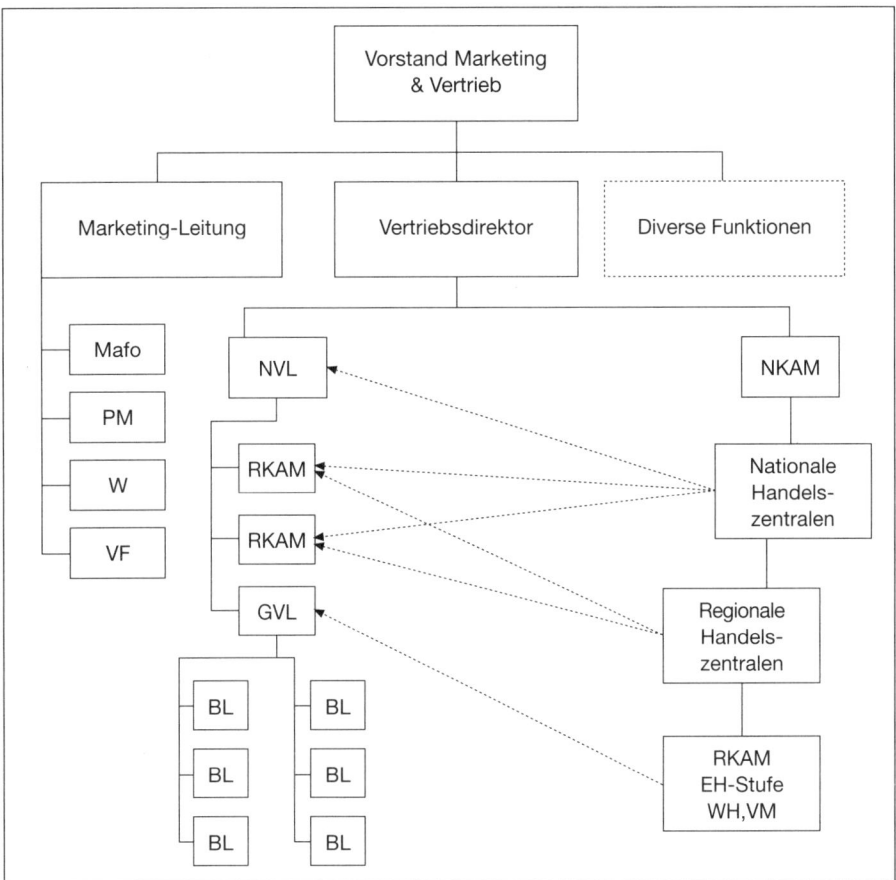

Abb. 15: Modell F: Institutionelles Key Account Management IV

Vorteil:
- hoher Grad der Spezialisierung auf die Bearbeitung unterschiedlicher Kunden

Nachteile:
- Nationaler Key Account Manager im Verhältnis zum Feld in Stabsfunktion
- Regionaler Key Account Manager im Verhältnis zum Gebietsverkaufsleiter in doppelter disziplinarischer Unterstellung: führt zu Kompetenzproblemen zwischen Key Account Manager und Nationalem Verkaufsleiter (NVL)

Modell G: Institutionelles Key Account Management V

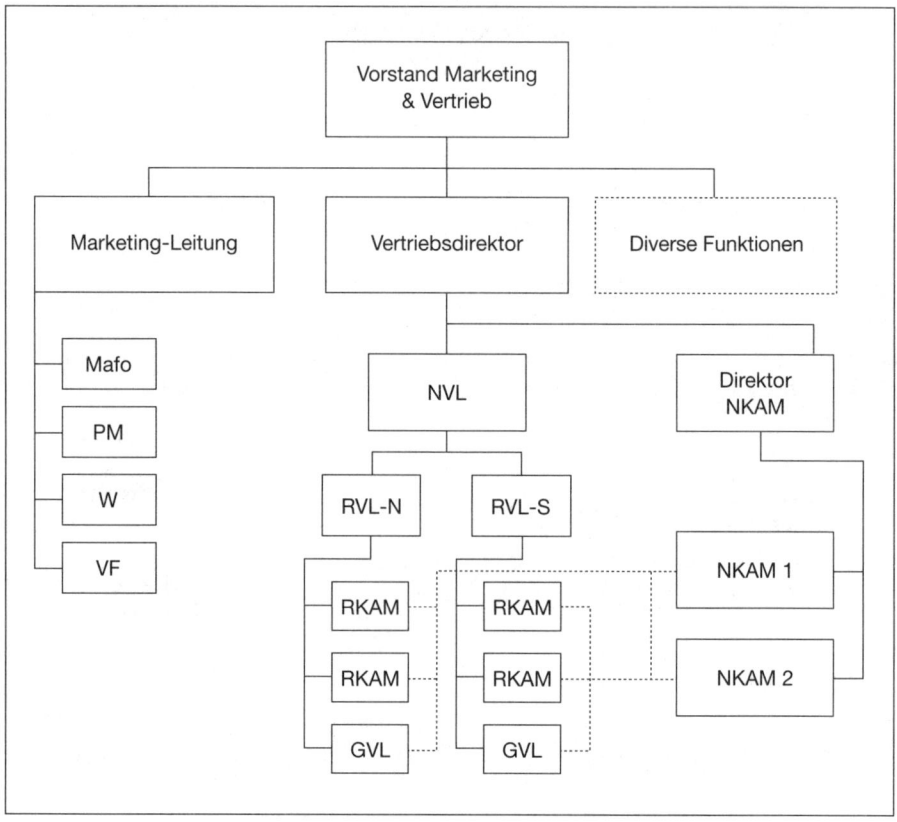

Abb. 16: Modell G: Institutionelles Key Account Management V

Vorteil:
- Spezialisierung mit der Möglichkeit der Tiefenbearbeitung der Key Accounts

Nachteile:
- Doppelunterstellung
- führt zu Kompetenzkonflikten

74

Modell H: Institutionelles Key Account Management VI

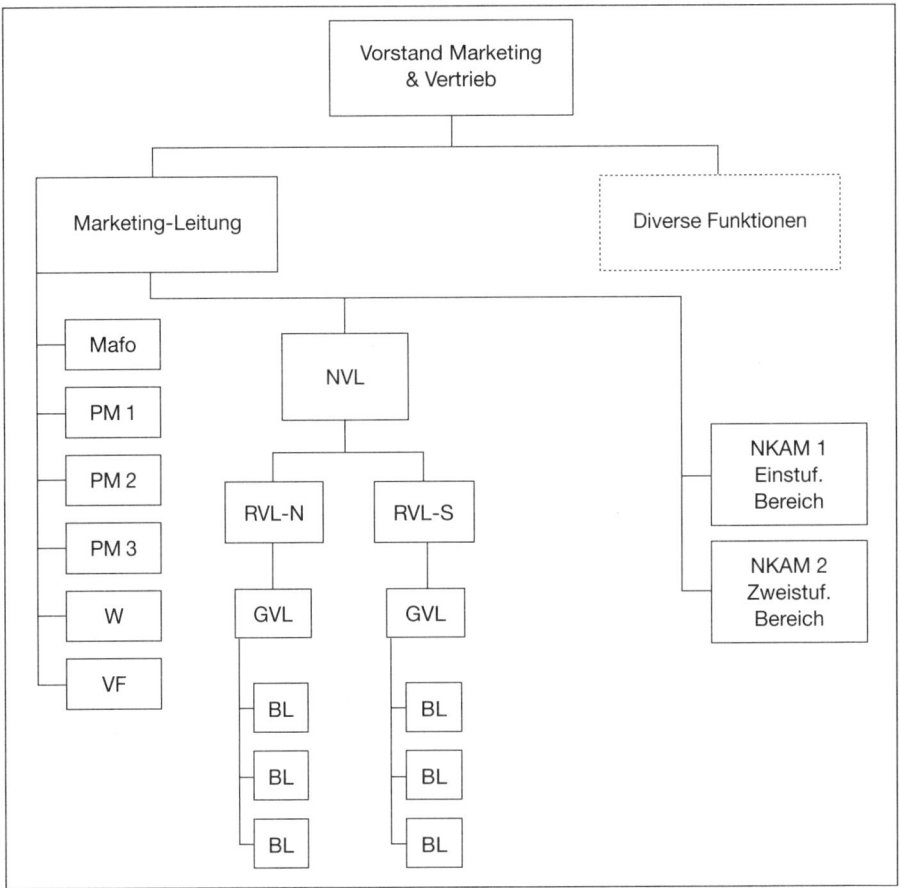

Abb. 17: Modell H: Institutionelles Key Account Management VI

Nachteil:

- Kundenferne der Key Account Manager als Stabsmitarbeiter

Modell I: Institutionelles Key Account Management VII

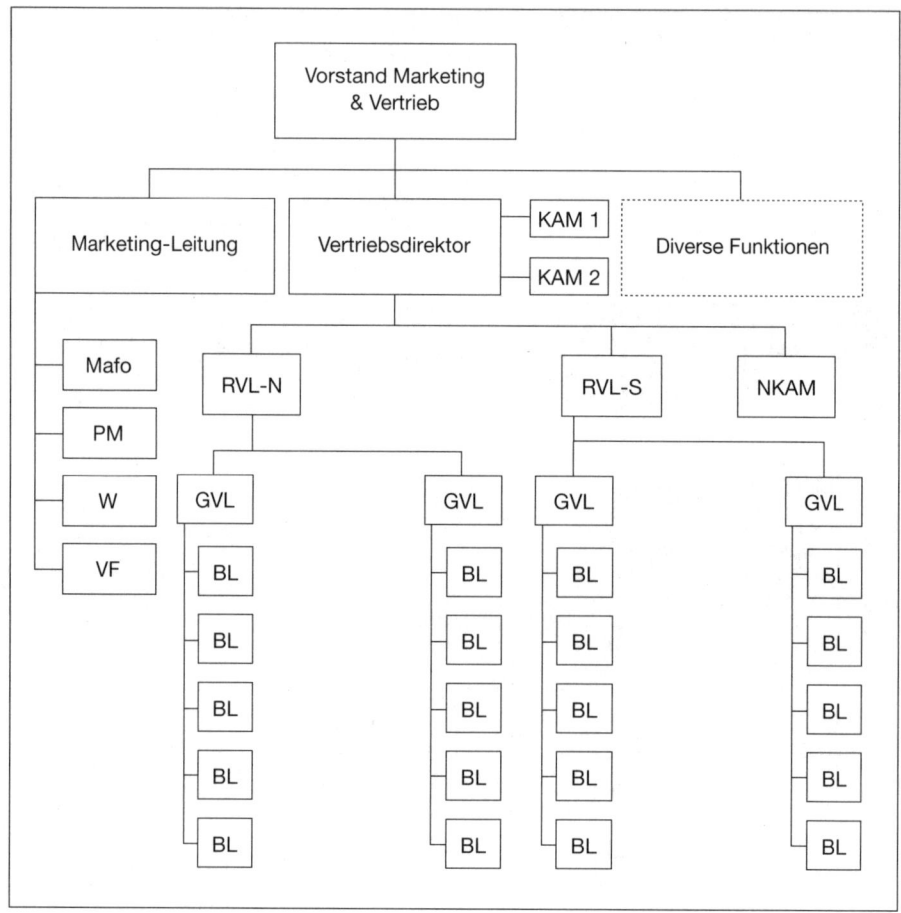

Abb. 18: Modell I: Institutionelles Key Account Management VII

Nachteil:

• Kundenferne des Key Account Managements in Stabsfunktion

76

Modell J: Institutionelles Key Account Management, ergänzt um Special Key Account Management

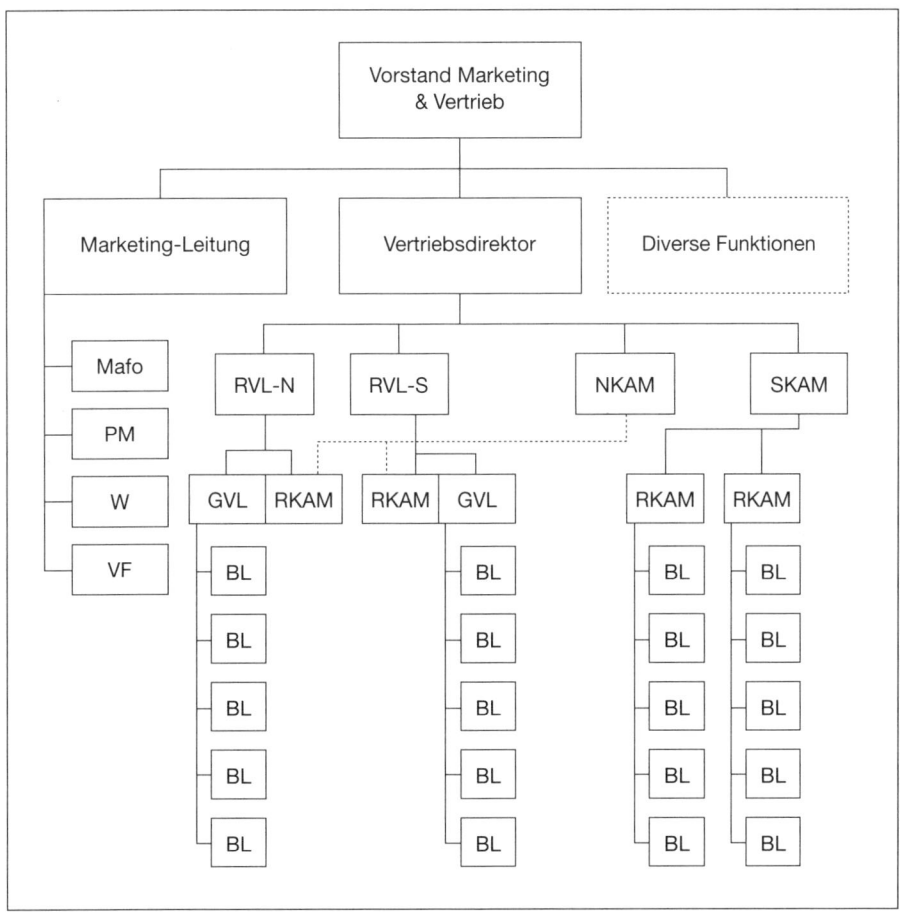

Abb. 19: Modell J: Institutionelles Key Account Management, ergänzt um Special Key Account Management

Eine der Nationalen Key Account Managementfunktionen erhält eine eigene Feldorganisation für die Betreuung ihres Nationalen Key Account über das ganze Bundesgebiet. Die Betreuung dieses nationalen Key Account wird aus der Feldorganisation herausgenommen.

77

Vorteile:

- Special Key Account Management kann sich voll auf die Belange des einen Key Account bzw. der Kundengruppe spezialisieren und konzentrieren.
- Dadurch sind erhöhte Qualifikation, Tiefgang und maßgeschneiderte Problemlösungen möglich.
- Aus Kundensicht: kein schädlicher Know-how-Fluß aus der problemlösenden Zusammenarbeit mit dem einen SKAM zu den Mitbewerbern dieses Kunden.

Nachteile:

- Für viele Branchen und Firmen sehr aufwendig („Key-Account-Tourismus").
- Horizontaler Überblick über andere Kunden, Kundengruppen und Marktfelder kann durch hohe Spezialisierung verloren gehen (Scheuklappeneffekt).
- Dadurch kann das Geschäft im regionalen Markt leiden.

Modell K: Reines Special Key Account Management oder Kundengruppenmanagement

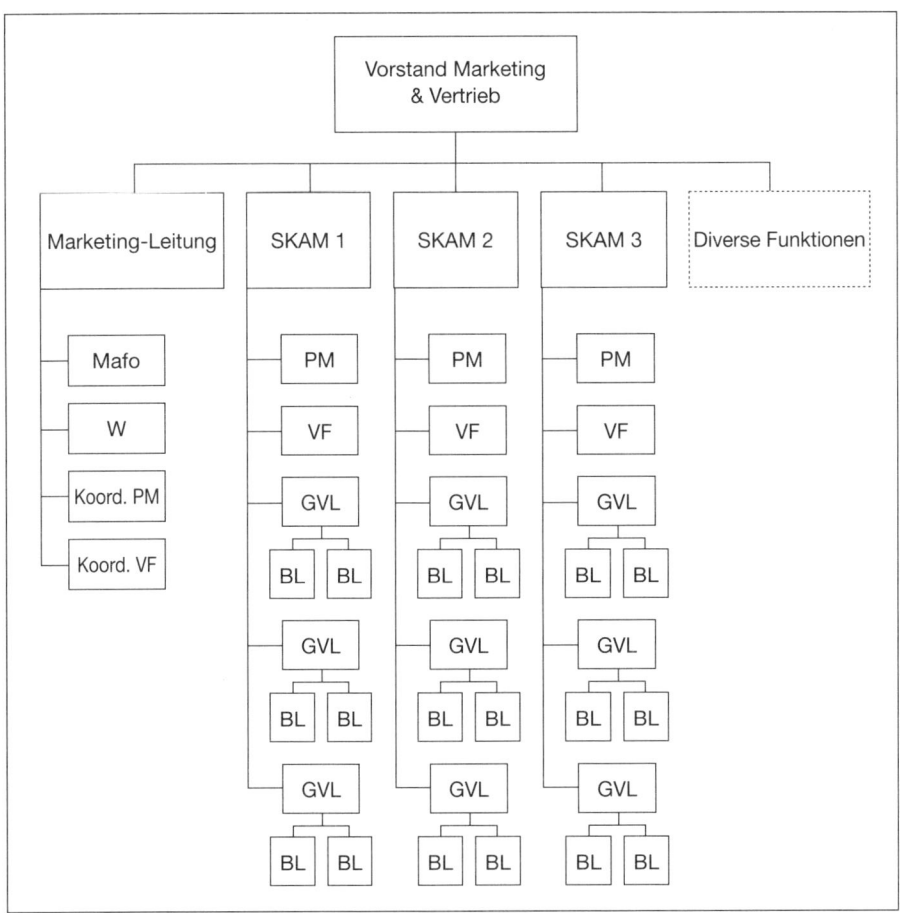

Abb. 20: Modell K: Reines Special Key Account Management oder Kundengruppenmanagement

Völlige Auflösung der Feldorganisation und total kundenorientierte Verkaufsorganisation, in die auch aus dem Marketing das Produktmanagement und die Verkaufsförderung abgezogen und bei der Special Key Account Managementfunktion kundengruppenorientiert untergebracht werden. Bei der Marketingleitung bleiben nur (von dieser selbst wahrgenommene) Koordinationsfunktionen für Produktmanagement und Verkaufsförderung.

Vorteile:

- Sind dann eindeutig durch Spezialisierung, Qualifikation und Fachkompetenz gegeben, wenn das SKAM gesonderte Produkte an unterschiedliche Kundengruppen verkauft.

Beispiel: KODAK-Business-units im Vertrieb

SKAM 1:   Vertrieb von Spezialprodukten an Röntgenologen

SKAM 2:   Vertrieb von Spezialprodukten an die grafische Industrie

SKAM 3:   Vertrieb von Amateurprodukten über den Handel an Konsumenten (Endverbraucher)

SKAM 4:   Vertrieb von Spezialprodukten an Fotolabors

SKAM 5:   Vertrieb von Spezialprodukten an professionelle Fotografen

SKAM 6:   usw.

**Modell L: Key Account Management als Matrix-Organisation zu
Vertrieb und Marketing**

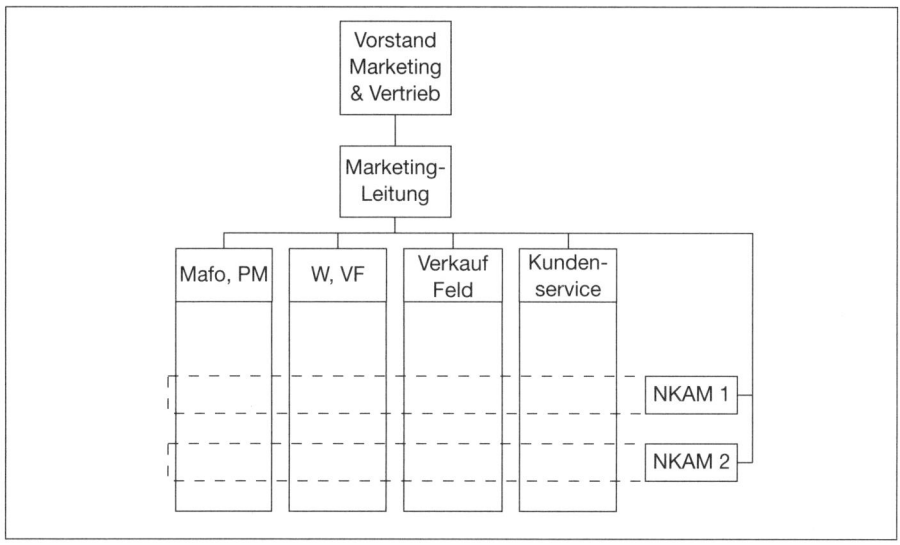

**Abb. 21: Modell L: Key Account Management als Matrix-Organisation zu Marketing und Ver-
trieb**

Vorteil:
• hohe Wahrscheinlichkeit kundenorientierter Maßschneiderung von
  Konzeptionen und Vorgehensweisen aus allen Bereichen des Hauses
  heraus

Nachteile:
• Zusammenarbeit zwischen der Feldorganisation und dem Key Account
  Management nicht reibungsfrei
• Regionales Key Account Management bleibt ungeklärt

Modell M: Kundengruppen- oder Marktsegmentmanagement

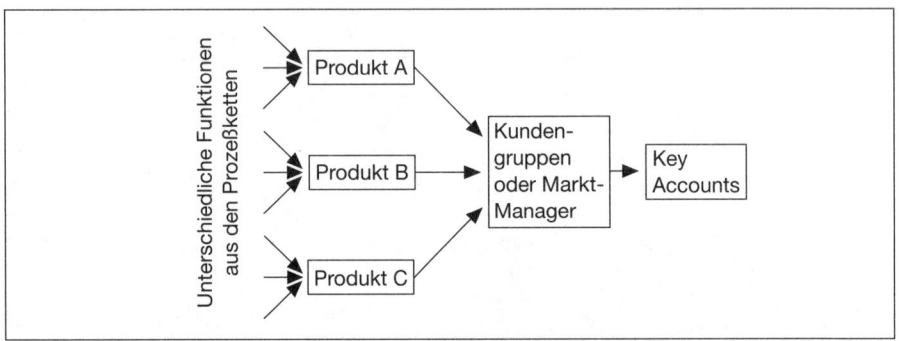

Abb. 22: Modell M: Kundengruppen- oder Marktsegmentmanagement

Vorteil:
- Verschiedene Produkte oder Dienstleistungen des Unternehmens können durch den Key Account Manager auf den Kunden entsprechend dessen speziellen Anforderungen positioniert, gebündelt bzw. maßgeschneidert werden.

Nachteile:
- eventuelle herstellerinterne Abstimmungskonflikte
- mangelnde Spezialfachkompetenz des Key Account Managers

82

Modell N: Stationäres Key Account Management

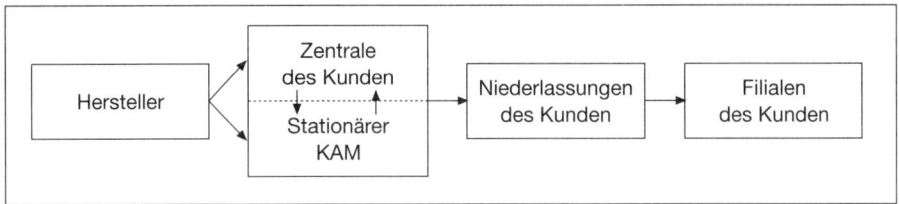

Abb. 23: Modell N: Stationäres Key Account Management

Dabei handelt es sich um Key Account Manager der Industrie, die in der Zentrale eines (Groß-)Kunden ihr Büro haben und sich nur auf die Bearbeitung dieses einen Kunden konzentrieren.

Vorteile:

Für den Kunden:

- „schneller Zugriff" für schnelle Entscheidungen
- Möglichkeit, kurzfristige Preisänderungen des Handels gegenüber der Industrie unter „dem Druck der Nähe" entschlossen durchzusetzen
- Vorteile großer gegenüber kleineren Handelsunternehmen

Für den Hersteller:

- Intensivierung der Kommunikation zwischen Hersteller und Kunden
- rasche gemeinsame Reaktionen mit den Key Accounts aus dem Handel auf Marktveränderungen

Beide Aspekte lassen sich bei den heute bestehenden Kommunikations- und Verkehrsmöglichkeiten aber auch durch die bisherigen Organisationsformen lösen.

Nachteile:

Für den Kunden:

- Kleinere Kunden müßten sich benachteiligt fühlen, da ohne Zweifel nicht jedes Industrieunternehmen jedem Key Account einen stationären Key Account Manager stellen kann.
- damit: Verzerrung der Wettbewerbsneutralität der Hersteller gegenüber ihren Kunden

Für den Hersteller:

- enorme Kosten
- Der stationäre Key Account Manager würde zum Briefträger der Wünsche des Kunden an sein Unternehmen werden, was ja gerade durch Key Account Management vermieden werden sollte.
- Der stationäre Key Account Manager wäre viel zu stark der einseitigen Beeinflussung durch die Wünsche des Key Accounts ausgesetzt.

Fazit:

Dieses Modell beinhaltet lediglich wesentliche Vorteile für große Key Accounts.

**Modell P: Stationärer Ingenieur für die gemeinsame Produktentwick-
lung**

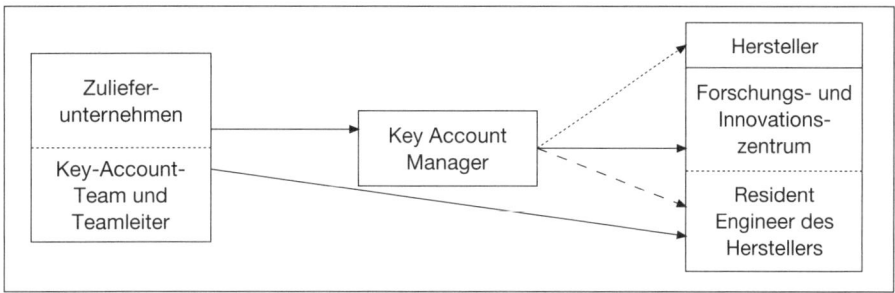

**Abb. 24: Modell P: Stationärer Ingenieur (Resident Engineer) für die gemeinsame Produkt-
entwicklung (Simultaneous Engineering) bei einem Key Account**

Dieses Modell geht eigentlich über das Key Account Management hinaus,
weil der Key Account Manager davon nur indirekt betroffen ist. Der stationäre Ingenieur gehört in der Regel zum Key-Account-Management-
Team, hat aber sein Büro im Forschungs- und Innovationszentrum des
Kunden.

Vorteile:
- sehr intensive Zusammenarbeit mit dem Kunden
- hoher Informationsstand aus der örtlichen Nähe
- keine Querinformationen zu anderen Key Accounts über sensible Daten (secrecy agreement)

Nachteile:
- sehr starke Fixierung auf einen Kunden
- daraus nur begrenztes Weltbild

Modell Q: Strategisches Key Account Management I

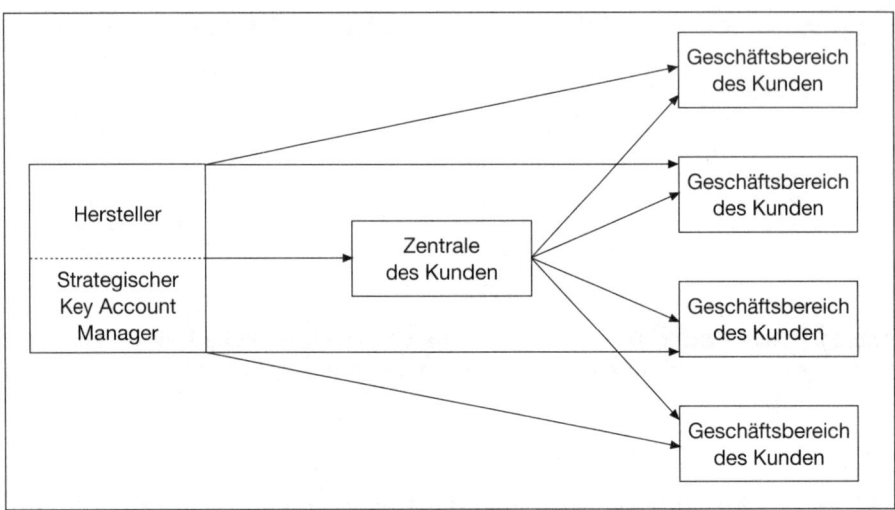

Abb. 25: Modell Q: Strategisches Key Account Management I

Bei diesem Modell übernimmt der Strategische Key Account Manager (SAM) eine koordinierende Funktion zu der Zentrale des Kunden einerseits und den einzelnen Geschäftsbereichen des Kunden (Business Units, Divisions) andererseits.

In den Fällen dieser Organisationsform des Kunden muß davon ausgegangen werden, daß zwischen der Zentrale, ggf. noch den Niederlassungen, und den einzelnen Geschäftsbereichen unterschiedliche Machtverhältnisse bestehen. Zum anderen werden diese Machtverhältnisse sehr einzelinteressenbezogen kommuniziert. Es gibt Situationen, in denen die Zentrale sehr viel Macht hat, die Niederlassung wenig und die einzelnen Geschäftsbereiche gar keine.

Die Situation kann aber bei stark dezentralisierten Unternehmen, wie z.B. ABB, auch genau umgekehrt sein: Die einzelnen Geschäftsbereiche oder Profit Center haben alle Entscheidungsgewalt, während die Zentrale kaum Einfluß hat und wahrnimmt. Unabhängig von den Tatsachen werden diese Sachverhalte aus den verschiedensten Gründen sehr unterschiedlich kommuniziert, so daß es nicht leicht ist, sich ein klares Bild der

Situation zu machen. Aufgabe des strategischen Key Account Managements muß es sein,

- sich ein klares Bild über die Machtverhältnisse beim Kunden zu machen,
- sich bei vielen Beeinflussern an den Entscheidereinheiten und Entscheidern des Kunden „anzulegen" (Polypen-Technik),
- entsprechend den tatsächlichen Machtverhältnissen Einfluß auf die Entscheidungen des Key Accounts, seiner Entscheidereinheiten und seiner Einzelentscheider nach deren Entscheidungskriterien zu nehmen.

Vorteile:
- „Zangeneinfluß" „top-down", d.h. über die Zentrale auf die einzelnen Geschäftseinheiten des Kunden
- direkter Einfluß auf die einzelnen Geschäftseinheiten des Kunden, um von dort „bottom-up" auf die Zentrale zu wirken
- um auf diese Weise den vernetzten Entscheidungsprozessen im Kundenunternehmen Rechnung tragen zu können

Nachteil:
- Gefahr, sich zwischen den Machtstrukturen des Kunden in die Nesseln zu setzen, wenn man nicht genügend Fingerspitzengefühl für deren Machtströmungen mitbringt

Modell R: Strategisches Key Account Management II

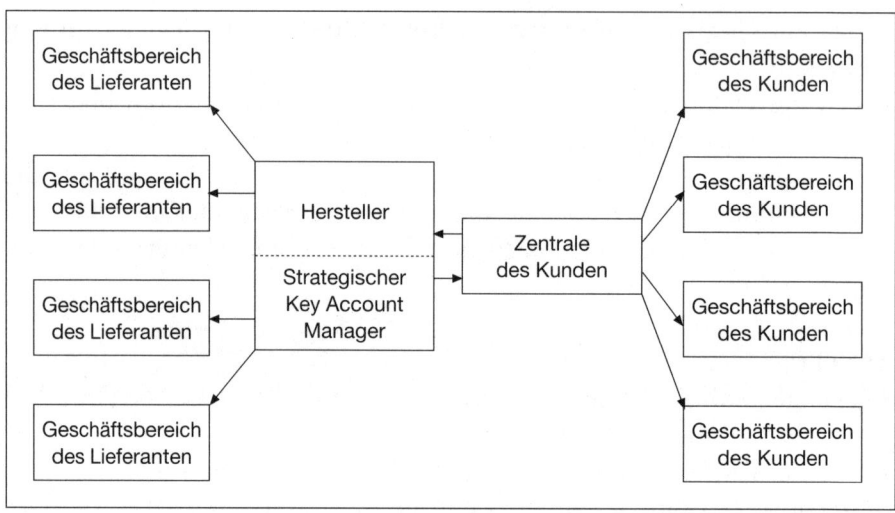

Abb. 26: Modell R: Strategisches Key Account Management II

Hier übernimmt das Strategische Key Account Management des Herstellers die Rolle der Koordination der Beziehungen zwischen verschiedenen Geschäftsbereichen eines Lieferanten zu verschiedenen Geschäftsbereichen eines Key Accounts und zu dessen Zentrale.

Vorteil:
• Die Wahrnehmung einer Koordinationsfunktion in diesem Geflecht ist unabdingbar notwendig und vorteilhaft.

Nachteil:
• Bei diesem Modell bestehen zuwenig direkte Beziehungen zwischen den Geschäftsbereichen des Lieferanten und denen des Kunden, so daß es notwendigerweise zu Kommunikationsverlusten und Kompetenzschwäche kommen muß.

Modell S: Strategisches Key Account Management III

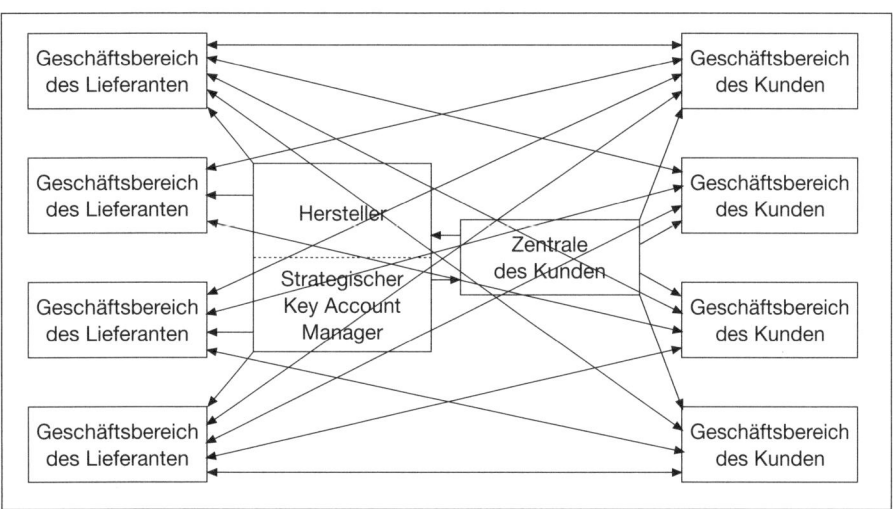

Abb. 27: Modell S: Strategisches Key Account Management III

Die Vielfalt der Beziehungen zwischen verschiedenen Geschäftsbereichen eines Lieferanten und denen eines Kunden spiegelt die Realität der
Beziehungen zwischen zwei sehr dezentralisierten Großunternehmen wider. Die Rolle des Strategischen Key Account Managers reduziert sich
hier auf die einer „spider in the web" oder einer „Spinne im Netz". Die
Funktion kann nur eine Koordinationsfunktion zur Sammlung wichtiger
zentraler Informationen sein. Die operative Rolle beschränkt sich auf koordinierende Tätigkeiten. Die direkten Beziehungen zwischen den Geschäftsbereichen des Kunden und des Lieferanten sind wichtiger als die
koordinierende Tätigkeit des Key Account Managers. Die Funktion des
Key Account Managements wird hier eklatant in Frage gestellt.

Modell T: Virtuelles Key Account Management in Vernetzung mit Key Account Management-Team und stationärem Ingenieur

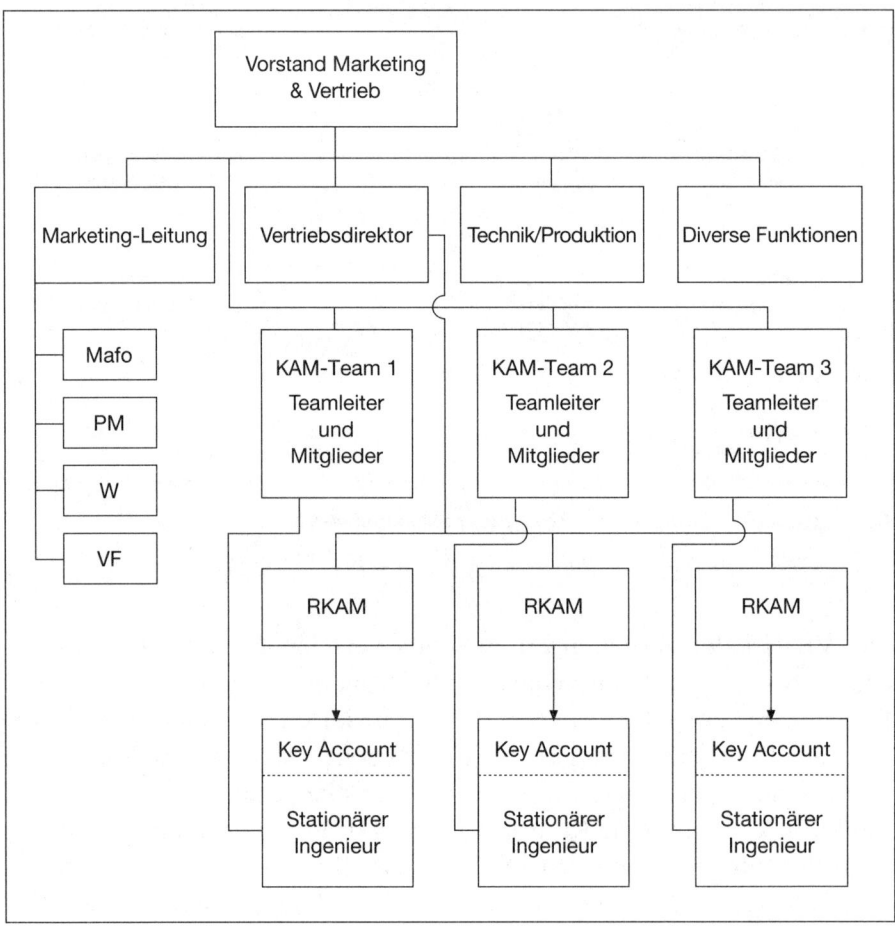

Abb. 28: Modell T: Virtuelles Key Account Management: KAM-Team in Vernetzung mit RKAM und stationärem Ingenieur

Sowohl bei Modell S als auch bei Modell T löst sich die Nachvollziehbarkeit der Unterstellungen der disziplinarischen und fachlichen Weisungsbefugnisse auf. Man kann zu Recht von virtuellem Key Account Management sprechen. Dabei kommt es darauf an, daß z.B. der Teamleiter des Key Account Management-Teams oder der Key Account Manager die Rolle der „Spinne im Netz" spielen und zwischen den verschiedenen Funktionen des eigenen Unternehmens und denen des Kundenunterneh-

90

mens die Fäden ziehen, Beziehungen flechten, Leistungserstellungswege aufbauen und vital erhalten muß – insgesamt ein komplexes Geflecht von gegenseitigen Beziehungen aufbaut und belebt. Das ist mit den herkömmlichen Organisationsmustern, deren Historie im Militärwesen liegt, nicht mehr zu bewältigen.

Voraussetzung dafür ist eine funktionierende Informationstechnologie auf der Basis einer Group-Software, die allen Beteiligten inhalts- und zeitgleichen Informationsstand verbürgt.

Vorteil:
- Kundenbezogene Formatierung des eigenen Unternehmens, ohne regionale Gegebenheiten zu vernachlässigen, z.B. Werke oder Niederlassungen der Kunden, die außerhalb des regionalen Einflußbereiches der Zentrale oder des Hauptwerkes liegen. Typisch dafür ist die weltweit dislozierte Autoindustrie.

Nachteil:
- Für Führungskräfte, die die herkömmlichen Stabliniensysteme gewöhnt sind, erfordert dies eine hohe Beweglichkeit und Virtuosität. Mit rigidem Festhalten an Denkmustern des frühen 19. Jahrhunderts ist hier kein Erfolg zu erzielen.

Modell U: Key Account Management-Team mit Mindestbesetzung und variablen Mitgliedern je nach Situation

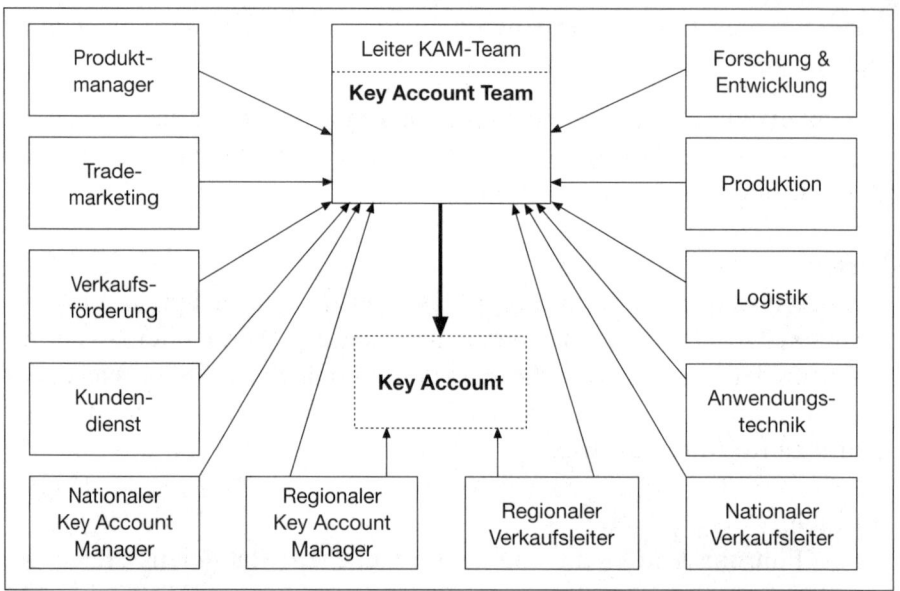

Abb. 29: Modell U: Key Account Management Team mit Mindestbesetzung und variablen Mitgliedern je nach Situation

Modell U detailliert die mögliche Key Account Management-Teamorganisation des Modells T. Das Key-Account-Team hat eine Mindestbesetzung, die der Teamleiter je nach Situation erweitern kann. Er kann aus unterschiedlichsten Unternehmensbereichen Fachleute hinzuziehen, die die key-accout-bezogene Leistung des Unternehmens optimieren helfen. Auch dieses Modell erfordert eine sehr virtuose Arbeitsweise, die in die herkömmlichen Denkrahmen schlecht hineinpaßt.

Vorteil:
- Jeweils der Situation entsprechende Möglichkeit, key-account-bezogene Leistungen nach den wechselnden Anforderungen der Key Accounts zu erstellen.

Nachteil:
- Erfordert von allen Beteiligten sehr viel Souveränität und Selbständigkeit, die aber in den zukünftigen Unternehmensorganisationen ohnehin gefordert sein werden.

Modell V: Top-down-bottom-up-Bearbeitung von Large Accounts

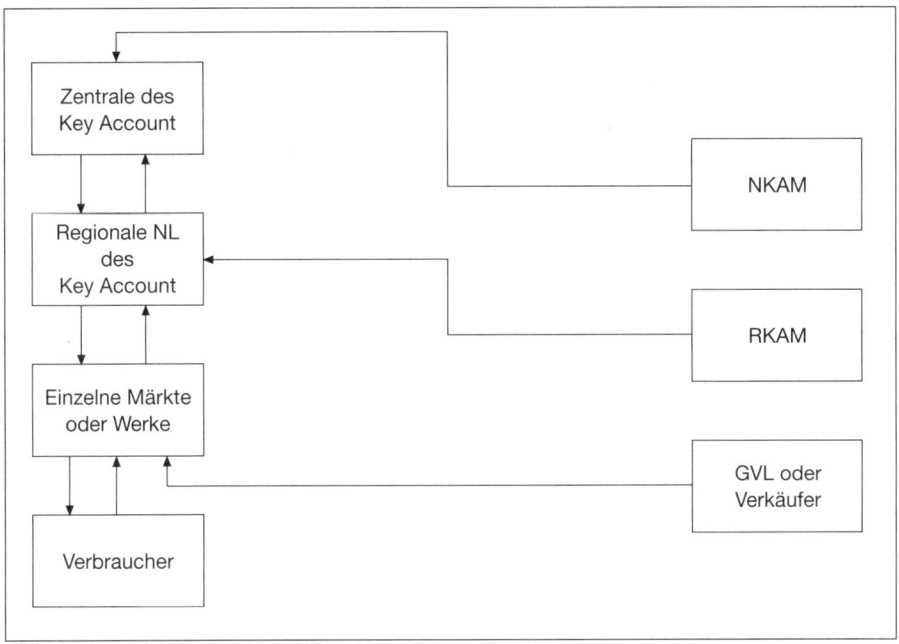

Abb. 30: Modell V: Variable Top-down-bottom-up-Bearbeitung mehrstufiger Key Accounts / Large Accounts

Dieses Modell spiegelt eigentlich nur die Form einer Top-down-bottom-up-Bearbeitung komplexer oder mehrstufiger Großkunden (Large Accounts) wider. Es zeigt nicht die Integration des Key Account Managements ins Lieferunternehmen.

Von der Spitze des Unternehmens des Key Accounts werden durch das Nationale Key Account Management Absprachen im Kundenunternehmen über dessen regionale Niederlassungen bis zu seinen Einzelgeschäften und dem Verbraucher hin mit Unterstützung der Regionalen Key Account Manager und der Feldmannschaft durchgesetzt (top-down). Der Erfolg dieser Absprachen und dieses top-down-Prozesses hängt von der Machtverteilung im Unternehmen des Key Accounts ab. Soweit dieser Prozess top-down nicht gelingt, wird durch die Feldmannschaft versucht, Entscheidungen der Zentrale aus den Einzelgeschäften bzw. aus der Region heraus zu stimulieren.

Zusammenfassung

Folgende Schlüsselfragen müssen bei der firmenspezifischen Wahl der Form der Aufbauorganisation des Key Account Managements jeweils beantwortet werden:

- Ermöglicht diese Organisationsform ausreichende Spezialisierung des Key Account Managements auf die einzelnen Key Accounts mit Tiefgang, und verhindert sie Oberflächlichkeit mit Aufgabenüberlastung?
- Sichert die Organisationsform dem Key Account Management die Möglichkeit der Kundendurchdringung und der Potentialausschöpfung?
- Ist eine möglichst reibungslose Zusammenarbeit mit der Feldorganisation gewährleistet?
- Ist eine möglichst hohe Beweglichkeit je nach Situation möglich?

Hinweise für die Neueinrichtung von Institutionellem Key Account Management und Umstellungen in der Kundenbetreuung

In solchen Situationen geht es den betroffenen Mitarbeitern oft um folgende Fragen:

- Steige ich in der Hierarchie auf?
- Verdiene ich dadurch mehr Geld?
- Habe ich mehr Mitarbeiter unter mir?
- Erhalte ich mehr Macht?
- Verbessert sich mein Status?

Wichtig ist bei Neueinrichtungsentscheidungen oder Umstellungen dagegen die Frage der Qualifkation der betroffenen Mitarbeiter. Diese wird von ihnen seltener gestellt. Sie ist aber die wichtigste, denn der Key Account Manager muß bei hoher Befähigung und Verantwortung sowie geringen formalen Befugnissen viele Konzepte durch Zusammenführung verschiedener Funktionen und Kompetenzen im Unternehmen zu kundenbezogenen Strategien, Konzeptionen und Maßnahmen gestalten. Er muß in der Lage sein, zwischen verschiedenen Funktionen im Unternehmen key-account-wirksame Maßnahmen abzustimmen. Er heißt deshalb auch im anglo-amerikanischen Sprachgebrauch – wie wiederholt dargestellt – **„spider in the web"**, zu deutsch **„Spinne im Netz"** oder **„Drahtzieher"**. Diese Bezeichnung macht deutlich, daß er weniger Macht hat, aber viel Einfluß auf verschiedene kundenorientierte Prozesse im Unternehmen ausüben muß. Er ist zum Teil **Prozeßmanager**. Der Key Account Manager muß viele kundenbezogene Konzepte mehr durch Überzeugung („persuasion") gestalten können als durch Macht.

Bei allen Formen des Institutionellen Key Account Managements muß man sich darüber klar sein, daß es sich um Formen der Matrix-Organisation handelt. Dabei wird eine ursprünglich einheitliche Aufgabe („Verkäufer", „Verkaufsleiter") auf zwei oder mehr Personen verteilt. Beide müssen nun zusammenarbeiten. Ob diese Zusammenarbeit klappt oder nicht, bestimmt den Erfolg der Aufgabenerfüllung. Die Aufteilung der Aufgaben der Key-Account-Bearbeitung soll durch Spezialisierung und Tiefgang die Qualität der Kundenbearbeitung erhöhen. Das erfordert neue und andere Formen der Zusammenarbeit, auch der Organisation des Berichtswesens und der Verantwortung, als bisher.

Die Qualität der Kundenbearbeitung kann jedoch sehr schnell wieder leiden, wenn die Zusammenarbeit mit anderen Personen und Funktionen nicht klappt.

Beispiele

- Der Key Account Manager bearbeitet effizient die Zentrale eines Kundenunternehmens. Der Gebietsverkaufsleiter oder der regionale Key Account Manager sorgt jedoch nicht für die Durchsetzung der Zentralabsprachen bis zum Verkaufspunkt in der Region.
- In der Region ließe sich Geschäft machen. Der für die außerhalb der Region liegende Zentrale des Kunden verantwortliche Key Account Manager sorgt dort nicht für Listung oder Aktionsabsprachen.

Deshalb hängen Effizienz und Leistungsfähigkeit des gewählten Organisationsmodells sehr stark von den nächsten beiden Faktoren ab:

- von der personellen Besetzung der Stelle des Key Account Managers
- von der Ablauforganisation im Key Account Management, insbesondere vom Zusammenspiel der Teilfunktionen sowie vom Informationsfluß und den Entscheidungsprozessen

Bei einer Umstellung im Key Account Management empfiehlt es sich, die Neuzuordnung von Key Account Managern nicht bei allen Kunden zum gleichen Stichtag durchzuführen. Damit haben einige Firmen immer wieder sehr schlechte Erfahrungen gemacht, da viele Kundenbeziehungen eben sehr von der Persönlichkeit des Verantwortlichen abhängen. Trifft man aus rigiden Überlegungen heraus eine solche Stichtagsentscheidung, so muß man sich nicht wundern, wenn der Umsatz möglicherweise sofort markant absackt. Denn Key Account Management heißt zugleich auch, Erfahrung und Fingerspitzengefühl in der Feinbehandlung von Großkunden zu entfalten.

3.3 Die personelle Ebene

3.3.1 Die Aufgaben des Key Account Managements

Die Aufgaben des Key Account Managements lassen sich am besten anhand der Abbildung 5 (S. 54) definieren: Das Key Account Management hat die Aufgabe, die Prozesse

- des Informationsflusses zwischen allen Teilen des Kunden und des Unternehmens zu gestalten, zu organisieren, zu bewegen und zu bewältigen,
- der Leistungsgestaltung zu initiieren, zu betreiben und abzuwickeln,
- des Zahlungsflusses zu initiieren, zu realisieren und zu kontrollieren.

Key Account Management ist das Management der Gestaltung von Wertschöpfungsprozessen zwischen dem eigenen Unternehmen und seinen Teilbereichen und Lieferanten einerseits und seinen Key Accounts und deren einzelnen Bereichen sowie deren Kunden andererseits.

Am ehesten werden die Aufgaben eines Key Account Managers durch die verschiedenen Stellenbeschreibungen nach Branchen deutlich, die im folgenden dargestellt werden.

3.3.2 Beispiele für Stellenbeschreibungen für das Key Account Management in verschiedenen Branchen

3.3.2.1 Stellenbeschreibung für einen Key Account Manager der Konsumgüterindustrie

<table>
<tr><td colspan="3" align="center">Stellenbeschreibung</td></tr>
<tr><td>1.</td><td>Bezeichnung der Stelle:</td><td>Key Account Manager</td></tr>
<tr><td>2.</td><td colspan="2">Inhaber der Stelle:</td></tr>
<tr><td>3.</td><td colspan="2">Unterstellung:</td></tr>
<tr><td>3.1</td><td colspan="2">Der Key Account Manager (KAM) ist der Vertriebsleitung unterstellt.</td></tr>
<tr><td>3.2</td><td colspan="2">Die Abstimmung key-account-bezogener Maßnahmen hat mit den anderen Marketingfunktionen, wie Produktmanagement, Verkaufsförderung, Werbung, Regionalmanagement usw. zu erfolgen.</td></tr>
<tr><td>4.</td><td colspan="2">Stellvertretung:</td></tr>
<tr><td>4.1</td><td colspan="2">Vertretung von z.B. Key Account Manager-Kollegen</td></tr>
<tr><td>4.2</td><td colspan="2">Vertretung für z.B. Key Account Manager-Kollegen</td></tr>
<tr><td>5.</td><td colspan="2">Ziel der Stelle:</td></tr>
<tr><td></td><td colspan="2">Sicherung und Ausbau von Umsätzen und Deckungsbeiträgen mit den zugeordneten Großkunden und potentiellen Kunden. Gestaltung von Kundenzufriedenheit und Kundenbindung.</td></tr>
<tr><td>6.</td><td colspan="2">Aufgaben:</td></tr>
<tr><td>6.1</td><td colspan="2">Der KAM übernimmt die Bearbeitung folgender Großkunden:</td></tr>
<tr><td>6.2</td><td colspan="2">Kundenanalyse:</td></tr>
<tr><td>6.2.1</td><td colspan="2">Analyse der Organisations- und Entscheidungsstrukturen des Key Accounts</td></tr>
<tr><td>6.2.2</td><td colspan="2">Informationssammlung über Key Accounts und Führung des Kundeninformationssystems (KIS)</td></tr>
<tr><td>6.2.3</td><td colspan="2">Beurteilung der Key Accounts nach:
• Absatz und dessen Entwicklung
• Umsatz und dessen Entwicklung
• Deckungsbeitrag und dessen Entwicklung
• Potential und Abschöpfungsquote</td></tr>
<tr><td>6.2.4</td><td colspan="2">Analyse der Warenpräsenz bei den Key Accounts:
• Listung
• Distribution
• Plazierung</td></tr>
</table>

- Kontaktstrecke/Zahl der Frontstücke
- Warenpräsentation
- Sortimentsumfang
- einzelne Artikel/Produkte
- Präsenz in den einzelnen Vertriebstypen und Outlets

6.2.5 Vergleich der Präsenz unserer Produkte beim Key Account im Verhältnis:

- zu unseren durchschnittlichen Werten bei Marktanteil und Distribution (relativer Marktanteil, relative Distribution)
- zum Umfeld des Key Account
- mit Analyse der Ursachen für Abweichungen

6.2.6 Analyse der Lieferantenpolitik des Key Account

6.2.7 Analyse der Stärken und Schwächen:

- Arbeitsweise des Key Account mit uns und unseren Produkten hinsichtlich Umsatzerfolg, Ertrag, Potentialabschöpfung, Marketing usw.
- unsere Arbeitsweise mit dem Key Account

6.3 Zielbildung, Planung und Konzeption: Zielbildung für die Verbesserung der Zusammenarbeit mit dem Key Account, Entwicklung von Strategien, Konzeptionen und geeigneten Maßnahmenpaketen zur Steigerung der Geschäfte mit den einzelnen Key Accounts und zur Erreichung der folgenden Teilziele:
- Kombination der Instrumente des Hersteller- und Handelsmarketing zu einem für beide nützlichen Synergie-Effekt
- Erarbeitung von Problemlösungshilfen für das Handels- und das Herstellermarketing

6.4 Koordination der Maßnahmen und Möglichkeiten des Herstellermarketing unter Berücksichtigung:

- übergeordneter Ziele und Strategien der Image- und Markenpolitik sowie der Corporate Identity und
- der festgelegten Einzelbudgets

Abstimmung der Maßnahmen mit anderen Marketingfunktionen:

- Produktmanagement
- Category Management
- Werbung und Verkaufsförderung
- Verkaufsleitung
- Feldmanagement
- Vertriebscontrolling

6.5 Realisierung der Konzepte und Maßnahmen:

Steuerung des Kontakt- und Beeinflussungsnetzes gegenüber den Key Accounts, ihren Gremien und Einzelentscheidern:

- unter Einschaltung aller dazu nötigen Funktionen und Personen der eigenen Firma
- unter Aktivierung der in Frage kommenden Stellen und Entscheider des KA

- Reinverkauf, Listung unserer Produkte
- Durchverkauf und Rausverkauf unserer Produkte beim Key Account

6.6   Kontrolle, Rückmeldung und Korrektur:

Kontrolle der Planerfüllung pro Key Account, Vertriebsschiene und Produkt in bezug auf:

- Absatz
- Umsatz
- Deckungsbeitrag oder Umsatzbelastung

Kontrolle der Durchführung der festgelegten Maßnahmen und Aktionen:

- seitens des Herstellers
- seitens des Key Account

Rückmeldung von Abweichungen, Auslösung von Korrekturmaßnahmen.

7.   Kompetenzen:

7.1   Fähigkeiten:

- Kenntnis der Instrumente und Gesetzmäßigkeiten des Marketing, um die Konzeption für die einzelnen Produkte richtig bewerten und argumentieren zu können
- Kenntnis der Grundgesetzmäßigkeiten des Handelsmarketing, um die Probleme und Anforderungen der Key Accounts richtig einschätzen und problemlösende Hilfen aus dem eigenen Unternehmen konzipieren zu können
- Erfahrungen und Kenntnisse aus den Betrieben der eigenen Key Accounts bzw. aus ihrer Branche
- Beherrschung der Dialektik geschulter Einkäufer, um jene zu durchschauen und ihr argumentativ entsprechend zu begegnen
- Fähigkeit, zwischen verschiedenen Abteilungen und Funktionen des eigenen Unternehmens key-account-bezogene Konzeptionen und Maßnahmen abzustimmen und durch Überzeugungskraft statt Anweisungsbefugnis das Handeln anderer zur Realisierung dieser Konzepte zu bewirken

7.2   Befugnisse:

- Der Key Account Manager arbeitet weniger per Anweisung als vielmehr per Abstimmung mit den übrigen Marketingfunktionen zusammen.
- Der Key Account Manager ist der erste Kontakter der ihm zugeordneten Kunden und entwickelt die Kontakte zu den Entscheidungsträgern in den Kundenunternehmen.
- Der Key Account Manager hat das Recht zur Mitwirkung an und zur Entscheidung über alle Konzeptionen und Maßnahmen zur Entwicklung der Umsätze und Deckungsbeiträge der ihm zugeordneten Key Accounts.

8.   Verantwortung:

Der Key Account Manager ist verantwortlich für die Konzipierung geeigneter Strategien und Maßnahmen für die Entwicklung der Umsätze und Deckungsbeiträge mit den ihm zugeordneten Key Accounts.

Er trägt damit die Verantwortung für die Erreichung der Ziele mit den Key Accounts in bezug auf:

- Absatz
- Umsatz
- Deckungsbeitrag
- Potentialabschöpfung
- relativer Marktanteil
- Durchführung der entsprechenden Maßnahmen
- Entwicklung der kundenbezogenen Budgets
- Kundenzufriedenheit

3.3.2.2 Stellenbeschreibung für einen Key Account Manager der Investitionsgüterindustrie

Stellenbeschreibung

1. Bezeichnung der Stelle:

1.1 Beförderungsstufe I: Key Account Manager

1.2 Beförderungsstufe 2:   Verkaufsdirektor Großkunden

2. Inhaber der Stelle:

3. Unterstellung:

3.1 Der Key-Account-Manager (KAM) ist dem Verkaufsdirektor unterstellt.

3.2 Der KAM stimmt seine großkundenbezogenen Maßnahmen mit allen in Frage kommenden Stellen des Hauses ab.

4. Stellvertretung:

4.1 Vertretung von z.B. Key-Account-Management-Kollegen

4.2 Vertretung für z.B. Key-Account-Management-Kollegen

5. Ziel der Stelle:

Kundenzufriedenheit und Kundenbindung sichern. Sicherung und Ausbau von Umsätzen und Deckungsbeiträgen mit den zugeordneten Großkunden und potentiellen Kunden.

6. Aufgaben:

Der KAM übernimmt die Bearbeitung folgender Großkunden:

Die Aufgabe bei der Bearbeitung dieser Key Accounts besteht darin,

- die speziellen, kundenbezogenen Ziele analog Ziffer 5 zu erreichen und
- die Umsatz- und Ertragspotentiale mit den zugeordneten Key Accounts voll auszuschöpfen.

7. Kompetenzen:

7.1 Der KAM ist der primäre Kontakter der ihm zugeordneten Großkunden und entwickelt die Kontakte zu den Entscheidungsträgern im Großkunden-Unternehmen.

7.2 Der KAM ist an all denjenigen Entscheidungen zu beteiligen, die sich auf die Entwicklung der Umsätze und Deckungsbeiträge aus Geschäften mit den ihm zugeordneten Großkunden auswirken. Er hat das Recht auf Zugang zu allen kundenrelevanten Informationen.

7.3 Der KAM entscheidet im Rahmen der grundlegenden Unternehmensstrategien und der vom Verkaufsdirektor festgelegten Richtlinien großkundenbezogen über:

- kundenbezogene Konzeptionen
- Einsatz von Produkten in Abstimmung mit der Anwendungstechnischen Beratung
- Preise
- Konditionen
- Einsatz von Dritten, insbesondere Fachleuten aus dem eigenen Unternehmen

8. Verantwortung:

Der KAM ist im Rahmen der grundlegenden Unternehmensstrategien verantwortlich für die Konzeptionierung geeigneter Strategien und Maßnahmen zur Entwicklung der Umsätze und Deckungsbeiträge mit den ihm zugeordneten Großkunden in Abstimmung mit allen betroffenen Bereichen des Unternehmens. Er trägt damit die Verantwortung für:

- die Erreichung der Ziele
  - Umsatz
  - Deckungsbeitrag (Mitverantwortung)
  - relativer Marktanteil
- die Durchführung entsprechender Maßnahmen
- die Entwicklung der kundenbezogenen Budgets
- Information und Kommunikation über alle kundenbezogenen Themen
- Führung und Update des KIS (Kundeninformationssystems)

3.3.2.3 Stellenbeschreibung für einen Global Account Manager der Investitionsgüterindustrie

Stellenbeschreibung

1. **Ziele aufgrund der Erwartungen unserer Kunden**

   - größtmögliche, abgestimmte Kompetenz der Lieferanten
   - höchste Qualitätsmaßstäbe der Lieferanten
   - Wettbewerbsfähigkeit der Lieferanten durch niedrige Kosten
   - Flexibilität, Service Just in Time
   - kompetenter und jederzeit ansprechbarer Betreuer oder Customer Champion

2. **Aufgaben:**

   - Bearbeitung unserer Schlüsselkunden durch einen kleinen Kreis kompetenter Mitarbeiter in abgestimmter Form
   - Erste Ansprechpartner für unsere Schlüsselkunden
   - Hervorragende und überzeugende Betreuung
   - Darstellung der Entwicklung der Geschäftsbeziehungen mit den Key Accounts vor der eigenen Geschäftsleitung und den Hauptabteilungsleitern mindestens zweimal im Jahr
   - Regionale Key Account Manager und Teamkollegen agieren geschlossen als wohlabgestimmte Einheit. Sie widersprechen einander nicht in demotivierender Sprache. Sie haben stets unsere strategischen Ziele vor Augen.
   - Vom Kunden überraschend vorgetragene neue Forderungen werden aufmerksam zur Kenntnis genommen und für eine Stellungnahme registriert. Die aufkommenden Ideen und Forderungen werden nicht spontan in Anwesenheit des Kunden diskutiert.
   - Ständiger, zuweilen täglicher Kontakt mit den vielen, vorwiegend technischen Gesprächspartnern des Kunden
   - Der Key Account Manager nimmt auf, koordiniert intern, stimmt mit den beteiligten Kollegen zeitgerecht Vorab-, Zwischen- und Schlußantworten ab.
   - Zügige, weltweite Informationsaufarbeitung und Umsetzung zum Account Reporting für unsere Schlüsselkunden. Wir erarbeiten uns somit weitere Wettbewerbsvorteile.
   - Status-Berichterstattung einmal pro Monat pro Schlüsselkunde
   - Information der eigenen Geschäftsleitung, der Hauptabteilungsleiter und Account Manager-Kollegen

3.3.2.4 Stellenbeschreibung für einen Global Account Manager der chemischen Industrie

1.	**Bezeichnung der Stelle: Global Account Manager (GAM)**
2.	**Inhaber der Stelle:**
3.	**Unterstellung:**

Der GAM ist direkt dem Geschäftsführer Marketing und Verkauf unterstellt.

4. Zugeordnete Key Accounts:

werden konkret aufgeführt (named accounts)

5. Ziel der Stelle:

Die Stelle soll die Geschäftsbeziehungen zu unseren internationalen Schlüsselkunden aufbauen, ausschöpfen und pflegen.

6. Aufgaben und Arbeitsweise:

- Der GAM hat die Aufgabe des ersten Kontakters des Unternehmens zu den zugeordneten Kunden.
- Arbeitsweise:

1. Ermittlung und Positionierung des Key Accounts. Soweit die zu bearbeitenden Key Accounts festgelegt sind, hat der GAM die Position dieser Key Accounts im Portfolio ihrer Märkte und in unserem Kunden-Portfolio zu ermitteln. Soweit der GAM auf Key Accounts stößt, die in seinem regionalen und/oder Branchenfeld liegen, hat er diese zu ermitteln.

2. Kontaktaufbau:

   Der GAM analysiert die Entscheidungsstrukturen der Unternehmen der Key Accounts und baut Kontakte und Kontaktnetze zu den Entscheidungsträgern auf:

   - aus eigener Person
   - durch Einschleusung anderer kompetenter Mitarbeiter des eigenen Unternehmens
   - Er sammelt und verteilt Informationen über die Entscheidungsstrukturen und Entscheidungspersönlichkeiten der Key Accounts

3. Kundenanalyse: Der GAM ermittelt die quantitativen und qualitativen Potentiale der Key Accounts. Er beschafft Informationen über:

   - die Arbeitsweise der Key Accounts mit unseren Produkten
   - die Anforderungen der Key Accounts an ihre Lieferanten und deren Produkte
   - die typischen Merkmale der Key Accounts
   - die Kunden der Key Accounts (Abnehmer, Wiederverwender)
   - die Geschäftspolitik der Key Accounts
   - die Strategien der Key Accounts

4. Koordination: Der GAM hat die Aufgabe, insgesamt eine Kombination von Produkten und Dienstleistungen unseres Unternehmens sicherzustellen und bei den Key Accounts anzubieten und abzusetzen, die

- der Kompetenz des Unternehmens entsprechen und
- mit dem Know-how der Key Accounts diese Kompetenz weiterentwickeln helfen,
- den Anforderungen, Bedürfnissen und Problemen der Key Accounts heute oder in Zukunft gerecht werden,
- damit den Key Accounts Nutzen bringen und
- für unser Unternehmen Gewinn abwerfen können.

5. Erarbeitung von Angeboten und eines Kundenentwicklungsplanes nach:
   - absetzbaren Produkten/Systemen
   - Mengen
   - Preisen
   - Umsätzen
   - anzuwendenden Methoden
   - einzuschaltenden Mitarbeitern
   - Zeithorizonten
   - einzusetzenden Mitteln
   - erreichbaren Deckungsbeiträgen aus Geschäften mit den Key Accounts

6. Abschluß von Rahmenvereinbarungen einschließlich Secrecy Agreements und lang- und mittelfristigen Zielen der Zusammenarbeit

7. Corrective Action: Der GAM analysiert Ursachen für Abweichungen in der geplanten Zusammenarbeit und führt je nach Situation Korrekturen in bezug auf Maßnahmen und/oder Ziele durch.

Der GAM erhält für die Entwicklung und Durchsetzung seiner Vorgehensweise die volle Unterstützung der Geschäftsführung. Im Verhältnis zu den einzelnen Kollegen und Mitarbeitern bedient er sich eines überzeugenden kooperativen Umgangsstils.

3.3.3 Anforderungen an Key Account Manager

Key Account Manager müssen sehr kompetente Mitarbeiter des Lieferantenunternehmens sein, um ihre Aufgabe qualifiziert erfüllen zu können. Die Art ihrer Kompetenz ist durch vier Unterpunkte charakterisiert:

- Fachkompetenz
- soziale Kompetenz
- konzeptionelle Kompetenz
- formale Kompetenz

Fachkompetenz

Die Fachkompetenz eines Key Account Managers hat im wesentlichen zwei Quellen:

- Profunde Kenntnis des eigenen Geschäfts: Der Key Account Manager muß die eigene Firma, ihre Stärken und Schwächen, ihre Chancen, Risiken und Grenzen gut kennen. Daraus muß er entscheiden können, zu welchen Kunden das Unternehmen paßt, und wenn es nicht zu diesen Kunden paßt – insbesondere bei Potentialträgern –, was das Unternehmen tun muß, um das eigene Leistungsprofil an das Anforderungsprofil dieser Kunden anzupassen.
- Profunde Kenntnis des Kundengeschäfts: Ein Key Account Manager ist „Wanderer zwischen den Welten". Viele Key Account Manager werden aus den Branchen rekrutiert, in die sie später wieder hineinverkaufen. Ein Key Account Manager muß von seiner Fachkompetenz her in den Köpfen der Kunden spazierengehen können. Das Management von Key Accounts erfordert in vielen Fällen, daß aus dem eigenen Unternehmen heraus verschiedene Fachkräfte zusammengespannt werden, um dem Key Account zu helfen, die Lieferantenprodukte und Dienstleistungen optimal einzusetzen, anzuwenden, zu nutzen, zu vermarkten und damit seine eigenen taktischen, strategischen und Renditeziele zu erreichen. Der Key Account Manager ist daher „Kundenentwickler" im qualitativen und quantitativen Sinn.

„Dem Kunden zu seinem Erfolg verhelfen und dabei wohlhabend werden" könnte als Motto des Key Account Managers gelten oder: **„Wir wollen ja, daß Sie mit uns Geld verdienen, – wir müssen uns das aber auch leisten können!"**

Diese Aussagen zeigen, daß Key Account Manager aus der Kombination dieser beiden Fachkenntnisgebiete zu einem für ihr Unternehmen und für die Unternehmen ihrer Key Accounts nützlichen beiderseitigen Synergieeffekt beitragen.

Sie spannen zwei Kräfte zusammen mit der Zielsetzung, aus eins plus eins mehr als zwei zu machen.

In einigen Branchen erfordert daher die Funktion des Key Account Managers eine grundlegende Ausbildung, nicht nur im Produktmanagement, sondern sogar in der Fertigung. Ein Unternehmen der Verpackungsmittelgestaltung läßt Key Account Manager nur dann auf die Kunden los, wenn diese vorher eine Lehre in der Fertigung des Unternehmens gemacht haben und außerdem noch die Kalkulation beherrschen. Nur so ist es möglich, maßgeschneiderte Verpackungsmittelangebote zu machen, die

- die Fertigungsmöglichkeiten,
- die kalkulatorischen Bedingungen und
- die Anforderungen des Kunden

auf einen Nenner bringen.

In der chemischen Industrie läßt sich Key Account Management ebensogut wie in der Automobil-Zulieferindustrie eigentlich nur durch mehrere Personen praktizieren, die als Team über Fachkompetenz aus unterschiedlichen Bereichen verfügen, wie z.B.:

- Technologie
- Fertigungstechnologie
- Marketing
- Kalkulation, Kosten usw.

Ein einzelner Mitarbeiter ist mit dieser umfassenen Fachkompetenz in nicht wenigen Fällen überfordert. Deswegen ist auf Gebieten mit komplexer Fachkunde die Teamarbeit im Key Account Management die bessere und leistungsfähigere Variante. Das zeigt sich auch an den Beispielen der Arbeit von Key-Account-Teams, die kundenbezogen jeweils der Situation entsprechend Mannschaften zusammenstellen, welche die sich ändernden Bedürfnisse von Kunden optimal abdecken können.

Hier ein Beispiel für Fähigkeiten, die von einem Key Account Manager in der Konsumgüterindustrie verlangt werden:

- Kenntnis der Instrumente und Gesetzmäßigkeiten des modernen Marketing, um die Konzeption für die eigenen Produkte richtig bewerten und verkaufen zu können
- Kenntnis der Grundgesetzmäßigkeiten des Handelsmarketing, um die Probleme der Großkunden richtig einschätzen und problemlösende Hilfen aus dem eigenen Instrumentarium konzipieren und darstellen zu können
- Beherrschung der Deckungsbeitragsrechnung, um die Ertragsrechnung der Herstellerunternehmen bezogen auf einzelne Produkte und Märkte richtig interpretieren zu können
- Kenntnis der Struktur von Warenwirtschaftssystemen und der Möglichkeiten, auf diese Einfluß zu nehmen

Soziale Kompetenz

Neben der Fachkompetenz ist die soziale Kompetenz für den Key Account Manager eine sehr wichtige Voraussetzung. Unter sozialer Kompetenz wird hier die Fähigkeit verstanden, mit sehr unterschiedlichen und auch schwierigen Menschen erfolgreich Kontakte aufzubauen, auszubauen und zu unterhalten sowie Menschen in Kontakt zu bringen, die unterschiedlichen Denkmustern folgen. Es gibt ja in vielen Branchen das Phänomen, daß aufgrund der spezifischen Ausbildung der Denkrahmen für darüber hinausgehende Erkenntnisse zeitlebens beschränkt bleibt. Das bedeutet für den Key Account Manager, daß er die Fähigkeit haben muß, mit dem Denkrahmen anderer – auf ihre Art und Weise ebenfalls kompetenter – Menschen umzugehen. Das können Menschen aus dem Unternehmen selbst sein, vor allen Dingen aber solche aus den Kundenunternehmen.

Dabei ist es manchmal gar nicht so leicht, die Begrenztheit des Denkrahmens eines Gesprächspartners zu erkennen. Vielfach wird im Management der Industrie mit Schlagworten übertüncht, daß dahinter eigentlich wenig fachkompetente Substanz besteht. Es ist die Aufgabe eines Key Account Managers, mit diesem Phänomen sozial fertigzuwerden. Das bedeutet, daß

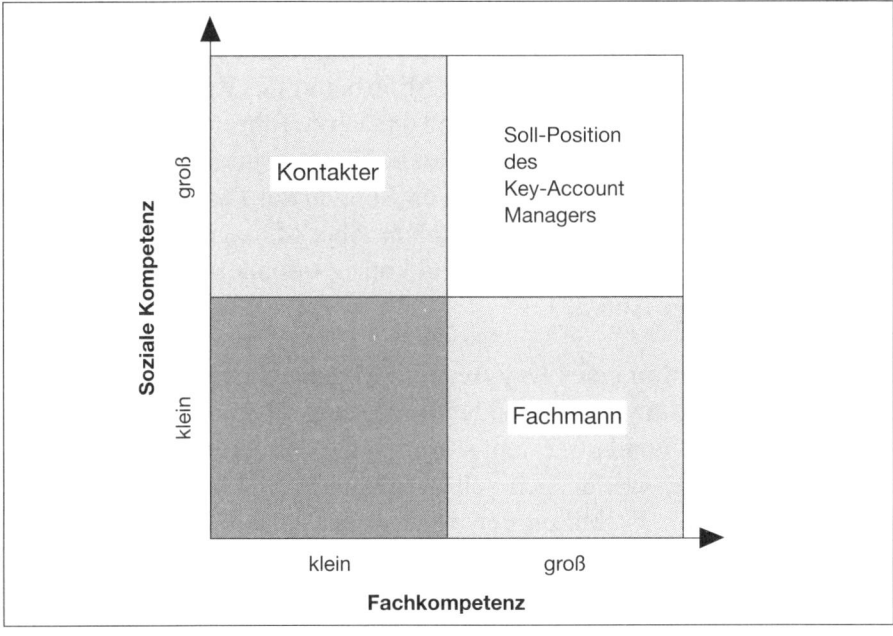

Abb. 31: Fachkompetenz und soziale Kompetenz eines Key Account Managers in Kombination

er die Begrenztheit der Fachkompetenz erkennen und sensibel damit umgehen können muß. Es reicht nicht aus, der beste Fachmann auf dem eigenen und dem Fachgebiet des Kunden zu sein; es ist auch wichtig, daß man genau dies in für den Kunden akzeptierbarer Form vermitteln kann.

Abbildung 31 soll die Relation zwischen Fachkompetenz und sozialer Kompetenz verdeutlichen.

Beispiel für die Fähigkeiten eines Key Account Managers der Konsumgüterindustrie im Bereich der sozialen Kompetenz:

- Beherrschung der Dialektik geschulter Handelseinkäufer, um jene zu durchschauen und ihr argumentativ entsprechend begegnen zu können
- Fähigkeit, das Konzept der Großkundenbearbeitung in vereinfachter Form an Mitarbeiter weiterzugeben
- Fähigkeit, zwischen verschiedenen Abteilungen und Personen im eigenen Unternehmen großkundenbezogene Konzeptionen und Maßnahmen abzustimmen und – ohne Anweisungsbefugnis – das Handeln anderer zur Realisierung dieser Konzepte zu bewirken

Konzeptionelle Kompetenz

Die konzeptionelle Kompetenz ist die Fähigkeit, systematisch, gestalterisch und planvoll zu denken und zu arbeiten, Konzeptionen und Pläne aufzustellen und in diese auch andere Mitarbeiter des Kunden und des eigenen Unternehmens einzubinden und danach zu führen. Diese Fähigkeit ist nicht allen Menschen gegeben. Man beobachtet immer wieder Manager, die ihre Fähigkeitsschwerpunkte im Bereich der Fachkompetenz und im Bereich der sozialen Kompetenz haben. Aber Manager mit dieser dreifachen Kompetenz, Fach-, sozialer und konzeptioneller Kompetenz, sind nicht so häufig (vgl. Abb. 32).

Für die Qualifikation eines Key Account Managers ist dieser Aspekt jedoch von nicht zu unterschätzender Bedeutung. „Chaoten" können das Geschäft im Detail und insgesamt stören, sogar ruinieren. Es handelt sich um Menschen, die weder sich selbst organisieren können geschweige denn andere. Jeder Praktiker, der diese Zeilen liest, kennt solche Menschen. Man kann in bezug auf ihren Einsatz für gestalterische, systematische, d.h. insgesamt konzeptionelle Aufgaben nur eindringlich warnen.

Insofern ist das Anforderungsprofil an einen Key Account Manager eben sehr hoch und der Typ des Key Account Managers daher eher Mangelware.

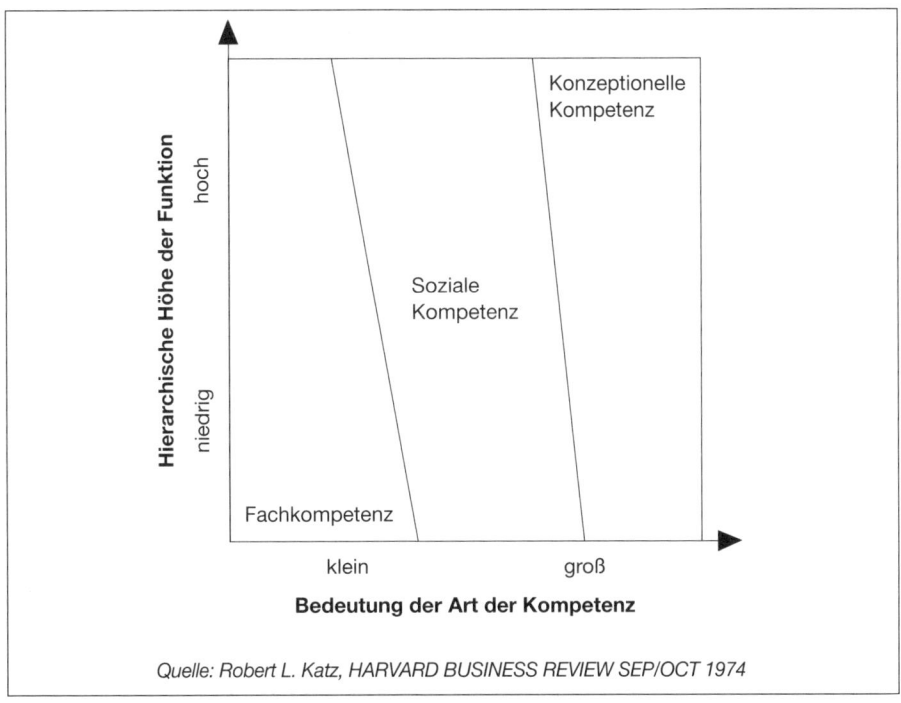

Quelle: Robert L. Katz, HARVARD BUSINESS REVIEW SEP/OCT 1974

Abb. 32: Die Bedeutung verschiedener Formen der Kompetenz entsprechend der hierarchischen Höhe der Funktion

Formale Kompetenz

Neben den erstgenannten drei Elementen einer persönlichen Kompetenz gehört zur Funktion des Key Account Managers auch die formale Kompetenz. Unter formaler Kompetenz wird hier die Ausstattung der Funktion mit äußerlichen Symbolen der Kompetenz, wie Status in der Hierarchie, Bezeichnung usw. verstanden. Es hängt zum Teil vom Kulturkreis ab, wie diese aussehen müssen. Aber in den USA z.B. muß ein gewichtiger Key Account Manager Vice President sein, um überhaupt Zugang zu den wesentlichen Personen und Entscheidern seiner Kunden zu finden. Ähnliches gilt in Österreich und Frankreich, wo der Titel eines Direktors durchaus funktionsdienlich ist. In Deutschland und der Schweiz ist der Titel Leiter Key-Account-Management-Team oder Key Account Manager sachdienlich, aber auch ausreichend. Die formale Kompetenz hat neben dieser externen auch eine nach innen gerichtete Dimension. Nach innen sollte man den Status des Key Account Managers im Organigramm ausreichend hoch ansiedeln. Natürlich wird der Key Account Manager viele

Entscheidungen per Einfluß und Abstimmung statt per Anweisung durchführen müssen. Ob er mit Einfluß und Abstimmung aber auch Einfluß
ausüben kann, hängt davon ab, welchen Stellenwert er im Unternehmen
hat. Dies hängt neben der Persönlichkeit vom Titel und von der Veranke-
rung in der Aufbauorganisation ab. Auch äußere Statussymbole, wie
Auto, Sekretärin usw., sind durchaus in unseren Unternehmenskulturen
Kriterien für die Bedeutung der Funktion, nicht der Person.

3.3.4 Virtuelle und virtuose Arbeitsweisen

**Kennzeichnende Merkmale für einen Key Account Manager der Kon-
sumgüterindustrie**

- Er hat eine vielfältige, praxisnahe Qualifikation aus Verkauf und Marketing statt einer routi-
nierten Arbeitsweise.
- Er handelt unternehmerisch und kann daher seine eigene Arbeitsweise von sich aus kreativ
variieren.
- Er beherrscht Marketing so, daß er es nicht nur nach außen erklären kann, sondern auch
nach innen verbessern helfen kann.
- Er empfiehlt seiner Firma, nicht größer zu sein, als der Markt dies verkraftet. Er weiß, daß
ein Geschäft nicht unbedingt groß sein muß, um gut zu sein. Aber er weiß auch, daß ein Geschäft wachsen muß.
- Er beherrscht Betriebswirtschaft so, daß er sie zum Firmen- und (!) Kundennutzen einsetzen kann.
- Er weiß zwischen Märkten, in denen Preisverkauf im Vordergrund steht, und solchen, die
durch Nutzenverkauf mit echter Profilierung gekennzeichnet sind, zu differenzieren und
sich entsprechend zu verhalten.
- Er kann unterschiedliche Konzepte mitgestalten und präsentieren.
- Er ist reif und selbstkritisch genug, zu erkennen und zu steuern, aus welchen Ursachen
Mißerfolge resultieren und wie man sie beseitigen kann. Er verschiebt nicht einseitig die Ur-
sachen für Mißerfolge auf Kunden, Konkurrenten oder Kollegen, sondern stellt sich aktiv
einer qualitativen Angebotskonkurrenz.
- Er kann auch psychische Spannungssituationen ertragen.
- Er hat so viel Stehvermögen, daß er die vordergründige Scheinargumentation eines Kunden gelassen zur Kenntnis nimmt, ihr aber sein eigenes Konzept entgegensetzt, das dem
Kunden gleichen oder mehr Nutzen bringt als das Abkassieren von Rabatten und Preis-
nachlässen (Value added Selling).
- Er bringt so viel Persönlichkeit mit, daß er zu Kunden wirklich qualifizierte Kontakte aufbauen und halten kann. Er erfreut Kunden dadurch, daß er mit ihnen spricht, weil er ihnen
auch dann etwas gibt, wenn er eigentlich nichts zu sagen hat - nämlich persönliches Format!
- Damit ist er Manager mit unternehmerischem Format, welcher die Tragfähigkeit der eigenen Geschäftspolitik bei den Großkunden prüfen muß. Das war früher nicht umsonst Chefsache. Das wird in Zukunft entweder Chefsache bleiben oder eine Schlüsselaufgabe sein,
und zwar für den Key Account Manager.

3.4 Die operative Ebene

Die vierte mögliche Betrachtungsweise von Key Account Management bezieht sich auf die operative Ebene. Sie befaßt sich mit der Frage, wie Key Account Management praktisch ausgeübt wird. Dieses „Wie" wird auch als **„Funktionales Key Account Management"** bezeichnet, d.h. Key Account Management so, wie es praktisch funktioniert – oder funktionieren sollte. Dies ist unabhängig davon, wie Key Account Management – z.B. als Institutionelles Key Account Management – aufbauorganisatorisch gestaltet ist.

Es handelt sich dabei um die Summe der professionellen Arbeitsmethoden, Arbeitstechniken und Instrumente aus Marketing, Verkauf und strategischer Führung, mit deren Hilfe die geschäftlichen Möglichkeiten mit Key Accounts identifiziert, entwickelt und ausgeschöpft werden können. Man kann diesen funktionalen Ansatz auch als **Kundenmarketing** bezeichnen.

Kundenmarketing macht den einzelnen Kunden zum Gegenstand der Marketingmaßnahmen, d.h. der Summe aller Maßnahmen zur Gewinnung, Sicherung und Ausschöpfung aller Chancen mit einem Key Account.

Operatives Key Account Management hat zwei Dimensionen:

- eine instrumentale („mit welchen Arbeitsmitteln?")
- eine verhaltenstaktische Dimension („wie?")

Diese Arbeitsmethoden, Arbeitstechniken und Instrumente lassen sich am besten als Regelkreis darstellen, der das Unternehmen mit dem Key Account verbindet. Unter einem Regelkreis versteht man eine Verbindung zwischen zwei Systemen (z.B. Kunden und Unternehmen, Zentralheizung und Außenwitterung, Eltern und Kinder, Führungskräfte und Mitarbeiter, Kutscher und Pferde usw.), in der eine Rückkoppelung zwischen z.B. Angebot und Nachfrage, Kundenzufriedenheit und korrektiven Maßnahmen zur Leistungsverbesserung, d.h. zwischen den Anforderungen und ihrer Erfüllung, den Leistungen und Gegenleistungen der Systembeteiligten besteht. Im besten Falle funktioniert dieser Regelkreis selbsttätig wie bei der Zentralheizung, solange Öl im Tank ist und die Meß- und Regeltechnik funktioniert. Bei Störungen im System sind Steuerungs- und Regelungsmaßnahmen nötig.

Der Regelkreis zwischen einem Unternehmen und einem Key Account läßt sich im wesentlichen in zehn Elemente einteilen. Zu jedem Element dieses Regelkreises gibt es verschiedene Arbeitsmethoden und Arbeitsinstrumente, die im folgenden Kapitel 4 dargestellt werden (vgl. Abb. 33).

4. Die Arbeitsweise des Key Account Managements: Zehn Elemente, für die Bearbeitung von Key Accounts

Unabhängig davon, wie Key Account Management im Einzelfall organisiert ist und von wem die Key Accounts bearbeitet werden, steht und fällt der Erfolg mit der Professionalität der Arbeitsweise. Diese **Professionalität der Key-Account-Bearbeitung** hängt von vier Faktoren ab:

* Kenntnis der eigenen Branche
* Kenntnis der Branche und des Unternehmens des Key Account
* Beherrschung der Methoden, Instrumente und Techniken des Key Account Managements
* die Zeit, die der Key Account Manager für die Bearbeitung des einzelnen Key Account letztlich hat

Im folgenden werden zehn Elemente des professionellen Key Account Managements dargestellt. Diese zehn Elemente sind als Schrittfolge in einem Regelkreis aufgebaut, der den **Rhythmus der Kundenbearbeitung** kennzeichnet. In jedem Element werden Aufgaben und typische Werkzeuge vorgestellt und erklärt.

Es versteht sich von selbst, daß die einzelnen Elemente und die in ihnen enthaltenen Werkzeuge nur im konkreten jeweiligen Einzelfall Bedeutung haben. Ist ein bestimmter Schritt erfolgreich getan, die mit ihm verbundene Aufgabe ausgeführt und gelöst worden und das Ergebnis weiterhin aktuell, so braucht hieran nicht neu gearbeitet zu werden. Das gilt insbesondere für die drei ersten Elemente, die vor allem bei Neukunden erhöhte Bedeutung haben.

Handlungsbedarf für die erneute Nachbearbeitung des einzelnen Elementes ergibt sich erst dann wieder,

* wenn bestimmte Ergebnisse und Erkenntnisse nicht mehr aktuell sind, das gilt insbesondere für das Element 3: Kundenanalyse und Standortbestimmung, und
* wenn sich die Situation verändert hat, was insbesondere eine Überarbeitung der kundenbezogenen Strategie erforderlich machen kann.

113

Am häufigsten besteht Handlungsbedarf im Bereich der Elemente 8 bis 10: Realisierung der vereinbarten Maßnahmen, Soll-Ist-Vergleich, Abweichungsanalyse und Korrekturen an Maßnahmen und Zielen. Hier wird das Tagesgeschäft realisiert. Aus diesem heraus ergeben sich als Rückkoppelung vom Markt zahlreiche Informationen, die verarbeitet werden müssen und dadurch dem Unternehmen Marktnähe sichern: Veränderungen können frühzeitig erkannt, ihre Ursachen analysiert und daraus Erkenntnisse und Konsequenzen gezogen werden für die Schlüssigkeit des eigenen strategischen Vorgehens und der konkreten Key-Account-Bearbeitung.

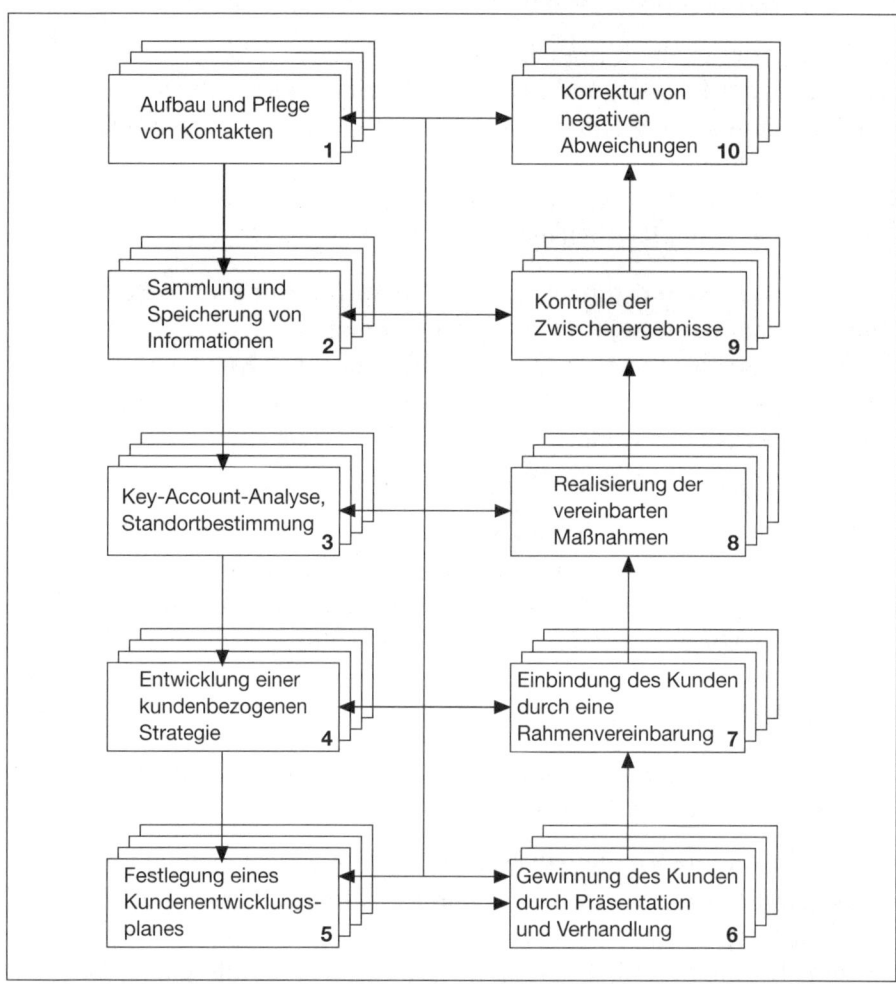

Abb. 33: Regelkreis zwischen Unternehmen und Key Account:
10 Elemente für das Management von Key Accounts

114

4.1 Element 1: Aufbau und Pflege von Kontakten

Kontaktaufbau und Kontaktpflege zu Key Accounts und ihren Entscheidern dienen drei Zwecken:

- Vertrauen zu Key Account und Entscheidern aufbauen und halten
- Informationen vom Key Account beschaffen
- Einfluß nehmen auf die Entscheider und die Entscheidungsprozesse im Kundenunternehmen durch Informationen, die der Entscheidungsfindung dienen können, z.B. über den Kundennutzen (Value added) aus der eigenen Vorleistung

Die erste Aufgabe der Key-Account-Bearbeitung ist in diesem Element schlichte verkäuferische Arbeit: Der Key Account muß identifiziert werden. Die Identifikation umfaßt folgende Schritte:

- Kommt er überhaupt als Kunde in Frage?
- Entspricht er dem Idealkundenprofil des Unternehmens, oder wo und inwieweit weicht er davon ab?
  - Können unsere bestehenden Produkte und Dienstleistungen seine bestehenden Bedürfnisse und Probleme befriedigen und lösen?
  - Können wir für seine bestehenden Bedürfnisse und Probleme neue oder verbesserte Lösungen finden?
  - Können wir mit bestehenden oder neuen Produkten und Dienstleistungen Kundennutzen schaffen und selbst dabei verdienen?

Lassen sich diese Fragen positiv beantworten, so stellt sich die Aufgabe der Kundengewinnung, die in alten Branchen selten anfällt. Der Key Account Manager muß Kontakte anbahnen, den Kunden zunächst einmal transparent machen und herausfinden, welche Mitarbeiter des Kunden in welchen Funktionen für die Entscheidungen über die Zusammenarbeit mit dem eigenen Unternehmen zuständig sind. Das meiste kann in diesem Zusammenhang aus der Verkaufstechnik als bekannt vorausgesetzt werden. Folgende Fragen sind nützlich:

- Wer entscheidet?
- Worüber entscheidet er?
- Wie stark ist sein Einfluß auf die Entscheidungsbildung?
- Nach welchen Entscheidungkriterien und in welcher Rangfolge trifft er seine Entscheidungen?

- Wer ist an diesen Entscheidungen weiterhin beteiligt, in welcher Funktion, mit welchen Entscheidungskriterien und in welcher Rangfolge?
- Wie laufen die internen Entscheidungsprozesse im Kundenunternehmen ab, in welchen Schritten, mit welchen Entscheidern?
  - Prüfschritte des Kunden
  - Prüfungskriterien
  - Interessenlagen der Entscheider
  - zeitlicher Ablauf, Termine usw.

Um die Entscheidungsstrukturen im Kundenunternehmen transparent zu machen, müssen die Entscheider und Mitentscheider identifiziert werden. Dazu gibt es drei Verfahren:

Transparenz schaffen über die formalen, offiziellen Rollen im Unternehmen und das Maß des Einflusses auf einzelne Entscheidungen

Beispiel:

Name:	Funktion:	Einfluß 1 – 10:
Meyer	Geschäftsführer	8
Huber	Leiter Technik	9
Schmidt	Leiter Produktion	7
Müller	Einkaufsleiter	10
Schulze	Controlling	9

Dabei kommt es auch darauf an, die **Verlagerungen von Einfluß und Macht in den Entscheidungsprozessen** der Kundenunternehmen wahrzunehmen. So stellte ein Unternehmen, das Medizintechnik liefert, fest, daß sich der Einfluß bei Entscheidungen über die Anschaffung von medizinischen Großgeräten in Kliniken im Zeitablauf vom Chefarzt auf den Verwaltungsleiter verlagerte, der die Controllerfunktion wahrnimmt. Der Chefarzt hatte als „Anwender" entschieden, und für Anwender ist oft das Beste gerade gut genug. Der Verwaltungsleiter der Klinik dagegen entscheidet nach Kosten-Nutzen-Gesichtspunkten und kommt dabei zu anderen Schlüssen. Dementsprechend hatte das Lieferantenunternehmen seine Konzeption und seine Argumentation viel stärker als bisher auf Kosten-Nutzen-Aspekte abgestützt und sich damit anders positioniert.

116

Transparenz schaffen über die wirklich wahrgenommen Rollen der am Entscheidungsprozeß beteiligten Personen, z. B. nach den Rollen:

- End-Entscheider (Ultimate Decision Maker): Er hat das Budget und trifft die letzte Entscheidung.
- Informand (meist Einkäufer): Er sammelt Informationen im Beschaffungsmarkt nach Anforderungsprofil, strukturiert und bewertet sie gegebenenfalls, gibt sie weiter, trifft aber selbst nicht die letzte Entscheidung.
- Anwender: Er geht mit dem anzuschaffenden Produkt um und möchte vor allem Sicherheit und Komfort.
- Wächter: Er achtet auf die Wirtschaftlichkeitsaspekte der Kaufentscheidung und darauf, „daß alles mit rechten Dingen zugeht".
- Promotor oder Coach: Er setzt sich durch interne Einflußnahme für einen bestimmten Lieferanten ein, weil er bereits gute Erfahrungen gemacht hat oder sich selbst mit einem neuen Lieferanten intern profilieren will.
- Gegner: Sie setzen sich aus den gleichen Gründen wie der Promotor oder Coach für einen anderen Lieferanten ein.

Die Probleme bei diesem Rollenverfahren bestehen darin, die Rolleninhaber klar zu identifizieren. Denn einige Personen spielen mehrere Rollen, so daß die Rollenzuordnung nicht immer eindeutig getroffen werden kann.

Entscheider-Matrix

Dieses Verfahren dient dazu, die Entscheider und ihre Entscheidungskriterien transparent zu machen und durch die Einflußnahme nachzuvollziehen.

Entscheider	Einfluß	Entscheidungskriterien und Gewichtung			
		Preis	Kompetenz	Qualität	Summen
Einkäufer	10	x 10 = 100	x 7 = 70	x 9 = 90	260
Technik	9	x 8 = 72	x 10 = 90	x 9 = 81	243
Produktion	8	x 8 = 64	x 9 = 72	x 10 = 80	216
Qualitäts-sicherung	7	x 9 = 63	x 8 = 56	x 10 = 70	189
Summen		299	288	321	908

Danach kann der Key Account Manager ein Beeinflussungsnetz aufbauen und steuern unter der Fragestellung: Welche Fachleute des Lieferantenunternehmens müßten mit wem beim Kunden über welche Themen sprechen, wann und wie oft? Hier muß der Key Account Manager vor allem kompetente Fachspezialisten aus dem eigenen Unternehmen ins Kundenunternehmen einschleusen und die richtigen Gesprächskontakte oder Gesprächforen herstellen. Es geht darum, daß sich das Unternehmen wie ein Polyp an den Kunden anlegt, allerdings nicht, um den Kunden zu schädigen, sondern um Fachkompetenz und Informationen über die richtigen Personen in die richtigen Kanäle zu leiten. Danach kann der Key Account Manager einen regelrechten Kundenkontaktplan aufstellen mit dem Ziel, durch konzertierte Maßnahmen den Kunden für das Unternehmen zu gewinnen (oder zu sichern oder besser zu durchdringen). Der **Kundengewinnungsplan** muß in dieser Phase folgende Fragen klären: **Wer** von uns unternimmt **was, mit wem** beim Kunden, **wann** bzw. **wie häufig,** zusammen **mit wem aus dem eigenen Haus,** um den Kunden zu gewinnen?

Ein solcher Kundengewinnungsplan kann sich über Jahre hinziehen, bis der Erfolg eintritt, insbesondere dann, wenn die Entscheidungsbildung beim Kunden von chemischen oder physikalischen Langzeittests abhängt.

Im Gegensatz zum Kundengewinnungsplan, der eher bei Neukunden Sinn macht, kann der Key Account Manager bei Stammkunden einen **Kundenkontaktplan** im voraus aufstellen.

Ziele eines Kundenkontaktplanes:

• Vertrauensbildung
• Kommunikationskanäle zum und vom Kunden formen
• Kundenbindung verbessern

Inhalte des Kundenkontaktplanes:

• Wer (nach Bedarf hierarchisch abgestuft) spricht
• mit wem beim Kunden
• über welche Themen und
• wie oft?

Dabei geht es auch darum zu vermeiden, daß kritische Themen der Kommunikation mit dem Kunden unabgestimmt und von zu vielen verschiedenen Personen besprochen werden.

Prinzip für Kontakte: je höher in der Hierarchie, desto seltener und desto weniger über konkrete Fragen.

Hauptkontakter und Hauptgesprächspartner gegenüber dem Key Account muß der Key Account Manager sein. Er muß auch Kompetenz und Verantwortung für kundenbezogene Preise und Konditionen im Rahmen der allgemeinen Preis- und Konditionensysteme des Unternehmens haben, zumindest nach außen. Er darf nicht „Briefträger" für die Klärung von kritischen Preis- und Konditionenfragen werden, sondern muß klar und verantwortlich für die Entscheidungen seines Unternehmens eintreten. In Zweifelsfällen wird er diese Fragen vorab intern abstimmen. Aber nach außen vertritt er diese Entscheidungen persönlich. Fällt ihm sein Chef in den Rücken, indem er bessere Konditionen gibt, so wird der Key Account Manager unglaubwürdig, inkompetent, lächerlich und damit bedeutungslos. Dies ist eine neuralgische Stelle für das Key Account Management vieler Firmen, da das Prinzip der Delegation von Verantwortung ausgehebelt wird.

Die Schwierigkeiten ergeben sich

- aus fehlender Kompetenzabstimmung,
- aus ungeklärten Fragen des Auftritts und der Kommunikation nach außen,
- durch mangelnde Selbstdisziplin und persönliche Selbstdarstellungsbedürfnisse von Chefs,
- aber auch aus Schwächen von Key Account Managern, die in schwierigen Situationen gerne ihren Chef „vorschieben".

Erst wenn die Frage der Konditionenkompetenz des Key Account Managers nach außen, also zum Kunden hin, als ein Schlüsselthema für die Beziehungen zu Key Accounts eindeutig geklärt ist, kann Key Account Management funktionieren.

Kontakte zu Key Accounts und ihren Entscheidern, Anwendern und Informanden haben das Ziel, Informationen über den Key Account zu generieren. Das erfordert eine vertrauensvolle und vertrauliche Beziehung, deren Aufbau und Pflege Zeit und Sorgfalt braucht. Das kann manchmal, z. B. in der Beraterbranche, Jahre dauern. Vertrauen bekommt der Kunde zum Key Account Manager dann, wenn er sicher sein kann, daß die Vorschläge des Key Account Managers nie die Interessen des Kunden außer acht lassen, sondern immer Kundenprobleme lösen helfen und Kundennutzen (Value added) bringen. Wenn der Kunde über den Key Account Manager sagt: „Der ist kompetent, und auf den kann ich mich verlassen", kennzeichnet dies ein optimales Vertrauensverhältnis.

Kontakt ist auch die Gelegenheit, die Kompetenz für sich und das Unternehmen gegenüber dem Kunden zu vermitteln. Sie resultiert aus der Sachkunde über das eigene Unternehmen, der Kenntnis über das Unternehmen und die Branche des Kunden und aus der Fähigkeit, zwischen beiden Bereichen Wertschöpfungspotentiale für beide Seiten zu identifizieren und zu erschließen.

Daneben ist soziale Kompetenz für den erfolgreichen Umgang mit unterschiedlichsten Menschen auf beiden Seiten eine wichtige Voraussetzung. Beides – nämlich **hohe Fachkompetenz und hohe soziale Kompetenz** – ist als Kombination gar nicht so häufig anzutreffen.

Beispiel für schwache Fachkompetenz, Konsumgüterindustrie: „Geborene" Verkäufer sind meist gute Kontakter, bringen aber nicht selten zuwenig Fachkompetenz für das Key Account Management mit.

Beispiel für schwache Sozialkompetenz, Chemische Industrie: Hervorragende promovierte Fachleute bleiben in der Fachspezialisierung hängen und kommen beim Kunden nicht an. Fachwissen wird überbewertet und kippt in „Kundenbelehrung" um. Kunden zuzuhören und sie zu verstehen wird von der Bedeutung her von Fachleuten unterschätzt.

Neben der Fachkompetenz und der sozialen Kompetenz benötigt der Key Account Manager aber auch noch die **konzeptionelle Kompetenz.** Dabei handelt es sich um die Fähigkeit, die komplexen Beziehungen zwischen seinem Unternehmen und einem oder mehreren Key Accounts zu strukturieren, systematisch zu gestalten und geschäftlich auszuschöpfen. Auch diese Fähigkeit ist nicht allzu vielen Menschen im Unternehmen gegeben. Die Ursache dafür liegt zum Teil in falscher Erziehung und falscher Führung, in deren Verlauf konzeptionell selbständiges Denken und Handeln kein Thema war: man lernte, die Konzeptionen anderer, die „topdown heruntergebrochen" wurden, auszuführen. Man lernte nicht unbedingt, solche Konzeptionen bottom-up selbst zu entwickeln und zu realisieren. Die Beziehungen zu Key Accounts aufzubauen, zu entwickeln, zu beurteilen und zu sichern erfordert absolute Professionalität.

Seine Kunden zu unterstützen, Key Accounts professionell zu bearbeiten, darauf hat sich das amerikanische Beratungsunternehmen *Key Account*

120

Systems spezialisiert. John H. Nordloh, Vice President bei *Key Account Systems*, stellte dafür zehn unterstützende Checkpunkte und Kontrollfragen auf (Quelle: absatzwirtschaft 5/1990), an die sich die folgende Darstellung anlehnt:

Professionelle Bearbeitung von Key Accounts

Checkpunkt 1:

Man kann den Erfolg eines Unternehmens an der Qualität seiner Beziehungen zu seinen Key Accounts ablesen. Unternehmen mit exzellenten Kundenbeziehungen florieren. Unternehmen mit schlechten Kundenbeziehungen geht es unvermeidlich schlecht.

Geschäftserfolg erfordert Vernetzung mit den Kunden als Voraussetzung für intensiven Informationsfluß und Vertrauen.

Kontrollfrage: Werden Kundenbeziehungen systematisch und professionell gepflegt?

Checkpunkt 2:

Schaffen Sie pro Key Account fachkompetente Teams von drei bis sechs qualifizierten Mitarbeitern, die Engagement und Interesse an der erfolgreichen Entwicklung der Geschäfte mit einem Key Account haben. Die Aufgabe des Teams ist es, dem kundenbezogenen Denken und Arbeiten politische und faktische Rückendeckung zu geben.

Kontrollfrage: Gibt es in Ihrem Unternehmen Key-Account-Teams?

Checkpunkt 3:

Die Pflege der Kundenbeziehungen beginnt damit, daß sich die Mitarbeiter intern wie Kunden behandeln. Versuchen Sie Diagramme zu zeichnen, aus denen sich die gegenseitigen, internen Abhängigkeiten der Mitarbeiter im Hinblick auf eine kundenbezogene Gesamtleistung erkennen lassen.

Kontrollfrage: Sichert die Qualität der internen Zusammenarbeit die positive Gestaltung der Beziehungen zu den Kunden?

Checkpunkt 4:

Seien Sie unersättlich neugierig bezüglich des Unternehmens und des Geschäftes der Kunden, ihrer Märkte, ihrer Kunden, ihrer Technologien, ihrer Vermarktung usw., und ziehen Sie daraus Schlüsse für die Gestaltung und Verbesserung Ihrer eigenen Leistungskette.

Kontrollfrage: Werden aus der Kundenforschung laufend Erkenntnisse für die Verbesserung der eigenen Leistungen gezogen?

Checkpunkt 5:

Kümmern Sie sich um die Qualität. Bilden Sie gemeinsame Qualitätsteams aus Mitarbeitern des Kundenunternehmens und des eigenen Unternehmens. Halten Sie vierteljährliche Treffen oder Video-Konferenzen ab. Ermitteln Sie außerdem, wie die Kunden Ihrer Kunden die Qualität Ihrer Vor-Produkte und -Dienstleistungen beurteilen.

Kontrollfrage: Bestehen Systeme zur kundenorientierten Qualitätssicherung?

Checkpunkt 6:

Machen Sie es jedermann beim Kunden leicht, mit Ihnen Geschäfte zu machen. Binden Sie bewußt die Ansprechpartner Ihres Unternehmens bei den entsprechenden Gesprächspartnern des Kundenunternehmens an durch persönliche Vorstellung, Telefonnummern, Telefaxnummern, Electronic Links, Hotlines usw.

Kontrollfrage: Tun Sie alles, um den Kunden den Kontakt in für ihn kritischen Situationen zu Ihrem Unternehmen und dessen kompetenten Mitarbeitern zu erleichtern?

Checkpunkt 7:

Seien Sie mit Ihrer technischen Unterstützung Ihrer Zeit voraus.

Auf die Probleme und Anforderungen Ihrer Kunden sollten Sie nicht nur reagieren, sondern deren Erkennen und deren Lösung vorwegnehmen, bevor sie für den Kunden zum Problem werden oder die Konkurrenz eine Lösung bringt.

Kontrollfrage: Denken Sie in „vorauseilender Kundenorientierung" an die Lösung von Kundenproblemen, bevor es für diese solche werden?

Checkpunkt 8:

Sie müssen die treibenden Kräfte in den Unternehmen Ihrer Key Accounts kennen: nach Personen und Richtung. Seien Sie ein ständiger Beobachter der Organisationsstrukturen, Kulturen und Machtverhältnisse Ihrer Key Accounts.

Kontrollfrage: Erfassen Sie den Key Account als lebendiges System, das laufenden Veränderungen unterliegt?

Checkpunkt 9:

Seien Sie sensibel für schwache Signale: Sie sind der beste Seismograph für die Beziehungen zwischen Ihrem Unternehmen und dem Kundenunternehmen.

Kontrollfrage: Werden bei uns „schwache Signale" aus Äußerungen und Verhaltensweisen von Kunden wahrgenommen, oder haben wir uns ein „dickes Fell" zugelegt?

Checkpunkt 10:

Fangen Sie mit einem Kunden an, und wenden Sie diese Checkpunkte auf einen bestehenden Key Account an. Sorgen Sie dafür, daß fünf Schlüsselmitarbeiter, die in Ihrem Unternehmen auf verschiedenen Ebenen mit einem Key Account zusammenarbeiten, diesen Check durchführen und die Kontrollfragen beantworten. Bitten Sie sie, ihre Eindrücke auf einem Testbogen skaliert von 1 bis 10 wiederzugeben. Bitten Sie sie, anschließend ihre Bewertungen zu begründen sowie Maßnahmen vorzuschlagen, um den jeweiligen Checkpunkt zu verbessern.

4.2 Element 2: Sammlung und Speicherung von Informationen über Key Accounts

Wir arbeiten in einer Wirtschaftswelt, für die Wissen und Informiertheit die wichtigsten Erfolgsfaktoren sind. Wissen wir das auch? Oft hat man das Gefühl, mit Informationen überhäuft zu sein – nur mit den falschen, während die richtigen, die wichtigen Informationen fehlen.

Informationen von und über Kunden sind die zweite Quelle der Fachkompetenz eines Key Account Managers. (Die erste sind die Informationen über sein eigenes Unternehmen.) Diese Quelle muß ständig systematisch erschlossen werden. **Key Account Management ist ein riesiges Informationsbeschaffungssystem.** Dabei geht es darum, Informationen

- zu sammeln,
- zu strukturieren,
- zu ordnen,
- zu speichern,
- zugänglich und
- wiederauffindbar zu machen,
- zu verteilen,
- zu gewichten und
- zu bewerten,
- zu verwerten,
- Schlußfolgerungen daraus zu ziehen und
- Maßnahmen zu konzipieren u.v.m.

Man kann sich natürlich mit Masseninformationen etwas vormachen. Deshalb muß jede Information, die über Key Accounts gesammelt wird, auf ihre Nützlichkeit geprüft werden:

- Brauchen wir diese Information, um mit dem Key Account bessere Geschäfte zu machen?
- Können wir diese Information ohne zu hohen Aufwand beschaffen?
- Können wir diese Information ohne zu hohen Aufwand aktuell erhalten („updaten")?

Das erfordert heute eine taugliche Group-Software, durch welche die kundenbezogenen Informationen entsprechend einem Zugangsschlüssel für alle mit der Betreuung des Key Account betroffenen Mitarbeiter jederzeit verfügbar werden. Das verhindert auch, daß die kundenbezogenen Informationen im Privatbesitz des Key Account Managers bleiben und bei dessen Ausfall weg oder nicht verfügbar sind. Bei nicht wenigen, vor allem mittelständischen Unternehmen, bei denen die Key Account Manager zum Teil Handelsvertreter sind, wird durch den privaten Charakter kundenbezogener Informationen eine Abhängigkeit geschaffen,

---

Firma: Kundennummer:

Anschrift: Postfach:

Telefon: Nielsen-Gebiet:

Telefax: Key-Accounter:

Organisation: Abrechnung über:

Bundesland:

Gesamtumsatz in Mio. DM: 19....   19....   19....

davon Food in %:   ....

Durchsetzungskraft: Zentrale ....%   Niederlassungen ....%

Geschäftstypen und Outlets:	19....	19....
Filialen		
Discount		
Verbrauchermärkte		
C & C		
WH		
SM		
GH		
gesamt:		

Gesprächspartner:	Name:	Telefon:	Einfluß: 1-10
Geschäftsführer			
Einkaufsleiter			
Einkäufer			
Vertrieb			
Marktleiter			
Disponent			
Werbeleitung			

Abb. 34: Beispiel Kunden-Stammdatenblatt Konsumgüterindustrie

124

die existenzbedrohend für diese Unternehmen werden kann. Wechselt ein solcher Key Account Manager, so nimmt er die Informationen über Kunden und oft diese selbst mit. Sein Nachfolger muß die Kundeninformationen wieder neu aufbauen, was langwierig und teuer ist.

Abbildung 34 zeigt ein Beispiel für die mögliche Gestaltung eines Kundenstammdatenblattes in der Konsumgüterindustrie. Darüber hinaus kann die Speicherung folgender Informationen hilfreich sein:

- Kontorzugehörigkeit
- Geschäftstypen und Outlets
  - Anzahl
  - Verkaufsfläche in qm
- Sortimentspolitik
- Listungen, d.h. Anzahl der Artikel des Lieferanten, die der Key Account in sein Sortiment aufgenommen hat (Referenzierung)
- Potential und Abschöpfungsquote
- Preispolitik
- Termine für
  - Preisänderungen
  - Listungen
  - Aktionsvorläufe
  - usw.
- Art der Warenpräsentation
- Besonderheiten
- Querverbindungen des Kunden, angeschlossene Unternehmen
- Bonität des Kunden (Creditreform, Schimmelpfeng)
- Konditionen, Werbekostenzuschüsse, Boni einschließlich ihrer Entwicklung im Zeitverlauf
- Zahlungsziele
- Zahlungsweise/Mahnungen
- Skonto-Inanspruchnahme, Skonto-Ausbuchungen
- Differenzen
- Aktivitäten und deren Erfolge
- Schwächen und Stärken des Kunden bei der Vermarktung unserer Produkte
- Mitbewerberdaten
  - Firmen, Marken
  - Sortiment
  - relativer Marktanteil

– Kontaktstrecke
– Verkaufspreise/Preisspiegel
– Aktivitäten und deren Erfolge
- Jahresvereinbarungen
- Servicevereinbarungen usw.

Für die **Konsumgüterindustrie** bei Vertrieb über den Handel sind vor allem folgende Kundendaten wichtig:

- Vertriebslinien des Kunden und Sortimentsbildung pro Vertriebslinie
- Ladentypen des Kunden und Sortimentsbildung pro Ladentyp
- Kontaktstrecken, Flächenzuordnung und Regalbild pro
  – Vertriebslinie
  – Ladentyp
  – Warengruppe
- Anforderungen des Kunden an betriebswirtschaftliche Leistungsdaten
  – Umschlag
  – Spanne
  – Ladenverkaufspreise
  – Flächenproduktivität
  – Flächenrentabilität
  – Produktrentabilität (DPR)
- Positionierung des Key Account und seiner Vertriebslinien

In der Investitionsgüterindustrie, im Maschinen- und Anlagenbau, in der Zulieferindustrie sowie bei allen hochkomplexen Formen der Zusammenarbeit zwischen Lieferanten und Key Accounts geht die Information sehr ins Detail und in die Tiefe. Sie erfordert auch eine mentale Dimension des Mitdenkens und Mitfühlens. Die Aussage „Ein Key Account Manager muß in den Köpfen seiner Kunden spazieren gehen können" bedeutet, daß er bis ins Detail vor-, mit- und nachdenken können muß über die Frage, wie die gemeinsamen Probleme besser gelöst und die gemeinsamen Wertschöpfungspotentiale besser erschlossen werden können. Private Kontakte neben beruflichen Kontakten haben hier nicht (nur) Beeinflussungsfunktion, sondern dienen dem vertieften Verständnis für den anderen auf gleicher Wellenlänge. In den USA wird diese Form der Kontakte und des Informationsaustausches deshalb auch gerne „LGD-Management" genannt; LGD steht für: Lunch, Golf, Dinner.

Abbildung 35 zeigt das Beispiel eines Kundenstammdatenblattes oder Kundenprofils aus der Investitionsgüterindustrie.

FIRMA:

Anschrift.

Art des Unternehmens:

Entscheidungsträger:

Gesamtumsatz des Kunden:

Unsere Umsätze mit dem Kunden strukturiert:

Struktur der Umsätze:

* Produkte

* Absatz

* Geschätzter Umsatz

Umfeldeinflüsse beim Kunden:

* wirtschaftlich

* konjunkturell

* gesetzlich

* sozial

* politisch

* technisch

Jahresvereinbarung

Konditionen

Bonität des Kunden

Zahlungsziele

Zahlungsmoral

Differenzen

Einkaufskriterien	wichtig	neutral	unwichtig
Produktqualität			
Preis			
Beratung			
Service			
Lieferzuver- lässigkeit			

Konkurrenzanalyse

* Namen der Konkurrenten

* Umsatzanteile der Konkurrenten

* Vor- und Nachteile der Konkurrenten

Abb. 35: Beispiel eines Kundenprofils aus der Investitionsgüterindustrie

4.3 Element 3: Key-Account-Analyse und Standortbestimmung

Key Accounts sind Wachstumsträger für das Unternehmen. Zu erkennen und zu verstehen, mit welchen Kunden das Unternehmen sein eigenes Wachstum machen kann, indem es diesen Unternehmen hilft, selbst zu wachsen, ist einer der wirksamsten Hebel für den eigenen Erfolg.

Hier ist die Sachkompetenz des Key Account Managers in bezug auf das Geschäft seiner Key Accounts gefragt. Wer als Key Account Manager Kompetenz als Treiber für Wachstum über Problemlösungen aufbauen will, muß in zwei Welten denken können:

- im Kompetenzgebiet des eigenen Unternehmens
- in den Geschäftsfeldern des Kunden

Letztere Sicht gibt ihm Kompetenz aus Kundensicht, die sich so artikuliert:

- „Der versteht unsere Sprache."
- „Der kennt sich aus."
- „Mit dem kann man reden."
- „Der ist kompetent."
- „Mit dem kann man arbeiten."

Viele Key Account Manager der Konsumgüterindustrie kennen sich in den Systemen ihrer Kunden zum Teil besser aus als diese selbst – oder sollten es. Ohne das Wissen, wie der Handelskunde die Produkte des Lieferanten draußen vermarktet, kann ein Gespräch mit Mitarbeitern in der Zentrale eines Kunden, insbesondere vom Einkauf, kaum produktiv geführt werden. Der Nestlé-Chef, Helmut Maucher, hat einige Jahre als Manager auf der Seite seiner Kunden (COOP) gearbeitet, um deren Weltbild und ihre Probleme besser kennenzulernen und seine Geschäftspolitik als Hersteller besser gestalten zu können.

Viele Anwendungstechniker der chemischen Industrie haben auf den Gebieten ihrer Kunden bzw. bei diesen gelernt und gearbeitet, bringen also die erforderliche Kompetenz von dort her mit und „lassen sich nichts vormachen".

Key-Account-Analyse ist Marktforschung bei Kunden. Sie erfordert die laufende Prüfung von folgenden Fragen:

- Wie arbeitet der Kunde heute mit unseren Produkten und Dienstleistungen oder denen der Konkurrenz?
- Welches Problem hat er?
- Wie wichtig ist es für ihn?
- Wie gut ist die jetzige Lösung:
  unsere oder die der Konkurrenz?
- Welchen Nutzen zieht er daraus?
- Welche Stärken und Schwächen haben wir aus Kundensicht gegenüber unserer Konkurrenz?
- Welches Nutzen-Verbesserungspotential besteht?
- Wie können wir ihm helfen, dieses Potential zu erschließen, um in Umsatz und Ertrag zu wachsen?
- Qualitative Potentialanalyse: Welche Qualitäten (Produkte, Dienstleistungen) kann der Kunde aus unserem Angebot gebrauchen?
- Quantitative Potentialanalyse: Welche Mengen kann der Key Account davon abnehmen, einsetzen oder absetzen unter vorsorglicher Berücksichtigung seiner berechtigten Eigeninteressen, um den finanzwirtschaftlich oder budgetär getriebenen Verkaufsdruck zu vermeiden?
- Welche Stärken und Schwächen hat der Kunde
  - bei der Lösung seiner Probleme?
  - beim Einsatz unserer Produkte?
- Wie können wir seine Stärken noch besser festigen und nutzen?
- Wie können wir ihm helfen, seine Schwächen abzubauen?
  - Mit neuen oder verbesserten Produkten und Dienstleistungen?
  - Durch anwendungstechnische Beratung?
  - Durch Vermarktungsberatung oder Trademarketing?

4.3.1 Potentialanalyse

Die Potentiale und die Potentialreserven in Märkten und bei Key Accounts sind die Fundamente für Umsatz, Wachstum und Entwicklung des eigenen Unternehmens. Das Potential im Key Account Management ist der Bedarf des Key Account für die Produkte und Dienstleistungen, die das Unternehmen des Lieferanten im Moment qualitativ abdecken kann.

4.3.1.1 Qualitative Potentialanalyse der Bedarfsarten

Die qualitative Potentialanalyse erfordert vor allem Kenntnisse über die Kunden der Kunden. Das ist bei den Kunden des Lebensmittelhandels, den Verbrauchern, relativ einfach. Denn deren Bedürfnisse und Wünsche werden durch die Marktforschung der Industrie mit einer jahrzehntelangen Tradition und Professionalität laufend erfaßt. Dadurch hat die Industrie gegenüber dem Handel in vielen Fällen eindeutige Informationsvorsprünge über die qualitativen Anforderungen der Verbraucher, also der gemeinsamen Kunden von Industrie und Handel, erlangt. Das ändert sich jedoch gerade durch die Möglichkeiten der Efficient Consumer Response (ECR), durch die der Handel sehr detaillierte Verbraucherinformationen über die Scannersysteme seiner Ladenkassen erhält und nutzen kann. Dies wird mittelfristig zu einer stärkeren Position des Handels gegenüber der Industrie in bezug auf Informationskompetenz über Verbraucher führen, die sich zu einer stärkeren Produkt- und Sortimentskompetenz entwickeln und damit zu Spannungen zwischen Industrie und Handel führen kann.

In der chemischen Industrie sind die Informationen über die qualitativen Potentiale der Kunden bisweilen schwierig zu beschaffen. Denn die Kunden verarbeiten Vorprodukte zu Zwischen- oder Endprodukten weiter und geben die Informationen über die weitere Verwendung des Produktes, über ihre Abnehmer und deren Anforderungen oft ungern preis. Dazu sind sie allerdings nach den DIN-ISO-Normen 9000 ff. zur Qualitätssicherung verpflichtet. Sie betrachten jedoch diese Informationen als eigene Interna und Teil ihres spezifischen Know-hows und fürchten dessen Transfer über die Lieferanten zu ihren Konkurrenten. Hier kann vertrauensvolle fachliche Zusammenarbeit, gestützt durch Rahmenverträge und Secrecy Agreements weiterhelfen. Darin kann Informationsschutz sowie vertiefte Zusammenarbeit bei vollem gegenseitigen Informationsaustausch bei der gemeinsamen Entwicklung neuer Produkte oder verbesserter Prozesse vereinbart werden.

Informationsfragen zur qualitativen Potentialanalyse:

- Was produziert der Kunde?
- Für wen produziert er?
- Wie produziert er?
- Was bezieht er von außen?

- Welche Anforderungen stellen seine Abnehmer an ihn?
- Was leisten seine Mitbewerber?
- Wie will, kann oder muß er sich gegenüber seinen Kunden im Verhältnis zu seinen Mitbewerbern profilieren?
- Welche Produkte und Dienstleistungen aus unserem Unternehmen
  - können wir ihm jetzt dazu bieten?
  - müssen wir für ihn entwickeln?
- Wie können wir uns dabei von unseren eigenen Mitbewerbern absetzen?

Hier liegt eine wichtige Schnittstelle zwischen Key Account Management, Marketing und strategischem Verkaufen. Denn der Key Account Manager muß die Eignung der wesentlichen Eckpfeiler der eigenen Strategie für die Zwecke der Key Accounts überprüfen (vgl. Abb. 36).

Unser Produkt:	Eignung unseres Produktes für den Kunden					Verbesserung des Endproduktes durch das Vorprodukt					Verhältnis zu unserem Wettbewerb:				
	--	-	0	+	++	--	-	0	+	++	--	-	0	+	++
A															
B															
C															

Abb. 36: Analyse der Eignung eines Produktes für die Zwecke eines Key Account und Analyse des Verbesserungsgrades des Endproduktes des Kunden durch das Vorprodukt im Verhältnis zum Wettbewerb

4.3.1.2 Quantitative Potentialanalyse der Bedarfsmengen

Die quantitative Analyse der Potentiale oder Bedarfsmengen der Key Accounts hat zwei Bedeutungen:

- Eine **strategische Bedeutung**, da sie Informationen über die Marktanteile des eigenen Unternehmens bei seinen Key Accounts liefert. Diese

Informationen haben eine Schlüsselbedeutung für die Feststellung und den weiteren Ausbau der Marktposition, für welche die Anteile bei den Key Accounts ein Hebel sein können.

- Eine **operative Bedeutung** für die Planung von Liefermengen, Produktionsmengen, Umsätzen und Deckungsbeiträgen und damit für die Unternehmensplanung bottom-up.

Für die Analyse der Bedarfsmengen von Key Accounts gibt es folgende **Quellen:**

- **Die Informationen vom Kunden selbst**
  Der Austausch dieser Informationen ist in vielen Branchen offen, vertrauensvoll und mehr oder weniger zuverlässig. Insbesondere in der Grundstoffindustrie haben die Kunden selbst ein Interesse daran, ihre Lieferanten über ihre Bedarfsmengen zu informieren, um ihre Produktion zu sichern. Je nach Marktsituation und Firmenpolitik entscheiden sich Kunden jeweils für Single Sourcing, Double Sourcing oder Multi Sourcing, d.h für den Bezug von einem, zwei oder mehreren Lieferanten.

  Die Informationen über Bedarfsmengen vom Kunden selbst sind nicht immer erhältlich und nicht immer korrekt. Manche Kunden kennen ihre Bedarfsmengen nicht genau, andere wollen sie nicht nennen, um ihre Position gegenüber ihren Lieferanten nicht transparent zu machen. Dritte wiederum kennen die Mengenbedarfe nicht genau, weil sie selbst schlecht planen oder selbst Turbulenzen in ihren Geschäften verkraften müssen. Wenn es sich um neue Geschäfte handelt, sind die Bedarfsmengen häufig deshalb nicht genau zu ermitteln, weil der Kunde seine eigenen Absatzmengen (noch) nicht kennt. In all diesen Fällen muß man sich anderer Methoden für die Potentialanalyse bedienen.

- **Trend-Extrapolationen**
  Eine klassische, aber nur zum Teil befriedigende Methode zur Schätzung der Bedarfsmengen ist die Verfolgung der Mengenbezüge der Kunden und der Hochrechnung von Trends daraus für die Zukunft.

Beispiel:

Beispiel für eine Trend-Extrapolation aus Absatz- bzw. Umsatzkennziffern aus der Vergangenheit in die Zukunft:

1995: 100
1996: 110
1997: 121 } durchschnittliche Steigerung 1995 – 1999 = 10% p.a.
1998: 133
1999: 147

2000: Schätzung 147 + 10% = 162 % / Basis 1995

Die Trend-Extrapolation kann natürlich keine außergewöhnlichen Entwicklungen im Absatzmarkt des Kunden oder in seinen Beschaffungsmärkten berücksichtigen. Sie läßt meist auch das Gesamtpotential des Kunden im Dunkeln sowie seine Bezugsanteile bei anderen Lieferanten.

Querschnittvergleiche

• Vergleich der Umsätze oder Bezugsmengen des Kunden
  – mit den entsprechenden Werten aller gleichartigen oder ähnlichen Kunden und
  – und mit dem absoluten Marktanteil des Lieferanten.

Beispiele aus der Konsumgüterindustrie

Beispiel 1:

Beispiel einer Potentialanalyse durch Durchschnittsvergleich: Ein Hersteller A hat in der Warenguppe X national in ganz Deutschland und ohne größere regionale Unterschiede einen Marktanteil von 10%. In der Vertriebsschiene der sog. Filialisten erreicht der Hersteller A national einen Marktanteil von 12%.

Der Key Account Tengelmann ist ein solcher Filialist sowie national gleichmäßig vertreten und verteilt. Bei diesem Key Account erreicht der Hersteller A in der Warengruppe X aber nur einen „relativen" Marktanteil von 9% oder 1 470 000 DM Umsatz zu Einkaufspreisen des Kunden. Eigentlich müßte der Hersteller bei Tengelmann ebenfalls 12% Marktanteil erreichen entsprechend seiner Position im Gesamtmarkt und in der Vertriebsschiene „Filialisten". Das quantitative Potential des Herstellers bei Tengelmann errechnet sich so:

- Absoluter Marktanteil
  des Herstellers A
  in der Warengruppe X
  in der Vertriebsschiene „Filialisten":   12% = 100%
- Relativer Marktanteil
  des Herstellers A
  in der Warengruppe X
  beim Key Account Tengelmann: 9% = 1 470 000 DM
- Gesamtpotential
  des Herstellers A beim
  Key Account Tengelmann: 1 470 000 : 9 x 12 = 1 960 000 DM

Oder anders ausgedrückt: Bei Tengelmann besteht für den Hersteller A in der Warengruppe X eine Potentialreserve von 490 000 DM oder 33% bezogen auf den bisherigen Umsatzstand und gemessen am durchschnittlichen Anteil des Herstellers A in der Warengruppe X in der Vertriebsschiene „Filialisten".

Der Vergleich der Methode der Trendextrapolation des Beispieles 1 mit der Methode der quantitativen Potentialanalyse nach der Vergleichsmethode entsprechend Beispiel 2 zeigt, daß die Umsatz-Trend-Extrapolation das tatsächliche Potential des Key Account nicht transparent macht und damit keine ausreichenden Informationen als Grundlage der Key-Account-Bearbeitung zur Verfügung stellt.

Prämissen dazu:

- Die Verbrauchernachfrage für das Herstellerprodukt A in der Warengruppe X ist bei allen Filialisten etwa gleich groß.
- Der Kunde kann auf A auch teilweise nicht schmerzlos verzichten.
- Der Kunde muß seine Geschäftätigkeit und Sortimentsbildung konform zur Verbrauchernachfrage bilden, um seine eigenen Warengruppen-Segmente optimal ausschöpfen zu können, d.h. eine nachfragegerechte Geschäftspolitik betreiben.

Beispiel 2:

Vergleich des relativen Marktanteils bei einem Key Account mit dem absoluten Marktanteil national und/oder in einer Vertriebsschiene (vgl. Abb. 37):

Produkte	Marktanteile		Diff.	Ist-Umsatz (DM)	Potential (DM)
	generell/ national	kunden- spezifisch			
A	12%	9%	3%	1 470 000	1 960 000
B	28%	16%	12%	2 000 000	3 500 000
C	80%	70%	10%	6 000 000	6 857 000

Ziel all dieser Vergleiche ist das Aufdecken von Abweichungen vom Durchschnitt der „Normalität" und das Heranführen der Kunden, die unterdurchschnittliche Potentialausschöpfung aufzeigen, an den Durchschnitt der übrigen Kunden. Letztlich werden dadurch solche Abweichungsbilder wie Abbildung 37 zwar nicht ganz aufgehoben. Es soll aber versucht werden, die Faktoren, die bei den Kunden mit überdurchschnittlicher Potentialausschöpfung erfolgsverursachend waren, auf die Kunden mit unterdurchschnittlicher Potentialausschöpfung zu übertragen. Das setzt in der Praxis eine gewisse Homogenität der Kunden voraus, was selten der Fall ist. Dennoch bietet der Ansatz der Vergleichsmethode vielfältige Möglichkeiten zur Beseitigung von Defiziten und Lücken in der Kundenbearbeitung.

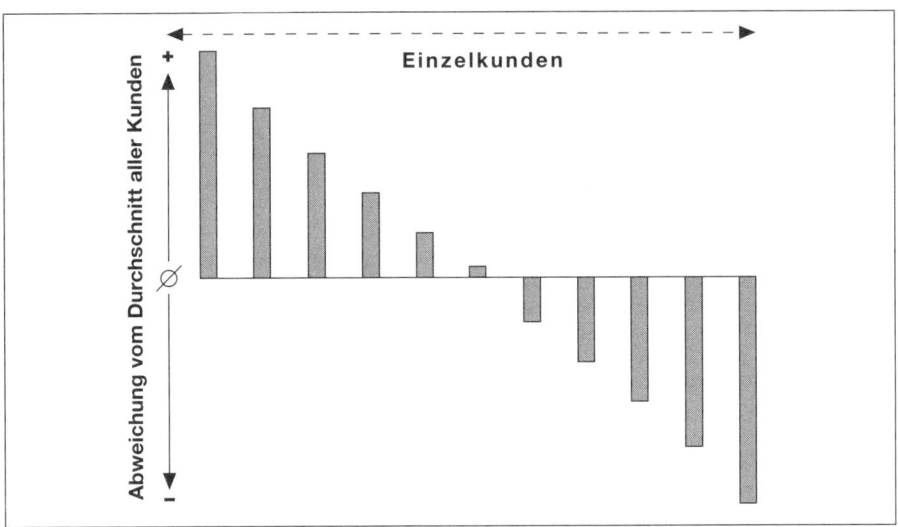

Abb. 37: Potentialanalyse durch Querschnittsvergleich des Umsatzanteils eines Herstellers bei verschiedenen Kunden im Verhältnis zum Durchschnitt aller Kunden

Die Vergleichsmethode kann zunächst auf den Umsatzanteil eines Herstellers bei einem Key Account im Verhältnis zu seinem Umsatzanteil bei anderen Key Accounts oder der gesamten Branche angewandt werden (siehe Abb. 37). Darüber hinaus läßt sich die Vergleichsmethode auf viele andere, für den Erfolg der Zusammenarbeit mit Key Accounts wichtige Kennziffern anwenden, wie z. B.:

- Distribution
- Umsatz pro führendes Geschäft
- Preisniveau (Preisspiegel)
- Konditionen usw.

Die Vergleichsmethode ermöglicht also ein Benchmarking des relativen Erfolges bei unterschiedlichen Kunden nach unterschiedlichen Kriterien oder Leistungskennziffern.

Beispiel 4:

Vergleich der Entwicklung von nationalen und kundenspezifischen Kennziffern innerhalb einer Vergleichsperiode:

	Generell/national: 1.Hj.97 1.Hj.98		Kundenspezifisch: 1.Hj.97 1.Hj.98		Differenz 1.Hj.98
Marktanteile	24%	35%	22%	29%	– 6%
Absatz pro führendes Geschäft kg/Monat	15,0	25,0	9,3	13,3	– 11,7
Distribution – numerisch – gewichtet	76% 86%	75% 83%	38% 74%	40% 76%	– 35% – 7%
Preise	14,20	14,10	14,50	13,99	– 0,11

Beispiel 5:

Ermittlung des „share in handlers", d.h. des Marktanteils eines Produktes bei den Kunden und Geschäften, die dieses Produkt tatsächlich führen (Anteil pro führendes Geschäft):

136

- Umsatzanteil der Produktgruppe B des Herstellers A in einer Region
  (gemessen am Gesamt-Food-Umsatz)   0,8%
- Marktanteil des Herstellers A in dieser Region   7,0%
- gewichtete Distribution des Herstellers in dieser Region   82,0%
- Umsatz des Kunden in Mio. DM   1 200
- Umsatz des Herstellers A mit dem Kunden p. a. in Mio. DM   0,75
- Berechnung des Marktanteils „share in handlers"
  (oder des Marktanteils pro führendes Geschäft):

$$= \frac{\text{Marktanteil x 100}}{\text{gewichtete Distribution}} \quad \frac{7 \text{ x } 100}{82} \quad = 8,5\%$$

- Umsatzpotential des Kunden in der Produktgruppe
  = Umsatzanteil der Produktgruppe x Umsatz des Kunden
  = 0,8% x 1 200 000 000 = 9 600 000
- Herstellerpotential
  = Marktanteil „share in handlers"
    x Umsatzanteil des Kunden in der Produktgruppe
  = 8,5% x 9 600 000 = 816 000 DM

Vergleicht man dieses Herstellerpotential mit dem tatsächlichen Ist-Umsatz des Kunden, so erhält man den Wert der Potentialreserve:

Herstellerpotential	= 816 000 DM
./. Ist-Umsatz	= 750 000 DM
= Potentialreserve	= 66 000 DM

Beispiel 6:

Marktanteil des Herstellers im Verhältnis zum Marktanteil des Kunden: Bei bekanntem Marktvolumen und bekannten Marktanteilen der Händler und der Hersteller ist der absolute Marktanteil des Herstellers Maßstab für das Potential bzw. für den relativen Soll-Marktanteil beim Handelskunden:

- Marktvolumen   10 Mio. Stück
- absoluter Marktanteil des Herstellers in diesem Markt   15%
- absoluter Marktanteil des Händlers in diesem Markt   3%

- Gesamtpotential des Händlers:
  3% aus 10 Mio. Stück   = 300 000 Stück
- davon relativer Marktanteil bzw.
  Herstellerpotential: 15% aus 300 000 Stück   = 45 000 Stück
  oder 0,45% vom Händlerumsatz

Beispiel 7:

Der Gesamtumsatz in einem Marktsegment oder der Teilumsatz des Kunden darin ist bekannt und wird als Prozentsatz in das Verhältnis zum Gesamtmarkt gesetzt:

- Größe des Gesamtmarktes   = 100 Mio. DM   = 100%
- Der Key Account X macht darin   5 Mio. DM   =   5%
- Anteil des Herstellers im
  Gesamtmarkt   =   7 Mio. DM   =   7%
- Potential des Herstellers beim
  Key Account X (5% x 7%)   = 350 000 DM   = 0,35%
- Anteil des Herstellers im Teilmarkt A   = 1,5 Mio. DM   = 1,5%
- Potential des Herstellers beim
  Key Account X im Teilsortiment A
  (5% x 1,5%) 15% aus 350 000 DM   = 75 000 DM   = 0,075%

Beispiel 8:

Allgemeiner Querschnittsvergleich durch Vergleich des

- Gesamtmarktvolumens mit dem
- Volumen des Key Accounts,
- dem Gesamtvolumen des Herstellers und
- dem Herstelleranteil mit dem Key Account.

Fall A:

- Lebensmittelhandel in Deutschland
  Gesamtumsatz (indexiert)   100%
  ./. ALDI (der für diese Betrachtung eines klassischen
       Markenartiklers außer Betracht bleibt)   – 15%
  = Restmarkt geeigneter Absatzmittler
    für klassische Markenartikel   85%

138

- Marktanteil des Key Account X darin   = 5%
- Gesamtumsatz des Herstellers A mit
  dem Lebensmittelhandel p.a.   =   1 Mia. DM
- Teilumsatz des Herstellers A mit dem
  Key Account X
  = 4% vom eigenen Gesamtumsatz   = 40 Mio. DM
- Soll-Potential des Herstellers A
  beim Key Account X
  = 5% aus 1 Mia. DM   = 50 Mio. DM
- Potentialreserve des Herstellers A
  beim Key Account X   = 10 Mio. DM
  oder 20% auf den Ist-Umsatz mit X

Die Aufgabe für den Key Account Manager in diesen Fällen ist es, die Potentialreserven mit Key Accounts voll zu nutzen. Dazu kann er sich der quantitativen Potentialanalyse als Einstieg bedienen und die qualitative Potentialanalyse zu Hilfe nehmen, um Maßnahmen zu treffen, die den Grund der Abweichungen beseitigen.

Fall B:

- Industrieunternehmen mit einem Umsatz p.a. von   400 Mio. DM
- 70% des Umsatzes werden mit 20% der Kunden,
  d.h. der Key Accounts, gemacht   = 280 Mio. DM
- Umsatzsteigerung mit Key Accounts in
  einem Jahr aus Potentialreserven = + 40 %   = 112 Mio. DM

Rahmenbedingungen:

- stark wachsende Branche
- zunehmende Umsatzkonzentration auf Key Accounts
- vorher unprofessionelle Bearbeitung der Key Accounts, d.h. unprofessionelles funktionales Key Account Management

Beispiel 9:

Eine Möglichkeit zur Identifikation von quantitativen Potentialreserven ist auch der Querschnittsvergleich im Kundenunternehmen. Dieser ist vor allem als interne Methode bei filialisierten Unternehmen wie Kaufhäusern, Warenhäusern oder Verbrauchermärkten üblich und sinnvoll. In der

Regel beziehen sich diese Querschnittsvergleiche auf bestimmte Warengruppen und stellen ein Benchmarking unter den einzelnen Filialen dar.

Die Ziele sind dabei:

- Aufdeckung von Unterschieden
- Transfer von positiven Erfahrungen von den erfolgreichen auf die weniger erfolgreichen Filialen
- dadurch volle Potentialausschöpfung aller Filialen (vgl. Abb. 38).

Quantitative Potentialanalysen erfordern aber immer auch eine Analyse der qualitativen Ursachen und der Rahmenbedingungen.

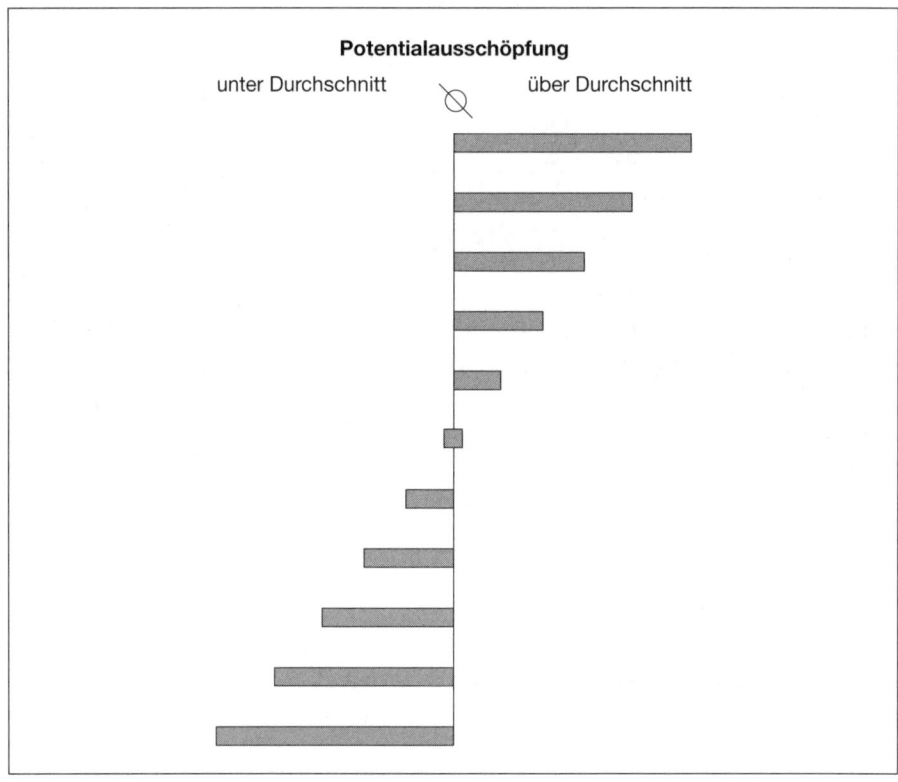

Abb. 38: Potentialausschöpfung einzelner Filialen eines Warenhauskonzernes

Beispiel 10:

Querschnittsvergleich in der Sortimentsstruktur eines Key Account im Verhältnis zum Durchschnitt seiner Wettbewerber und unter seinen ei-

140

genen Niederlassungen und Filialen: Es wird die interne Durchschnitts-
struktur einzelner Produktgruppen am Gesamtumsatz des Herstellers
bei Vertrieb über gleichartige oder ähnliche Kunden bzw. Vertriebsfor-
men in Gegenden mit ähnlicher Marktstruktur verglichen, siehe auch
Abbildung 39.

Artikel-gruppe:	Durchschnittlicher prozentualer Anteil am Gesamtsortiment in %	Anteil bei diesem Kunden in %	Differenz zum Durch-schnitt in %	Potential-reserve in TDM
Zahnpasta	25,0	28,5	+ 3,5	—
Zahnbürsten	5,0	6,0	+ 1,0	—
Mundwasser	3,0	3,5	+ 0,5	—
Deodorant	30,0	20,0	- 10,0	40
Shampoo	15,0	17,0	+ 2,0	—
Haarspray	22,0	25,0	+ 3,0	—

Erklärung: Dieser Kunde macht in fünf von sechs Produktgruppen mehr
Umsatz als der Durchschnitt vergleichbarer Kunden; nur bei Deodorant
liegt er deutlich unter dem Durchschnitt.

Mögliche Ursachen:

- Der Kunde vernachlässigt das gesamte Sortiment Deodorants.
- Der Kunde hat Schwächen in der Vermarktung der Deodorants dieses
  Herstellers.
- Der Kunde forciert Mitbewerber des Herstellers überdurchschnittlich,
  d. h. über deren Marktbedeutung hinaus.

Analyse:

- Im ersten Fall ist zu untersuchen,
  - ob die Reduzierung des Deodorantgeschäftes bewußt Teil seiner Ge-
    schäftspolitik ist und er statt dessen zu Zwecken seiner Profilierung
    bewußt andere Teilsortimente, z. B. Frischeartikel, forciert und
  - ob die Unterrepräsentanz des Deo-Umsatzes unbewußt geschieht.
    Dann kann durch weitere Analysen ermittelt werden, welche Ursa-
    chen die Unterrepräsentanz hat. Diese können eigentlich nur im
    Marketing-Mix des Handelskunden liegen:
    ○ Sortiments- und Listungslücken
    ○ Distributionslücken
    ○ Plazierungsfehler (Stammplatz, Zweitplazierungen)

- ○ Mängel im Regalbild (Layout)
- ○ Fehler in der Preispolitik (zu hoch, zu niedrig)
- ○ Mängel in der Aktionspolitik
- ○ Schwächen in der Verkaufsförderung des Kunden usw.
- Im zweiten und dritten Fall ist zu prüfen, inwieweit der Kunde die Geschäftsmöglichkeiten mit dem unterrepräsentierten Hersteller verschenkt und inwieweit er dies durch die Forcierung von Konkurrenten des Herstellers kompensieren kann. Das hängt unter anderem vom Grad der Alleinstellung bzw. vom Grad der Austauschbarkeit ab. Ist die Austauschbarkeit gering, so läßt sich leichter für die Potentialausschöpfung durch Verbesserung des Marketing-Mix des Kunden argumentieren und auch eine entsprechende Wirtschaftlichkeitsberechnung anstellen, siehe auch Abbildung 39.

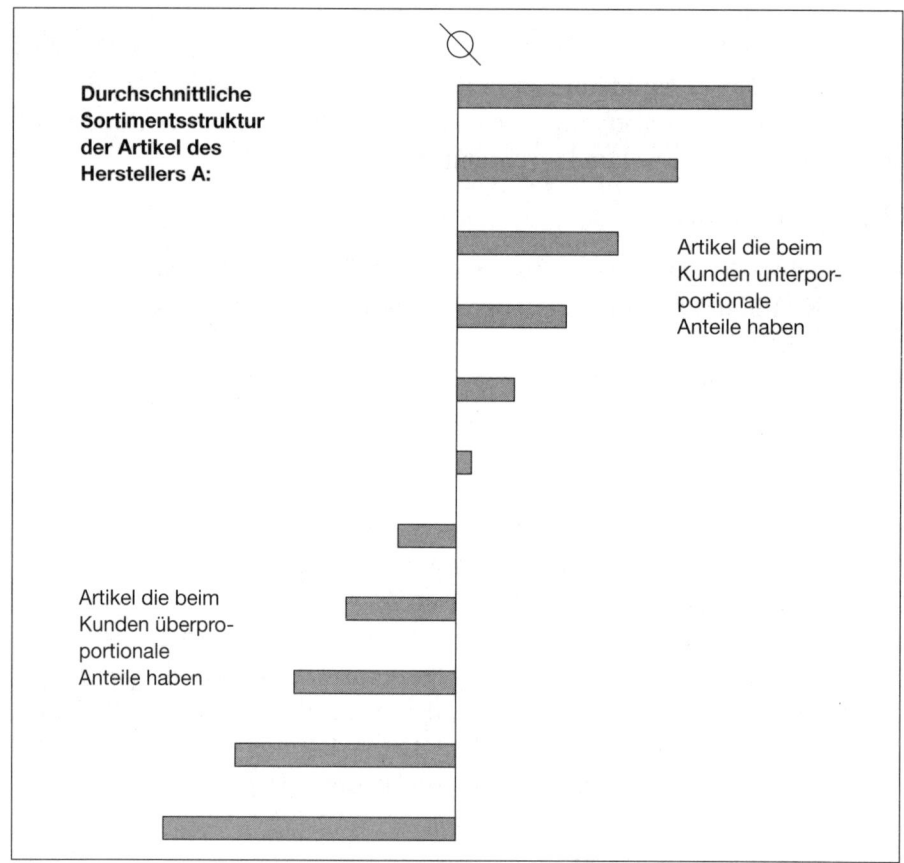

Abb. 39: Potentialanalyse durch Querschnittsvergleich der Sortimentsstruktur

Ähnlich kann auch eine Analyse der Aktionsbeteiligung der Kunden zur Aktivierung von Handelspartnern und ihren Umsatzpotentialen führen (vgl. Abbildung 40).

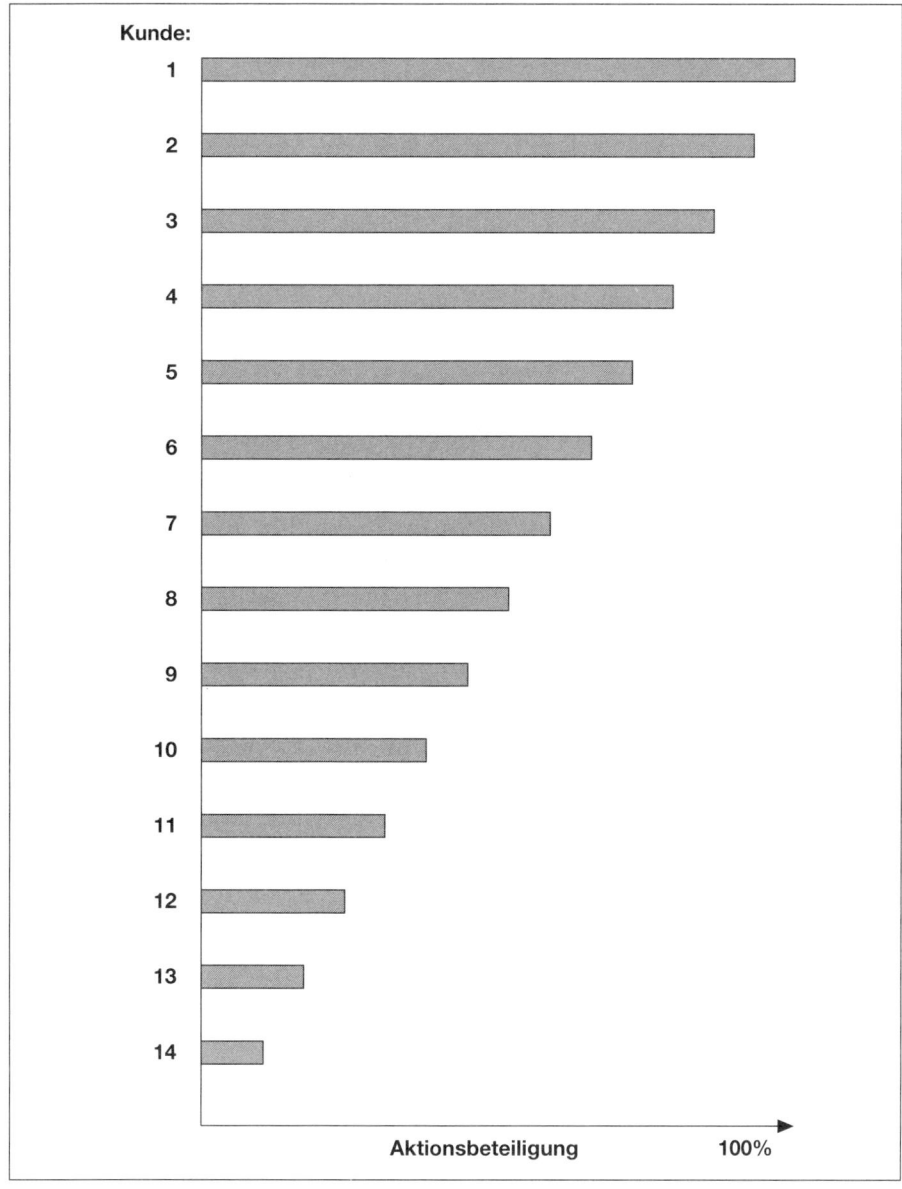

Abb. 40: Aktionsbeteiligung verschiedener Handelspartner als Maßstab ihrer Vertriebsleistung und zur Aktivierung von Potentialreserven

Vergleich der Kundenmarktanteile am Marktvolumen der Region Dallas mit den Herstelleranteilen bei diesen Kunden in der Region Dallas:

Key Account	Regionaler Marktanteil der Key Accounts in %	Hersteller-anteil mit den Key Accounts in der Region in %	Umsatz des Herstellers mit den Key Accounts in der Region in $	Umsatzreserve des Herstellers bei den Key Accounts in $
Tom Son	45	55	550 000	—
HEB	20	30	300 000	—
SAB	20	15	150 000	50 000
Kroger	15	0	0	150 000
Summen	100	100	1 000 000	200 000

Prämissen für die Fälle und Beispiele aus der Konsumgüterindustrie:

- Der Kunde bewegt sich in einem vergleichbaren Marktumfeld, so daß der Vergleich mit anderen Kunden zutrifft.
- Der Kunde kann sein Potential bei den Endverbrauchern am besten ausschöpfen, wenn er sich nachfrageorientiert verhält.
- Hohe Verbraucherbindung an die Herstellerprodukte oder -marken, d.h. zumindest keine volle Austauschbarkeit des Produktes oder der Marke. Das bedeutet zugleich auch, daß der Erfolg im Markenartikel-marketing mehr von der Produkt- und Markenpolitik als vom Key Account Management abhängt. Der Erfolg des Key Account Managements wird weitgehend von der Produktpolitik, Markenstärke und Markenpflege bestimmt.

Zusammenfassung

In all den Fällen, in denen ein Handelskunde nach Gesamtumsatz und Umsatzstruktur

- von den absoluten oder
- vom Durchschnitt der relativen Marktanteile eines Herstellers

abweicht, ist es die Aufgabe des Key Account Managements, die Ursachen dafür beim Key Account ausfindig zu machen. Wenn sich in vergleichba-ren Marktumfeldern die Abweichung vom Durchschnitt nur auf einen (oder wenige) Key Account(s) bezieht, kann die Ursache nicht im generellen Herstellermarketing liegen, sondern muß mit hoher Wahrscheinlichkeit im Handelsmarketing des Key Account zu finden sein. Hier betreibt der Key Account Manager die Analyse des vertikalen Marketing bzw. des Marketing des Handelskunden. Auf der Basis der Schwächen im Marketing des Handelskunden entwickelt er Vorschläge für das eigene Trademarketing, welche das vertikale Marketing des Herstellers zum Key Account hin und damit dessen Handelsmarketing stärken helfen.

Dazu die Erklärung dieser Begriffe im hier verwendeten Sinne:

Marketing:	Das Marketing, das ein Hersteller insgesamt betreibt.
Handelsmarketing:	Das Marketing, das der Handelskunde betreibt.
Vertikales Marketing:	Der Teil des Herstellermarketings, der sich auf die Durchsetzung des eigenen Marketing-Mix und der eigenen Marketingmaßnahmen beim Handelskunden bezieht.
Trademarketing:	Der Teil des vertikalen Marketing, der das Handelsmarketing des Kunden im Sinne des Herstellers und des Handelskunden optimieren soll.

Beispiel aus der chemischen Industrie

Maßstab für den quantitativen Bedarf des Kunden ist

- die Menge des mit dem jeweiligen Vorprodukt erzeugten Endproduktes des Key Account. Dabei besteht das Problem, darüber vom Key Account zuverlässige Informationen zu erhalten.
- der Lieferanteil, den der Kunde unter den Gesichtspunkten seiner Lieferantenpolitik und seiner Liefersicherheit einem einzelnen Lieferanten überträgt. Dieser Anteil muß so hoch sein, daß er für die ausgewählten Lieferanten interessant ist, sonst sieht sich der Kunde plötzlich einem Anbietermonopol gegenüber, das er selbst geschaffen hat.

Beispiel:

- Produktionsmenge Endprodukt B = 20 000 Jahrestonnen (Jato)
- Dazu benötigt der Kunde 10 000 Jato des Vorproduktes X.
- Zur Sicherheit stützt sich der Kunde auf zwei kompatible Lieferanten, so daß er beim Hersteller A maximal 70% seines Jahresbedarfes beziehen wird, damit er auch noch für den Hersteller B attraktiv bleibt.
- Quantitatives Potential des Kunden für das Produkt X des Herstellers A = 7 000 Jato
- Bisheriger Lieferanteil A mit X = 5 000 Jato
- Zu erschließende Potentialreserve: 2 000 Jato

Beispiel aus der pharmazeutischen Industrie

- Key Account ist ein Klinikum A.
- Maßstab für die Berechnung des Potentials von Kliniken für pharmazeutische Präparate ist die Zahl der Betten multipliziert mit einem Faktor, der die Art der Therapie der Klinik auf diesem Sektor bezogen auf die Verwendungsintensität des Präparates X kennzeichnet.
- Klinikum A hat 500 Betten.
- Im Durchschnitt aller Kliniken werden 0,4 Packungen des Präparates X pro Bett und Jahr gebraucht, d. h., das Potential der Klinik A für das Präparat X beträgt 200 Packungen p.a.
- Zum Präparat X gibt es noch das Wettbewerbsprodukt Y.
- Bisheriger Lieferanteil X: 40% = 80 Packungen p.a.
- Durchschnittlicher Lieferanteil bei allen Kliniken: 60%

Frage: Warum bezieht das Klinikum A nur zwei Drittel des Präparates X im Vergleich zum Durchschnitt aller anderen Kliniken?

Die Ursachen für diese Abweichung müssen in Einstellung und Erfahrung der behandelnden und verordnenden Ärzte oder beim Einfluß der Klinikapotheke liegen. Ist das Präparat X nachweisbar wirksamer als das Präparat Y, müssen die Ärzte besser beraten werden. Ist es absolut gleich, können der Preis bzw. Vorteile aus Rahmenvereinbarungen mit der Klinik oder der Klinikapotheke entscheiden. Dies muß jedoch nicht sein, wenn das Präparat X als Marktführer gilt und einen höheren Bekanntheitsgrad oder Vertrauensvorschuß genießt als das Präparat Y.

Beispiel aus der Automobil-Zulieferindustrie

- Key Account ist der Hersteller BMW.
- Lieferanten für Kolben des Modells 320 sind
  - Firma Kolbenschmidt,
  - Firma Mahle.
- Für das Jahr 1998 ist eine bestimmte Stückzahl für die Fertigung des Modells 320 geplant.
- Normaler Lieferanteil:
  - Firma Kolbenschmidt: 60 %
  - Firma Mahle: 40 %
- Realer Lieferanteil Kolbenschmidt beträgt zur Zeit aber nur 50 %.
- Welche Gründe hat BMW, um in diesem Falle vom Normalbezugsanteil bei Kolbenschmidt zugunsten von Mahle abzuweichen?

Beispiel Spedition

Kunde C hat ein Transportvolumen von 200 000 Tonnen p.a., davon 30 % mit eigenen Fahrzeugen. Das Restpotential für Fremdspeditionen beträgt 140 000 Tonnen Frachtgut p.a.

Fragen für einen Spediteur:

- Wie können wir uns von diesem Volumen möglichst viel sichern?
- Welche Transporte liegen uns?
- Welche Transportstrecken liegen uns?
- Mit welchen anderen Spediteuren liegen wir im Wettbewerb?
- Welchen Transportanteil hatten wir in der Vergangenheit?
- Wie sehen die Trends der letzten Jahre aus?
- Wie können wir dem Kunden C ein profilierungsfähiges Angebot mit Renditechancen für uns unterbreiten?

Zusammenfassung

Bei allen Methoden der quantitativen Potentialanalyse ist zu berücksichtigen, daß sie immer erst den Einstieg in die qualitative Analyse der Ursachen für ungenügende Potentialausschöpfung bieten. Diese Ursachen werden häufig in der mangelhaften Eignung der Herstellerprodukte für die Zwecke des Kunden liegen. Aus der Erkenntnis solcher Ursachen muß der Key Account Manager Anstöße in die Prozeßkette des eigenen Unternehmens zur Verbesserung der eigenen Produkte oder Leistungen geben. Des weiteren können diese Ursachen aber auch darin liegen, daß der Key Account zuwenig über die qualitativen Vorteile und Produktnutzen informiert ist. Dann ist es die Aufgabe des Key Account Managers, die Vorteile des Einsatzes seiner Produkte für den Kunden zu beweisen.

4.3.2 Abweichungsanalyse

Die Abweichungsanalyse hat den Zweck, die Ursachen für die unterproportionale Ausschöpfung von Potentialen bei Key Accounts

- zu ermitteln,
- um sie dementsprechend zu beseitigen.

Beispiel Konsumgüterindustrie:

Marketinginstrument des Handelskunden	Schwächen und Stärken des Key Accounts schwach: 1 – 10: stark	Maßnahmen zur Schwächenbeseitigung im Rahmen des Trademarketing
Listung/ Sortimentsbildung	8	Produktpräsentation und Listungsvorschläge für Produkte X und Y
Distribution	10	—
Plazierung/ Stammplatz	10	—
Regalbild/Layout	5	Vorschlag zur Regaloptimierung mit Hilfe von APOLLO mit dem Ziel, mehr Kontaktstrecke für die Produkte U und V durchzusetzen; Beweis des Kundennutzens durch eine Direkte-Produkt-Rentabilitäts-Berechnung (DPR)
Preispolitik	6	Beratung zur marktgerechten Preisbildung bieten.
Aktionspolitik, Verkaufsförderung und Werbung des Kunden	7	Konkrete Verbesserungsvorschläge und Angebote machen

Einzel-leistung	Leistungen im Verhält-nis zu den Kundenan-forderungen	Leistungen im Verhält-nis zum besten Wettbe-werber	Welcher Faktor des Wett-bewerbers ist besser?	Was tun wir dagegen?
A	+	−	Härte	Härte um 20% erhöhen
B	0	− −	Qualifikation der Service-kräfte	Schulung der Service-kräfte
C	0	0	Just-in-Time-Lieferung	Neues Logistik-konzept entwickeln

Abb. 41: Vergleich der Stärken und Schwächen eines Produktes gemessen an den Anforde-rungen eines Key Account und im Vergleich zu den Leistungen des besten Wettbe-werbers einer Branche mit konkreten Verbesserungsvorschlägen

4.3.3 Chancenanalyse

Gegenwärtige Chancen

Aus der Abweichungsanalyse ergeben sich Potentiale oder Chancen zur Verbesserung der eigenen Leistung, gemessen an den Anforderungen des Key Account und im Vergleich zum Wettbewerb.

Die bisherigen Ausführungen zur Abweichungsanalyse haben sich ledig-lich mit den Key Accounts befaßt, mit denen der Geschäftsumfang unter-durchschnittlich verläuft. Das schließt keineswegs aus, den Geschäftsum-fang mit den Kunden weiter auszubauen, mit denen das Unternehmen be-reits überdurchschnittlich gut zusammenarbeitet. Dabei empfiehlt es sich in gleicher Weise, die Ursachen der überdurchschnittlich guten Zusam-menarbeit zu erkennen und zu versuchen, die Erfahrungen daraus auf andere, vergleichbare Kunden zu übertragen. So können sich Erfolgsfaktoren und Geschäfte mit anderen Kunden in neuen Märkten ergeben.

Andererseits muß auch gesehen werden, daß die einäugige Forcierung weniger Idealkunden das Unternehmen in stärkere Abhängigkeit zu diesen bringen kann. Um dem zu entgehen, empfiehlt sich in den Märkten, wo das möglich ist, eine Gegenstrategie zum Ausbau der Geschäfte mit B-Kunden. Dabei werden positive Erfahrungen mit Key Accounts auf B-Kunden übertragen, diese gefördert und die geschäftliche Abhängigkeit verringert. Das setzt voraus, daß sich Kundenstrukturen von Herstellern beeinflussen lassen, was nicht in allen Branchen der Fall ist. Das kann auch zu Konflikten mit Key Accounts führen, wenn ein Teil ihrer Geschäfte zu B-Kunden abfließt. Diese Konflikte können sehr massiv werden, wenn der Key Account Manager zum Know-how-Überträger von Key Accounts zu deren kleineren Mitbewerbern wird. Hier sind größte Vorsicht und viel Fingerspitzengefühl ratsam. Man kann sich dem Problem jedoch auch durch intern getrennte Key-Account-Teams entziehen.

Zukünftige Chancen

Key Accounts sind immer auch Lernpartner. Quelle für Innovationen, Fortschritt und Wachstum ist das Erkennen von ungelösten Problemen bei Key Accounts. Unter einem Problem wird hier die Diskrepanz zwischen einem Ist-Zustand und einem besseren Soll-Zustand verstanden. Dazu ist Kreativität erforderlich, wenn es darum geht, **aus einem nicht schlechten Ist-Zustand das Potential für einen noch besseren Soll-Zustand zu erkennen.** Das läßt sich am besten anhand von Beispielen in der Automobil-Zulieferindustrie erklären. Hört man Autokäufern zu, so begründen sie ihre Kaufentscheidung sehr oft mit Nebenmerkmalen des Produktes, für das sie sich entschieden haben, sogenannten „Gimmicks". Gimmicks lassen sich am besten als „Schnickschnack" übersetzen, der über den Grundnutzen eines Produktes hinausgeht. Dieser Zusatznutzen (added value) ist heute in vielen Feldern, in denen der Grundnutzen ausgereizt ist, ein wichtiger Profilierungsfaktor.

Beispiel: Man kann ein Auto mit oder ohne Schiebedach bekommen; das Schiebedach ist aber auch mit vorprogrammierter „Stufeneinstellung" erhältlich, die kaufentscheidend werden kann.

Nun gibt es genügend Branchen und Möglichkeiten mit gravierenderen Problemfeldern. Die Aufgaben des Key Account Managements in dieser Beziehung sind durch folgende Fragen gekennzeichnet:

- Welche Felder ungelöster Probleme sind beim Key Account erkennbar, die in den Kompetenzbereich des Lieferanten fallen? Welche Forderungen kommen auf den Kunden von dessen Markt oder von Gesetzgebung und Öffentlichkeit her zu?
- Kann der Lieferant diese Probleme mit vorhandenen Produkten oder Leistungen lösen und mit welchen?
- Wenn letztere Frage zu verneinen ist:
  - Kann der Lieferant für das erkannte Problem neue Produkte oder Leistungen als Problemlösungen entwickeln und liefern?
  - Wie müssen diese aussehen?
  - Was kann der Lieferant tun, um dem Key Account zu helfen, in seinen Märkten erfolgreicher zu sein?
- Was muß firmenintern beim Lieferanten geschehen, damit diese Produkte oder Leistungen konzipiert und vorgestellt werden,
  - bevor der Key Account selbst darauf kommt, oder
  - bevor der Key Account vom Wettbewerb einen entsprechenden Vorschlag bekommt?

Man kann die eigenen Maßnahmen, die in diesem Zusammenhang getroffen werden, auch als **„Proaktives" oder „vorauseilendes" Marketing** bezeichnen: früher als der Kunde und der eigene Wettbewerb Innovationen schaffen, die dem Key Account helfen, erfolgreich zu bleiben oder zu werden. Es kennzeichnet einen Aspekt des strategischen Verkaufens und wird im Teil 5 nochmals vertieft.

4.3.4 Deckungsbeitragsanalyse

Ein wesentlicher Punkt für die Beurteilung und Entwicklung der eigenen Geschäfte mit Key Accounts ist die Analyse des kundenbezogenen Deckungsbeitrages. Ohne dessen detaillierte Kenntnis ist eine Kundenstrategie bzw. ein Kundenentwicklungsplan wenig fundiert.

Folgendes Aufbauschema läßt sich für die kundenbezogene Deckungsbeitragsrechnung verwenden (Abb. 42):

	Verkauf gesamt	Key Accounts		
		A	B	C
Erlöse ./. Umsatz-Einstand				
Deckungsbeitrag 1 DBU ./. direkte Kosten				
Deckungsbeitrag 2 DBU				
./. Kosten der Verkaufsleitung				
Deckungsbeitrag 3 Verkaufsergebnisse DBU				

Abb. 42: Schema einer Profit-Center-Ergebnisrechnung bezogen auf eine Verkaufsabteilung mit drei Key Accounts

Danach ist der aus den Umsätzen mit den Kunden resultierende Deckungsbeitrag mit dem durchschnittlichen Deckungsbeitrag ähnlicher Kunden einer Branche zu vergleichen und festzustellen, ob der einzelne Key Account dem Durchschnitt aller Key Accounts entspricht oder darüber oder darunter liegt. Bei Key Accounts mit unterdurchschnittlichen Deckungsbeiträgen muß geprüft werden, welche Ursachen (Preise, Konditionen, direkt zurechenbare Kosten) dafür ausschlaggebend sind und wie sich diese beeinflussen lassen (vgl. Abb. 43).

Kunde	Brutto-umsatz in Mio.	Rabatt in %	Brutto-Ertrag in %	Verkaufs-förderung in %	Außen-dienst-kosten in %	Logistik-kosten in %	Netto-DB in %
A	25,4	8,7	28,3	6,1	4,4	5,2	12,6
B	18,7	10,4	26,6	4,7	1,7	3,1	17,1
C	15,6	9,8	27,2	5,2	2,6	6,2	13,2
D	12,4	10,6	26,4	3,6	2,4	5,7	14,7
E	10,2	10,9	26,1	4,2	4,3	8,1	9,5

Abb. 43: Beispiel einer Netto-Deckungsbeitragsrechnung für Geschäfte mit Key Accounts

Das Beispiel Abbildung 43 zeigt nicht nachvollziehbare Ungereimtheiten beim Verhältnis der Rabatte zu den Brutto-Umsätzen und erhebliche Unterschiede bei den direkt zurechenbaren Kosten sowie den Netto-Deckungsbeiträgen pro Key Account. Diese Unterschiede resultieren oft aus inkonsequent gehandhabten Konditionensystemen, die zu unveränderbaren Besitzständen des Kunden werden; oder sie resultieren aus wenig erfolgreich verlaufenen Verhandlungen, überzogenem Umsatzdruck usw.

Das Schema in Abbildung 44 soll helfen, vor allem das Verhältnis von Konditionen zu Gegenleistungen des Kunden im Lot zu halten oder es dahin zu bringen.

Welche Konditionen erhält der Kunde?	Welche Leistungen erbringt er dafür?	Besteht Handlungsbedarf zur Änderung dieses Verhältnisses?

Abb. 44: Beispiel-Schema zur Analyse und Korrektur des Verhältnisses von Konditionen zu Leistungen bei Key Accounts

Ähnlich dient das Beispiel-Schema in Abbildung 45 als Hilfe, die kunden-bezogenen Kosten (z. B. für Logistik) oder Aufwendungen (z. B. für Au-ßendienst, Verkaufsförderung, anwendungstechnische Beratung) in ein wirtschaftliches Verhältnis zu bringen.

Wie sieht der Deckungsbeitrag des Kunden für uns aus?	Welche Kosten und Aufwendungen sind zu hoch?	Besteht Handlungsbedarf zur Änderung dieses Verhältnisses?

Abb. 45: Beispiel-Schema zur Analyse und Korrektur von kundenbezogenen Kosten und Aufwendungen im Verhältnis zum Deckungsbeitrag

In all diesen Situationen sollte der Key Account Manager das Prinzip rea-lisieren: **„Keine Leistung ohne Gegenleistung!"**, was natürlich sehr stark von den Machtverhältnissen im Markt abhängig ist. Es gibt dazu drei An-sätze:

- Umsatz steigern – Kosten halten
- Umsatz halten – Kosten senken
- Umsatz steigern – Kosten senken

4.4 Element 4: Entwicklung einer kundenbezogenen Strategie

Eine kundenbezogene Strategie muß zwei Fragen beantworten können:

- Welchen Nutzen soll die Strategie dem eigenen Unternehmen bringen?
- Welchen Nutzen soll diese Strategie dem Kunden bringen?

Von entscheidender Bedeutung für den Nutzen des Key Account Ma-nagements für das eigene Unternehmen ist die Auswahl der Key Accounts und die Bildung von Prioritäten für ihre Bearbeitung. Dabei ist die Portfolio-Technik hilfreich, und zwar in diesem Falle in Form der verschiedenen Ausprägungen des **Kunden-Portfolios**.

Bei der Portfolio-Technik berücksichtigt man jeweils die beiden hauptsächlichen Gesichtspunkte für die Findung einer Entscheidung und gleicht sie gegeneinander ab. Dabei werden die Entscheidungsgesichtspunkte jeweils nach ihrem Ausprägungsgrad differenziert, z. B. mit hoch, niedrig, stark oder schwach. Aus der zweiseitigen Betrachtung mit Hilfe der **„Portfolio-Matrix"** (Abb. 46) kann man Schlüsse ziehen, die zwei Sichtweisen gerecht werden: der eigenen Sicht des Unternehmens auf den Kunden und der Sicht des Kunden auf das eigene Unternehmen als Lieferant.

Abb. 46: Portfolio-Matrix zur Strategiebestimmung im Key Account Management

Die **Portfolio-Analyse** ist also eine Methode zur

- Sammlung,
- Strukturierung,
- Gewichtung und
  Bewertung

von Informationen, um daraus systematisch Schlüsse ziehen zu können für die Gestaltung der strategischen Beziehungen zu einem Kunden.

In ihrer hauptsächlichen Verwendung fragt man mit der Portfolio-Analyse zwei Entscheidungsgesichtspunkte ab, nämlich

- die **Attraktivität des Kunden** aus Lieferantensicht und
- die **relative Wettbewerbsposition** des Lieferanten aus Kundensicht, gemessen an den Anforderungen des Kunden und im Vergleich zum Wettbewerb des Lieferanten beim Kunden. Man kann dies auch als relative Akzeptanz bezeichnen.

Bei der Attraktivität des Kunden muß der Lieferant prüfen, was für ihn bei der Auswahl von Kunden wichtig ist, worauf er selbst Wert legt. Bei der relativen Wettbewerbsposition muß aus der Sicht des Kunden möglichst objektiv geprüft werden, welche Anforderungen der Kunde an Lieferanten stellt. Man stellt also je ein Anforderungsprofil des eigenen Unternehmens für die Auswahl und Bewertung von Key Accounts und ein Anforderungsprofil von Key Accounts für die Auswahl und Bewertung von Lieferanten auf und einander gegenüber. **Lieferantenbewertungssysteme** gibt es heute in Hülle und Fülle. Sie sind eine Folge der Qualitätssicherung und des **Total Quality Management**, die von den Anforderungen der Kunden ausgehen. Auch **Kundenbewertungssysteme**, z. B. ABC-Analysen, sind nicht neu.

Bei der Auswahl der Kriterien für die Bewertung der Attraktivität von Key Accounts müssen zwei Frage geprüft und berücksichtigt werden:

- Was will das Unternehmen im jeweiligen Markt?
- Welche Kunden braucht es dazu?

Im einzelnen sind die folgenden Bewertungskriterien üblich und wichtig:

Kundenattraktivität

- Ist-Umsatz mit dem Kunden
- Umsatzpotential des Kunden
- Wachstum des Kundenunternehmens insgesamt oder eines einzelnen Geschäftsbereiches
- Rendite mit dem Kunden (Deckungsbeitrag)
- Renditechance mit dem Kunden (Deckungsbeitragspotential)

- Know-how des Kunden für eine Entwicklungs- oder Lernpartnerschaft
- Image des Kunden als Referenz usw.

Es sind im wesentlichen dieselben Gesichtspunkte wie für die Auswahl von Key Accounts. Diese muß das Unternehmen zunächst bestimmen und nach seiner Interessenlage gewichten.

Relative Wettbewerbsposition oder Akzeptanz beim Kunden

Die Entscheidungskriterien dafür müssen pro Markt, Segment oder Einzelkunde sehr einfühlsam ermittelt werden. Dazu kann man sich in vielen Branchen der Hilfe von Marktforschungsunternehmen bedienen.

Weiterhin kann man Fragetechniken anwenden oder vom Kunden dessen Anforderungsprofil im jeweiligen Liefersegment erbitten. Vieles liegt hier schon vor, man muß es nur sammeln und richtig einordnen. Im Bauwesen werden statt Anforderungsprofilen „Leistungsverzeichnisse" für bestimmte Projekte verwendet. Sie sind seit Jahrzehnten gebräuchlich, um die Leistungen der verschiedenen Anbieter zu standardisieren und die Bewertung derselben zu objektivieren.

Kriterien der relativen Wettbewerbsposition oder Akzeptanz beim Kunden sind:

- Relativer Marktanteil, d. h. der Marktanteil beim Einzelkunden im Verhältnis zum Anteil im gesamten Markt; er ist das Spiegelbild der bisherigen Akzeptanz beim Kunden.
- Eignung der Produkte für die Anforderungen des Kunden, die im Detail zu spezifizieren ist, wie Qualität, Paßgenauigkeit usw.
- Preis
- Konditionen
- Nutzenvorteil (Value added) der Lieferantenleistung
- Lieferzuverlässigkeit
- anwendungstechnische Beratung
- vermarktungstechnische Beratung usw.

Sind die Anforderungskriterien des Kunden ermittelt, so müssen sie aus Sicht des Kunden gewichtet werden, d. h., es muß eine Rangfolge aus Kundensicht gebildet werden. Mit Hilfe dieses Anforderungsprofils werden die einzelnen Lieferanten aus Kundensicht und möglichst objektiv bewertet und untereinander verglichen.

Die folgende Übersicht verdeutlicht dies am Beispiel eines Lieferanten-
bewertungssystems vom Mercedes-Benz für die Auswahl von Lieferanten
für Teilkomponenten in verkürzter Form, da die einzelnen Bewertungskriterien noch detailliert werden:

Bewertungskriterium:	Gewichtung im Hundert	Bewertung skaliert zwischen 0 – 100 nach Punkten und gewich- teter Punktzahl (GPZ)			
		Anbieter A		Anbieter B	
		Punkte	GPZ	Punkte	GPZ
Angebotspreis	30%	70	21	50	15
Technisches Konzept	30%	60	18	45	13,5
Allgemeine Beurteilung	40%	85	34	80	32
Summen	100%	–	73	–	60,5

Das bedeutet: In diesem Fall hat der Anbieter A vor dem Anbieter B in
der Akzeptanz durch den Kunden oder der relativen Wettbewerbsposition eine Position von 73 gewichteten Punkten und einen Vorsprung von
12,5 gewichteten Punkten auf einer Skala von 0 – 100 Punkten. Ähnlich artikuliert Renault sehr detailliert seine Anforderungen an seine Lieferanten in einer Broschüre „Achats de Composants et Materiaux", Paris 1996.

Schöpft man die Methode der Portfolio-Analyse für die Zwecke des Key
Account Managements voll aus, so kann man damit ein **Key Account
Portfolio** erstellen. Dabei werden alle Kunden nach ihrer Attraktivität
und der eigenen relativen Wettbewerbsposition des Unternehmens in
einer gemeinsamen Matrix dargestellt. Dies ermöglicht Aussagen über

- den strategischen Standort der Beziehungen des eigenen Unternehmens zu den einzelnen Key Accounts sowie
- die jeweilige Strategie, die das Unternehmen für die Zusammenarbeit
  mit einzelnen Key Accounts verfolgen muß.
  Die Strategien haben zwei Teildimensionen:
  - **Die finanzwirtschaftliche Dimension der Strategie:** Sie ermöglicht
    Schlüsse in bezug auf eine Entscheidung über jeweils eine
    ○ Investitionsstrategie,

○ Ausbaustrategie,
○ Konsolidierungsstrategie,
○ Abschöpfungsstrategie oder
○ Rückzugsstrategie.

Hierbei handelt es sich jeweils um klare Rahmenbedingungen für das zu berücksichtigende Verhältnis zwischen kundenbezogenen Umsatzzielen, Marktanteilszielen und Deckungsbeitragszielen.

– **Die Marketing-Dimension der Strategie:** Sie muß die Frage der konkreten Maßnahmen beantworten, die – im Rahmen der Möglichkeiten der jeweiligen finanzwirtschaftlichen Strategie – nötig und möglich sind, um die kundenbezogenen Ziele zu realisieren. Dabei müssen die Maßnahmen der Marketingstrategie zielführend sein und den möglichen Kostenrahmen berücksichtigen.

Die finanzwirtschaftliche Strategie läßt sich aus der Portfolio-Matrix ableiten, die Marketingstrategie aus dem Stärken-Schwächen-Profil, das sich aus dem Vergleich zum Anforderungsprofil des Kunden und den eigenen Wettbewerbern beim Kunden ergibt. Im obigen Beispiel Mercedes-Benz müßte der Anbieter B vor allem beim Preis und beim technischen Konzept etwas tun, um seine relative Wettbewerbsposition gegenüber A zu verbessern. Das müßte sich in seiner kundenbezogenen Marketingkonzeption niederschlagen.

Im Kern geht es dabei darum, Wertschöpfungspotentiale zu identifizieren, zu gestalten und in Umsätze und Erträge umzusetzen. Zuerst sollte das mit Key Accounts gelingen, dann auch mit dem Rest des jeweiligen Marktes.

Eine kundenbezogene Strategie muß folgende Inhalte haben:

• Ziel des Geschäftsumfangs nach Absatz/Umsatz abgeleitet aus den bisherigen Entwicklungen und aus den Potentialreserven des Kunden. Erfolgreiche Unternehmer wie Jack Welch von General Electric und Eckhard Pfeiffer von Compaq arbeiten dabei mit „stretch-goals", also sehr weitgesteckten oder überzogenen Zielen. Sie wissen, daß man einen strategischen Wettbewerbsvorteil in einem Markt schnell umsetzen muß, weil viele Märkte heute außerordentlich schnellebig und von immer neuen Innovationen getrieben sind. Schnelligkeit als strategischer Erfolgsfaktor ist auch nötig, um die Position des Marktführers oder des Zweiten im Markt zu erreichen oder zu halten. Dies ist aus eigenen strategischen Existenzüberlegungen heraus notwendig, da in den meisten Märkten nur der Marktführer und der Zweite Ertragschancen und damit langfristige Existenzberechtigung haben. Der Grund dafür liegt in den Beschaffungsstrategien der Key Accounts, die pro Liefersegment ein bis drei Lieferanten brauchen und leistungsfähig erhalten wollen (Beschaffungsstrategie der Schaukelpolitik bzw. die Strategie „Forciere den Zweiten"). So werden überzogene Ziele oder „stretch-goals" zum „Erfolgsfaktor Geschwindigkeit" bei der Erschließung von Marktpotentialen.

- Das zweite Element einer kundenbezogenen Strategie sind die zu schaffenden Bedingungen und Voraussetzungen für die Erreichung der key-account-bezogenen Ziele, also insbesondere
  - relative Stärken, Erfolgspotentiale oder Leistungsfaktoren, die den Kundenanforderungen entsprechen und dem Kunden helfen, selbst erfolgreich zu sein, und die sich vom eigenen Wettbewerb positiv abheben;
  - die dazu erforderliche firmeninterne Maßnahmenbündelung und Zuordnung von Personen und Budgets. Diese kundenbezogene Formatierung von strategischen Maßnahmen charakterisiert sehr stark die Schnittstellenfunktion des Key Account Managers nach innen und die für ihn notwendige Fähigkeit der „Abstimmung" kundenbezogener Aktivitäten in der Prozeßkette.

Für das Beispiel Mercedes-Benz (siehe oben) müßte das für den Anbieter B in etwa so aussehen:

Erfolgs-faktor	Durchzuführende Maßnahmen	Initiative u. Ver-antwortung	Mitwir-kung	Budget in TDM	Zeitrahmen Start	Ende
Preis	Herstellkosten senken durch Business-Reengineering-Programm	Meyer, GF	Huber, Schulze, Schmidt	500	I/98	IV/98
Techn. Konzept	Innovative Überarbeitung	Kramer, Leiter Technik	Straub, Hoffmann, Scholl	300	II/98	IV/98

Ein solch spezieller, kundenbezogener, strategischer Aktionsplan hilft, das Unternehmen auf die Anforderungen eines Key Account hinzutrimmen. Darüber hinaus gibt es eine Reihe genereller strategischer Ansätze, die im Teil 5 unter dem Thema „Wettbewerbsvorteile durch kundenbezogene Strategien" gesondert behandelt werden.

4.5 Element 5: Festlegung eines Kundenentwicklungsplans

Der Kundenentwicklungsplan setzt auf Kundenanalyse und kundenbezogener Strategie. Er hat das Ziel, die Summe aller Maßnahmen zur Erschließung und Entwicklung eines Key Account zu strukturieren, zu planen, zu dokumentieren und intern zu kommunizieren. Bei Großunternehmen hat der Key Account Manager oft auch die Funktion des Koordinators aller wesentlichen kundenbezogenen Maßnahmen, die nötig sind, um kundenbezogene Ziele zu erreichen.

Der Kundenentwicklungsplan muß zweierlei berücksichtigen:

- Die eigene Grundkonzeption des Unternehmens: Sie beinhaltet die Produktkonzeption, die Werbekonzeption und generelle Marketingmaßnahmen, die auch einzel-key-account-bezogen umgesetzt werden können.
- Die jeweils einzelkundenbezogene Konzeption: Sie umfaßt spezielle Maßnahmen, die über die generellen hinausgehen und nur bei einzelnen Key Accounts realisiert werden (customizing). Diese orientieren sich
  - an den Strategien, Konzeptionen und Anforderungen der Kunden, und
  - an deren Stärken und Schwächen bei Einsatz, Anwendung, Verarbeitung oder Vermarktung von Herstellerprodukten.

Kundenentwicklungspläne stellen also überwiegend eine Maßschneiderung der Key-Account-Bearbeitung aus einer Kombination von generellen und speziellen Maßnahmen dar. Dabei wird der Begriff der „Maßschneiderung" mindestens so häufig mißbraucht wie der der Partnerschaft. Da gibt es nicht wenige Situationen, in denen etwas als „maßgeschneidert" angepriesen wird, aber dennoch Standard ist.

Andererseits wird nicht selten Maßschneiderung verlangt, obwohl die Standardlösung für den Kunden am besten wäre. Das führt dann z. B. in der chemischen Industrie zu solch grotesken Erscheinungen, daß das Produkt X mit der Kennzeichnung X1 als spezielle Lösung für den Kunden A und als X2 als spezielle Lösung für den Kunden B angeboten, gekennzeichnet und gelagert wird. Beide Kunden haben das Gefühl, etwas Besonderes zu bekommen, worauf sie auch bewußt bestanden haben. Beide sind zufrieden. Für den Hersteller ergeben sich nicht unerhebliche Probleme und Kosten durch die differenzierende Kennzeichnung und Lagerung ein und desselben Produktes. Noch schöner: Die Key Account Manager der Kunden A und B wissen nichts von dieser Gleichheit – und dürfen es auch nicht! Das Beispiel zeigt jedoch, daß es für den Nutzen von Maßschneiderungen Grenzen gibt und der Wunsch nach Maßschneiderung oft nur psychologischer Natur ist. Ein Anzug von der Stange paßt oft besser – aber im Maßanzug fühlt man sich ja ganz anders!

Inhalte eines Kundenentwicklungsplans

1. Ziele nach Absatz (Mengengerüste), Umsatz und Ertrag, wie sie schon im Zusammenhang mit der kundenbezogenen Strategie behandelt wurden.

   Für die Zielkalkulation im Rahmen des Kundenentwicklungsplans kann man folgende Eckwerte einbeziehen, die überwiegend aus der Kundenanalyse resultieren:

   1.1 Absatz/Umsatz

   1.1.1 Laufendes Geschäft:

   - Ist-Umsatz des abgelaufenen Jahres
   - Trend der Umsatzentwicklung der vergangenen Jahre
   - Ziel des laufenden Jahres
   - Hochrechnung des laufenden Jahres
   - Potentialreserven des Kunden:
     - quantitativ, z. B. im Verhältnis zum Durchschnitt der Branche
     - qualitativ, z. B. Reserven im Marketing von Handelskunden
   - Marktwachstum
   - Wachstum des Lieferantenunternehmens im Markt
   - Wachstum des Kundenunternehmens
   - Preisänderungen usw.

   1.1.2 Projektgeschäft:

   - Zahl der Projekte

- Wert der Projekte
- Einschätzung der Auftragschancen:
  - generelle Chancen der Projektrealisierung in Prozent,
  - spezielle Auftragschancen für das eigene Unternehmen in Prozent.
- Einschätzung des Realisierungszeitraumes nach
  - Auftragseingang,
  - Lieferungszeitpunkt,
  - Rechnungsstellung und Umsatz.

1.2 Ertrag

Die Ertragsziele pro Key Account müssen entwickelt werden:

- Aus dem bisher erzielten Deckungsbeitrag, der gemessen an den generellen Zielen des Unternehmens und am Durchschnitt der Branche des Kunden im Ist-Zustand
  - hoch,
  - mittel oder
  - niedrig sein kann.
- Aus der finanzwirtschaftlich schlüssigen Strategie, wonach er jeweils
  - gesteigert,
  - gehalten oder
  - gesenkt werden muß.
    Das hängt ab vom Ausgangspunkt in der Portfolio-Matrix und der danach schlüssigen Strategie.

2. Bestehende Probleme, Engpässe und kritische Erfolgsfaktoren, um das Umsatzpotential auszuschöpfen, die Chancen zu nutzen und in Umsatz und Ertrag zu verwandeln.

3. Die kundenbezogene Strategie ist ein Inhalt bzw. eine Rahmenbedingung für den Kundenentwicklungsplan. Dieser muß z. B. Rücksicht darauf nehmen, in welchem Zeitablauf kundenbezogen notwendige Erfolgsfaktoren für die eigene Wettbewerbsposition aufgebaut werden können.

4. Die Maßnahmen, die getroffen werden müssen, um das Umsatzziel zu erreichen (vgl. Maßnahmenplan Abb. 47). Sie müssen

- zielführend sein hinsichtlich Umsatz und Deckungsbeitrag,
- Engpässe beseitigen, Probleme lösen und kritischen Erfolgsfaktoren Rechnung tragen,
- der aus der Standortbestimmung heraus möglichen Strategie entsprechen,
- die Schwächen des Kunden beseitigen helfen, z. B. in seinen Prozessen oder seinem Handelsmarketing,
- den Kostenrahmen von Budgets und die verfügbaren Ressourcen berücksichtigen.

5. Der Kundennutzen (Value added): kurz, umfassend, klar.

Im übrigen siehe Abbildung 47.

Teilziel	Maßnahmen	Initia-tive u. Verant-wortung	Mit-wirkung	Zusatz-kosten über Budget TDM	Zeitplan	
					Start	Ende

Abb. 47: Kundenbezogener Maßnahmenplan
   Basis: Kundenkontaktnetz, kundenbezogene Informationsbeschaffung, kundenbezogene Maßnahmenbündelung, Positionierung neuerer Produkte, Kritische Erfolgsfaktoren, weitere Maßnahmen

Abbildung 48 stellt ein Instrument dar, mit dessen Hilfe man auf einzelne Kunden oder auf einzelne ihrer Geschäfte bezogen konkrete Verbesserungsvorschläge für ihre Vertriebsleistung machen kann. Das Instrument gibt dem Key Account Manager die Möglichkeit, seine Beobachtungen über das Marktverhalten seiner Kunden nicht nur verbal, sondern zusätzlich durch ein Scoring-System numerisch auszudrücken. Das schafft mehr Genauigkeit. Die Bewertungen beziehen sich auf:

- die Stärken und Schwächen eines Handelskunden bei der Vermarktung der Herstellerprodukte und damit auf die Vertriebsleistung des Handelskunden
- die Bedeutung bzw. Wichtigkeit der einzelnen Instrumente des Handelsmarketing für den Absatz der einzelnen Herstellerprodukte (Instrumentenelastizität)
- die Beeinflußbarkeit des Marktverhaltens des Handelskunden
- die konkreten Maßnahmen des Trademarketing zur Verbesserung des Handelsmarketing des Kunden

Außerdem kann man hier noch einbauen:

- die Schätzung des durch Verbesserung des Handelsmarketing generierbaren Umsatzpotentials
- die Kosten dafür, die die Entscheidung ermöglichen, ob sich eine solche Maßnahme lohnt oder nicht

Marketing-instrument des Kunden	Schwächen/ Stärken des Key Account	Bedeutung dieses Marketing-instruments für den Absatz unserer Produkte bei diesem Key Account	Beeinfluß-barkeit dieses Instruments bei diesem Key Account	Mögliche Maßnahmen für das Trade-marketing bei diesem Key Account
	schwach 1 - - 10 stark	klein 1 - - 10 groß	gering 1 - - 10 stark	
Sortiment/ Listung	8	10	7	Listung zusätzlicher, für diesen Kunden geeigneter Produkte vorschlagen
Distribution	10	9	7	Kein Handlungsbedarf
Plazierung/ Stamm-platz	10	8	7	Kein Handlungsbedarf
Regalbild	5	9	5	Regal-optimierung durch DPR-gestützten Vorschlag
Preispolitik	6	9	9	Preisberatung
Aktions-politik,	9			konkrete Vorschläge zur Verbesserung der Verkaufs-förderung des Kunden machen
Verkaufs-förderung	9	7	7	
Werbung des Kunden	9	3	3	Kein Handlungsbedarf

Abb. 48: Stärken-Schwächen-Analyse des Kundenmarketing mit Evaluation von Bedeutung und Beeinflußbarkeit einzelner Instrumente sowie Vorschlägen für das Trademarketing

Für die Übersicht über die Entwicklung von Kundenumsätzen, Kosten und Erträgen kann man Kundenbudgets aufstellen (siehe Abb. 49).

Ziele, Maßnahmen Ergebnisse	1996	1997	1998	Poten- tial- reserve	Ziel 1999
	TDM	TDM	TDM	TDM	TDM
Umsatz/Absatz gesamt					
Produkt A					
Produkt B					
Produkt C					
Erlösschmälerungen					
Konditionen					
Aktionen					
Verkaufsförderung					
Außendiensteinsatz und Kundenberatung					
Deckungsbeitrag des Kunden					

Abb. 49: Schema-Beispiel für ein Kundenbudget

Beim Kundenentwicklungsplan ergeben sich entscheidende Unterschiede nach Branchen. Während z.B. in der Investitionsgüterindustrie sowie in der Zulieferindustrie das Produktmanagement mit in das Aufgabenspektrum des Key Account Managements fällt, gehört es in der Konsumgüterindustrie zu den Aufgaben des Marketing und nicht zum Key Account Management.

166

Zusammenfassung

Entscheidend für die Schlüssigkeit aller key-account-bezogenen Strategien, Konzeptionen und Maßnahmenpläne ist,

- daß die Kundenanalyse vollständig und realistisch gemacht wurde,
- daß das Unternehmen bei den kundenbezogenen Problemlösungen und Maßnahmenplänen im Bereich seiner Kernkompetenz bleibt oder rechtzeitig genügend neue Fähigkeiten entwickelt hat,
- so daß es mit seinen Kunden Wertschöpfungspotentiale entwickeln und ausschöpfen kann.

4.6 Element 6: Kunden durch Präsentation und Verhandlung gewinnen und einbinden: Vorbereitung und Durchführung von Jahres- und sonstigen Schlüsselgesprächen

4.6.1 Verhandlungen vorbereiten

Steht der Kundenentwicklungsplan, so muß er mit dem Key Account abgestimmt werden. Je nach Branche gehen die Initiativen dazu jeweils von der einen oder der anderen Seite aus. In der Automobil-Zulieferindustrie dienen mehrere Regelwerke des Herstellers dazu, die Lieferanten zu gewinnen und zu verpflichten. Den Takt gibt der Autohersteller vor. In der Konsumgüterindustrie ging die Initiative für Jahresgespräche früher von der Industrie aus. Ihre Interessen lagen in der Umsatzabsicherung, Potentialausschöpfung und der Wettbewerbsabwehr.

Heute geht die Initiative für Jahresgespräche eher vom Handel aus. Sein Interesse besteht in der Erhöhung seines Anteils am gemeinsamen Wertschöpfungspotential. Es geht vorrangig um alle möglichen (und unmöglichen) Arten von Konditionen, bei denen recht oft die Gegenleistung fehlt. Letztlich handelt es sich dabei um Preisabsenkungen. In Einzelfällen wird jeder Besuch eines Key Account Managers zur Neuauflage von Grundsatzgesprächen gemacht. Das zeigen die stark veränderten Machtverhältnisse, die rigoros ausgenützt werden. Deshalb empfiehlt sich eine sehr sorgfältige Vorbereitung auf solche Schlüsselgespräche. Denn eine Strategie zu entwerfen, eine Konzeption zu entwickeln und einen Maßnahmenplan aufzustellen, das ist das eine. Das Ganze dem Kunden zu verkaufen, ihn einzubinden und ihn dazu zu bringen, seinen Anteil an der Realisierung zu leisten, das ist das andere. Die beste Konzeption ist wertlos, wenn sie schlecht verkauft wird. Der Faktor der Wahrnehmung wird in dieser Phase zum wichtigsten Erfolgsfaktor.

Hermann Simon bringt dazu die vergleichenden Erfolgsstories von Siemens und IBM auf dem Computersektor (manager magazin 5/1989):

„Viele Unternehmen tun sich schwer, ihre inneren Stärken in Wettbewerbsvorteile am Markt umzusetzen. Der erste volltransistorisierte Serien-Computer wurde 1957 nicht von IBM, sondern von Siemens gebaut. Trotz dieses Technikvorsprunges gelang es Siemens nie, bei Computern eine führende Wettbewerbsposition zu erringen. Entscheidend für den Erfolg im Markt ist nicht, ob ein Wettbewerbsvorteil auf der technisch-objektiven Ebene besteht, sondern ob er vom Kunden subjektiv wahrgenommen wird."

In der **Phase der Vorbereitung** einer Verhandlung muß sich der Key Account Manager folgende Punkte klar machen:

- Welche Probleme, Anforderungen, Chancen und Wertschöpfungspotentiale hat der Kunde?
- Welche Stärken haben wir?
- Wie können wir die Probleme des Kunden, die für ihn Priorität haben, durch unsere Stärken zum Nutzen des Kunden und zum eigenen Nutzen besser lösen als unser Wettbewerb?
- Wie können wir dem Kunden diesen Zusammenhang als für ihn wahrnehmbar vermitteln?

Je mehr sich der Key Account Manager in einer Verhandlung in den Problemfeldern des Key Account bewegt, desto besser. Er ist dadurch sozusagen „im Ballbesitz". Er kann sich seine Problemlösungskompetenz aus der Kenntnis der Anforderungen, Bedürfnisse und Probleme des Kunden her aufbauen. Je mehr sich der Key Account Manager in der Verhandlungsführung in die Ecke der wirklichen oder oft auch nur vermeintlichen Probleme seines eigenen Unternehmens drängen läßt, desto schlechter wird seine Verhandlungsposition. Er wird dann aus einer Position der Stärke in eine – oft inszenierte, scheinbare und dramatisierte – Position der Schwäche gedrängt. Die entsprechenden **Einkaufstechniken,** die auf ihn angewendet werden, sind:

- Fehlersuche bei den Leistungen des Lieferantenunternehmens verbunden mit „Schwächendramatisierung"
- daraus Aufbau von Schuldkomplexen beim Key Account Manager
- Forcierung von einseitigen Zugeständnissen des Key Account Managers für den Kunden

Erfolgreiches Key Account Management wird in Verhandlungen getragen von

- einer schlüssigen Basisstrategie des Unternehmens, in deren Rahmen die Stärken des Lieferanten dessen Schwächen aus Kundensicht überkompensieren,
- einer schlüssigen key-account-bezogenen Strategie, aus welcher der Kunde (aus der Bilanz der Stärken und Schwächen) für sich unterm Strich Nutzen (value-add) zieht, und
- einem schlüssigen Verhandlungsstil des Key Account Managers, der das Verhältnis zwischen konzeptionellen Stärken und Schwächen sowie dem Kundennutzen als Bilanz daraus überzeugend als Konzeptverkauf transparent macht.

Ein Konzept ist immer dann schlüssig, wenn es Kundenprobleme so löst, daß Kunde und Lieferant Nutzen daraus ziehen können. Der Verhandlungsstil des Key Account Managers ist dann schlüssig, wenn dieser Zusammenhang

- gegenüber dem Kunden bewiesen wird und
- dabei den Deckungsbeitrag für das eigene Unternehmen sichern hilft, d. h. nicht über Preis und Konditionen verkauft, sondern über Unternehmensstärken und Kundennutzen.

Es geht um die gekonnte Kombination von

- Verkaufseffektivität, die darauf abhebt, die richtigen Produkte bei Kunden mit entsprechenden Bedarfen so zu positionieren, daß der Kunde Vorteile daraus ziehen kann und
- Verkaufseffizienz, die sich auf die Arbeitsmethodik und Verhandlungstechnik des Key Account Managers bezieht. (Vgl. Große-Oetringhaus, in: HARVARDmanager 3/1990).

Stimmen Verkaufseffektivität und Verkaufseffizienz, so bestehen für das Herstellerunternehmen die besten Chancen, Gewinne zu erzielen. Leider gibt es Key Account Manager, die schlüssige Strategien und Konzeptionen aus mangelnder Qualifikation schlecht verkaufen oder nicht an Key Accounts vermitteln können.

Zu bewundern sind aber immer wieder die Key Account Manager, die „knappe" Konzeptionen überzeugend vermitteln können.

Die Qualifikation eines Key Account Managers erwächst auch aus seiner Berufserfahrung. Wer jahrelang nur Produkte mit Alleinstellungscharakter verkauft hat, konnte möglicherweise keine Erfahrungen für das Führen schwieriger Verhandlungen sammeln. Ändert sich die Situation für das Unternehmen, indem z. B. ein neuer, starker Wettbewerber auf den Plan tritt, so wird der Key Account Manager möglicherweise der neuen Situation nicht gewachsen sein. Verschiebung von Ursachen ist in solchen Situationen ein beliebter psychologischer Ausweg zur Wahrung des eigenen Selbstwertgefühls: Böse Kunden, schlechte Preise, aggressive Wettbewerber und deren „Machenschaften" sind als Begründung für den eigenen Mißerfolg schnell zur Hand („Verschwörungstheorien"). Solche Argumentationsketten für die eigene Entschuldigung können sich dann bis in die Geschäftsleitungsetagen fortsetzen.

Veränderungen in der Marktposition verändern immer zugleich auch die Stärke der Verhandlungsposition. Kann das Unternehmen seine Marktposition objektiv verbessern, z. B. durch Produktverbesserungen oder die Erhöhung von Marktanteilen, so muß der Key Account Manager diese objektive Verbesserung seiner Stärken möglichst rasch in Verhandlungserfolge und damit Geschäftserfolge umsetzen, bevor die Chance vorbei ist. Das kann er dadurch, daß er diese Verbesserungen dem Key Account emotional und formal wirksam anhand von objektiven Zahlen, Daten und Fakten beweist, wie z. B.:

- Produktqualitätskriterien
- Marktanteilszahlen
- Versuchsergebnissen
- Testmarktergebnissen
- Therapieerfolgen
- Referenzen
- Beispielen
- Wirtschaftlichkeitsberechnungen des Value-added usw.

170

Die Unterschiede in der konzeptionellen Stärke können durch den Key Account Manager meist nicht unmittelbar gelöst werden, sondern nur durch strategische Führung, Marketing und Produktpolitik. Dazu muß er aber Anstöße in die eigene Prozeßkette hinein geben.

Key Account Management hat hier eine Puffer- und Ausgleichsfunktion: Vorübergehende Schwächen der eigenen Konzeption können durch starke Key Account Manager abgefedert werden. Weniger starke Key Account Manager versuchen, konzeptionelle Schwächen durch überzogene Konditionenzugeständnisse zu kompensieren. Schwache Key Account Manager verschlimmern konzeptionelle Schwächen. Das kann für das eigene Unternehmen sehr teuer werden. Verhandlungen mit Key Accounts stehen immer in einem Spannungsverhältnis zwischen der Notwendigkeit, eine Position zu objektivieren, und der Neigung, sie subjektiv umzuwerten. Daraus entstehen verschiedene Konflikte, wie:

- **Zielkonflikte**
  Hersteller wollen Handelskunden dazu benutzen, um ihr Markenimage gegenüber dem Verbraucher auszubauen. Der Handel dagegen benutzt insbesondere starke Marken dazu, sein eigenes Image beim Konsumenten zu profilieren und zu stärken.

  Konfliktlösungsmaßnahmen durch den Key Account Manager:
  – den Kunden nicht überfordern
  – den Mißbrauch der eigenen Marke durch Kunden bremsen

- **Verteilungskonflikte**
  Statt den Kuchen der Wertschöpfung erst gemeinsam zu vergrößern und dann zu teilen, wird oft umgekehrt verfahren: Der Kuchen wird durch den stärkeren Verhandlungspartner verkleinert, und anschließend nimmt er sich auch noch vom Rest den größeren Teil. Ergebnis: verschenkte Wertschöpfungspotentiale.

  Konfliktlösungsmaßnahmen durch den Key Account Manager: das Prinzip der Zusammenarbeit auf eine neue Basis stellen (Neukonzeption), die die Ertragsmöglichkeiten für beide Teile verbessern hilft.

- **Machtkonflikte**
  Machtkonflikte werden zur Lösung von Verteilungskonflikten in Gang gesetzt.

Konfliktlösungsmaßnahmen durch den Key Account Manager: dem Machtmißbrauch durch den Kunden durch höfliches Selbstbewußtsein widerstehen.

- **Beurteilungskonflikte**
Sie resultieren häufig aus unterschiedlichen Informationen und deren subjektiv-unterschiedlicher Interpretation.

Konfliktlösungsmaßnahmen durch den Key Account Manager:
- dem Key Account objektive Informationen in einfacher und verständlicher Weise präsentieren
- subjektive Fehlinterpretationen von objektiven Tatsachen richtigstellen, insbesondere im Rahmen der Einwandbehandlung

- **Beziehungskonflikte**
Sie resultieren aus schlecht ausgebauten persönlichen Beziehungen zwischen Key Account Manager und Kunden. Sie können die mangelnde Akzeptanz von Informationen und Argumenten zur Folge haben.

Konfliktlösungsmaßnahmen durch den Key Account Manager:
- Kontakte ausbauen und regelmäßig pflegen
- Grenze: die Bereitschaft des Kunden dazu

- **Kompetenzkonflikte**
Der Kunde versucht, sich zu stark in das Geschäft des Lieferanten einzumischen. Beispiele:
- Vorgaben von Key Accounts für die Produktpolitik und Werbung des Lieferanten
- Eingriffe von Kunden in die Fertigungsprozesse ihrer Kunden (Methode Lopez)
Oder: Der Lieferant versucht, sich zu stark in das Geschäft seines Kunden einzumischen. Beispiel:
- egoistische Regalbestückungspläne von Lieferanten für Key Accounts im Handel

Konfliktlösungsmaßnahmen durch den Key Account Manager: Kompetenzfelder im vertikalen Marketing klar und dezent voneinander abgrenzen.

Zusammenfassung

Nahezu alle Verhandlungsrollenspiele laufen darauf hinaus, daß die Beteiligten jeweils versuchen, ihre objektive Position durch subjektive Wertungen zu ihren Gunsten zu verändern. Die Aufgabe des Key Account Managers ist es, in diesen Situationen die Objektivität durch geeignete Beweisformen herauszuarbeiten, um aus der Position der Partnerschaft und der Gleichstellung heraus zu verhandeln. Sonst verlaufen Verhandlungen nachteilig für ihn und sein Unternehmen.

Andererseits versuchen natürlich auch Key Account Manager, gegenüber ihren Kunden die eigene objektive Verhandlungsposition durch subjektive Schönungen ihrer Präsentation zu verbessern. Sie laufen dadurch Gefahr, ihre Glaubwürdigkeit, Integrität, Kompetenz und Akzeptanz aufs Spiel zu setzen und beim Kunden einzubüßen.

4.6.2 Ausarbeitung von Präsentationsunterlagen

Objektive Wettbewerbsvorteile sind das eine, ihre subjektive Wahrnehmung ist das andere – und damit ein eigenständiger Erfolgsfaktor. Man muß nicht nur gut sein, man muß dies anderen auch gut verkaufen oder präsentieren können.

Der Vorstand eines bekannten Chemieunternehmens berichtete über seine jährliche internationale Planungskonferenz und stellte dabei fest: „Unsere deutschen Mitarbeiter boten vom Inhalt mehr Substanz, aber die amerikanischen Kollegen haben durch die Form ihrer Präsentation erheblich besser abgeschnitten."

Es war ihm klar, daß brillante Form nicht über inhaltliche Schwächen hinwegtäuschen kann, aber auch, daß die beste Substanz wenig bringt, wenn sie vom Empfänger nicht wahrgenommen wird.

Im folgenden werden einige **Hinweise, Regeln und Checklisten für die Vorbereitung von Schlüsselgesprächen, insbesondere Jahresgesprächen, und für die Ausarbeitung von Präsentationsunterlagen dargestellt.**

Prüfliste Jahresgespräche für die Konsumgüterindustrie

10 Punkte zur Vorbereitung und Durchführung von Jahresgesprächen

1. Machen Sie eine Kundenanalyse

- Unser Umsatz mit dem Kunden nach Produktgruppen und Vertriebsschienen:
  Soll : Ist
  Ist : Vorjahr
  Ist : Umfeld
  Ist : wir
- Anzahl und Einfluß der Einzelmaßnahmen, die zu diesem Ergebnis führten
- Welche Maßnahmen sollte der Kunde nach der Rahmenvereinbarung für unsere Konditionen erbringen? Was hat er wirklich erbracht – was nicht?
- Unser Deckungsbeitrag (oder Umsatzbelastung) mit dem Kunden:
  - Konditionen
  - Kosten
  - sonstige Aufwendungen
- Potentialanalyse:
  Welches Umsatzpotential hat der Kunde für unsere Produkte, gemessen an seinem Leistungsvermögen in Prozent von seinem Umsatz?
- Abweichungsanalyse:
  Welches waren die Ursachen für die
  - Soll-Abweichungen,
  - unvollständige Potentialausschöpfung?
- Quellen für weiteres Wachstum:
  - Marktentwicklung
  - unsere Leistungen und Maßnahmen
  - Marketing-Mix des Kunden
  - Wachstum des Kunden
  - Aktionsdurchsatz und Beteiligungsquote

2. Stellen Sie dem Kunden die Trends in den Märkten und Segmenten dar, in denen Sie arbeiten

- Wie werden sich diese im kommenden Jahr entwickeln?
- Verbraucherzielgruppen, aufgehängt an den Produkteigenschaften bzw. an der Produktpositionierung
- Darstellung der im Teilmarkt vertretenen Marken nach:
  - Positionierung
  - Markenrang
  - Marktanteilen und deren Entwicklung
  - Stärken und Schwächen der einzelnen Marken
- Belegen Sie dies mit Marktforschungszahlen (Nielsen, GfK, G + J, usw.) unter Quellenangabe.

3. Stellen Sie das Ziel Ihrer Firma für das kommende Jahr und die geplanten Maßnahmen vor

- Welches Wachstum planen wir im kommenden Jahr in den einzelnen Produktgruppen?
- Welche allgemeinen Maßnahmen werden wir im kommenden Jahr durchführen, um unsere Ziele zu erreichen?
  - Gesamtleistungspalette des Herstellers mit Hintergrundinformationen über die eigenen Teilmarkt-Strategien
  - Darstellung des eigenen Marketing-Mix und seiner positiven Auswirkungen auf das Handelsmarketing:
    - Marken, Produkte, Muster
    - Neuerungen
    - Investitionen
    - Sortimentspolitik
    - Werbung und Verkaufsförderung
    - Werbemaßnahmen mit dem Handel
    - Preisempfehlungen, -beratung, -pflege
    - Konditionenpolitik
    - Incentive-Programme
    - Gesamt-Image
    - eigene Vertriebsorganisation
    - eigene Verteilerorganisation
    - Ausbildung und Schulung des eigenen Personals
    - Ausbildung und Schulung des Kundenpersonals
    - Geplante Aktivitäten:
      + produktbezogen
      + kanalbezogen
      + zielgruppenbezogen
      + Aktionsarten und -ideen
      + Terminpläne
      + Verbundaktionen
      + Plazierungen
      + Service
      + Sortimentspolitik des Handels
      + Mengenziele (anspruchsvoll, aber erreichbar)
      + genereller Promotionplan
      + Kosten
      + Konditionen
      + Konditionenvorteile

4. Erfragen Sie bereits im Vorfeld die Kundenziele für das kommende Jahr

- Welche Rolle spielen wir für den Kunden und für die Erreichung seiner Ziele?
- Welche Wachstumsziele hat der Kunde für das kommende Jahr?
  - global

- nach Produktgruppen
- nach Vertriebstypen
- Flächenausweitungen
- Hinzukäufe
- Fusionen

5. Legen Sie gemeinsame Ziele für die Zusammenarbeit mit dem Kunden für das kommende Jahr fest

- Welches Umsatzziel ergibt sich für die Zusammenarbeit mit dem Kunden aus
  - möglichen Potential-Reserven,
  - Marktwachstum,
  - unserem Wachstum,
  - Kundenwachstum,
  - Preiserhöhungen?
- Welches Deckungsbeitragsziel müssen wir mit dem Kunden anstreben?

6. Legen Sie gemeinsame Maßnahmen mit dem Kunden fest: Entwickeln Sie Vorschläge zur Ergebnisverbesserung des Kunden, die vor allem die Quellen für sein Wachstum erschließen

- Verbesserung seines Marketing-Mix durch unsere Produkte und Maßnahmen
- Listungsstand
  - Ist : Soll
  - Neulistungsvorschläge
  - Umlistungsvorschläge

Was ist zu tun?	Wer tut das? Initiative/Mitwirkung	Zeitplan Start/Ende

7. Bereiten Sie sich auf die Behandlung von Einwänden und Forderungen vor, die der Kunde im Jahresgespräch bringen wird

8. Stellen Sie Ihren Leistungen und Konditionen die nötigen Gegenleistungen des Kunden klar gegenüber

- Welche Leistungen erwarten wir vom Kunden für die Zielerreichung, durch welche Konditionen wollen wir ihn dabei unterstützen?
- Fassen Sie den Inhalt dieses Punktes in einer Rahmenvereinbarung zusammen.

176

9. Beweisen Sie dem Kunden seinen Nutzenvorteil, den er aus der Zusammenarbeit mit Ihnen zieht

- Welchen Nutzen bringt unser Konzept dem Kunden unterm Strich
  - in DM (Rohertrag/Brutto-Nutzen, Konditionen)
  - als Image- und Frequenznutzen?
- Beweis des wirtschaftlichen Nutzenvorteils für den Kunden anhand von
  - Spanne,
  - Aufschlag,
  - Stücknutzen,
  - Value-added,
  - Umschlag,
  - Brutto-Nutzen,
  - Flächenproduktivität,
  - Rohertrag,
  - Kostenersparnissen,
  - Sortiments-Gesamtwirkung in bezug auf seinen Marktanteil und seine Potentialausschöpfung,
  - Rolle der Einzelprodukte im Preis-Mix,
  - Frequenznutzen,
  - Imagenutzen,
  - Deckungsbeitrag aus der Produktgruppe (DPR).

10. Arbeiten Sie eine Präsentationsunterlage aus, mit deren Hilfe Sie das Gespräch sicher führen können

- Erstellung eines Kundenentwicklungsplans (Strategie)
- Konzentration auf das Wesentliche, d. h. auf das, was bewegt werden muß:
  - **„Soviel wie nötig, so wenig wie möglich"**
  - keine mengenmäßigen Informationen über „Normalitäten"
- Darstellung eigener Stärken und Leistungen und Ableitung von Chancen und Vorteilen für den Kunden daraus
- Zusammenfassung, z. B. in Form eines gemeinsamen Maßnahmenplans oder des wesentlichen Inhalts einer Rahmenvereinbarung oder Gegenüberstellung der Leistungen und Gegenleistungen bzw. des Kundennutzens

Regeln für Präsentationen:

1. **Was** kann ich präsentieren?
   - Immer eine Stärke des eigenen Unternehmens, seiner Produkte, seiner Leistungen im Verhältnis zu einer Chance für Value-added für den Kunden.

2. **Wie** soll präsentiert werden?
   - Charts oder Zeigebögen sollen dem Kunden das Verständnis für die Frage erleichtern, woraus sich für ihn zusätzlicher Nutzen ergeben kann.

177

3. **Wie** macht man Stärken und Chancen sichtbar?
   - Durch Berechnung des betriebswirtschaftlichen und/oder technologischen Nutzens (Value-add) für den Kunden.
   - Mit Hilfe graphischer Darstellungen positiver Kriterien für die Nutzenfindung des Kunden.
   - Durch die Widerlegung des Einwands der Austauschbarkeit. K.-o.-Kriterien.
   - Durch zahlenmäßig belegte und graphisch dargestellte Vorteile für den Kunden.

Hinweise für die Gestaltung von Präsentationsmappen und Einzelblättern (Charts)

1. Die Präsentationsmappe ist eine Hilfe, um schwierige Argumentationsketten zu einem „roten Faden" zusammenzufügen.

2. Die Präsentationsmappe soll dem Kunden das Verständnis Ihrer Leistung und der Argumente dafür erleichtern.

3. Die Präsentationsmappe hilft dem Key Account Manager, die Argumente für die eigene Leistung und Konzeption sicher und überzeugend darzustellen.

4. Der Umfang der Präsentationsmappe richtet sich nach
   - der Schwierigkeit der darzustellenden Konzeption und
   - der Aufnahmefähigkeit des Gesprächspartners.

5. Die Inhalte der einzelnen Blätter und der Präsentationsmappe insgesamt sollen dem Kunden einen Nutzenvorteil verdeutlichen, der sich aus typischen Stärken Ihres Produktes bzw. der Marktstellung desselben ergibt.

6. Das Einzelblatt (Chart) soll
   - in der Überschrift erklären, was es zeigen soll,
   - den Inhalt durch graphisch dargestellte Zahlen, Daten und Fakten leicht erkennbar darstellen,
   - im Fazit die Bedeutung des Inhalts für den Kunden, sein Geschäft und seine Entscheidungsbildung zum Ausdruck bringen.

7. „Ein Bild sagt mehr als 1000 Worte." Zahlen auf Einzelblättern (auf Charts) in einer geeigneten Weise graphisch darstellen, z. B. als
   - Säulendiagramme,
   - Kurvendiagramme,
   - Stabdiagramme,
   - Kreisdiagramme,
   - Tabellen.

8. Das Einzelblatt (Chart) sollte nur Informationen zu jeweils **einem** Kernargument enthalten.

9. Die Informationen auf einem Einzelblatt (Chart) müssen aber so umfassend sein, daß das Einzelblatt eine in sich verständliche Aussage macht, die keine weiteren Blätter erfordert.

178

10. Beim Erläutern der Einzelblätter muß der Key Account Manager die Aussage des jeweiligen Einzelblatts erklären, nicht Dinge, die sich aus dem Einzelblatt nicht erklären lassen.

11. Scheuen Sie sich nicht, Ihr Gespräch mit Hilfe der Präsentationsmappe zu führen: Ihr Gespräch wird dadurch besser, und Sie werden sicherer.

12. Die gesamte Präsentationsmappe muß so gestaltet werden, daß Ihr Gesprächspartner, der Einkäufer, diese Unterlagen in seinem Gremium ohne Schwierigkeiten selbst präsentieren kann.

13. Vorschlag für eine Chartfolge:
    - Deckblatt
    - Agenda
    - Soll-Ist-Vergleich
    - Ursachen für Erfolge und Mißerfolge
    - Markttrends
    - eigene Marketingmaßnahmen
    - Kundenplanung
    - Quellen für Wachstum des Geschäfts mit dem Kunden
    - Umsatzziel Folgejahr
    - Plan gemeinsamer Maßnahmen zur Erreichung des Umsatzziels
    - Konditionen = Leistungen : Gegenleistungen
    - Nutzen für den Kunden

Aufbauschema für die Darstellung eines Produktvermarktungskonzeptes gegenüber Handelskunden

Darstellung von Chancen und Vorgehensweisen:

- Bedarfslücke, Marktnische
- Zielgruppe/Segment:
    - qualitative Beschreibung
    - quantitative Berechnung   } Marketingidee
- Produktkonzeption
- Werbemaßnahmen
- Absatzpotential des Kunden
  oder Potentialreserve   } Ertragsidee
- Verkaufsförderungsmaßnahmen für den Kunden   für den
- Preisbildung   (Value added)
- Umsatzpotential und Umsatzreserve   Kunden
- Ertragspotential
- Konditionen

Schlüsselgespräche erfolgreich führen

Aufbau und Erstellung kundennutzenbezogener Gesprächsleitfäden und Präsentations-mappen

Beispiel für eine Chartfolge:

1. Deckblatt mit Emblemen beider Firmen

2. Themenübersicht zur möglichen Ergänzung durch den Kunden

3. Ergebnisse der Zusammenarbeit IST

4. Ursachen von Negativabweichungen bzw. Erfolgen

5. Marktinformationen
   - Basisinformationen
   - Trends und Entwicklungen

6. Maßnahmen der eigenen Firma: Investitionen in Märkte und Marken inkl. Innovationen und Werbepläne

7. Neues Leistungsziel für die Zusammenarbeit mit dem Kunden basierend auf
   - Potentialanalyse und/oder
   - Zielkalkulation.

8. Kundenbezogenes Maßnahmenpaket zur Zielerreichung inkl. Aktivitätenplan und Trade-marketing-Paket

9. Konditionen und Kerninhalt der Rahmenvereinbarung

10. Zusammenfassung und betriebswirtschaftlicher Kundennutzen

4.7 Element 7: Einbindung des Kunden durch Rahmen-vereinbarungen

Im Regelkreis des Key Account Managements wird der Kunde auf der Basis der kundenbezogenen Strategie und des Kundenentwicklungspla-nes an die Prozeßkette des eigenen Unternehmens angekoppelt. Oder besser: Der Lieferant klinkt sich in die Prozeßkette des Kunden ein. Dazu dienen Rahmenvereinbarungen. Sie sind sowohl eine Methode zur **Rationalisierung des Verkaufens** als auch zum **Streamlining der gemeinsamen Prozeßketten.** Sie sollen zur Entlastung der an den Einzelentscheidungen innerhalb der Prozeßkette beteiligten Personen führen.

Rahmenvereinbarungen sind weiterhin eine Methode zur **Absicherung von Absatz, Umsatz und Ertrag aus der gemeinsamen Geschäftstätigkeit.** Die durch die Rahmenvereinbarung hergestellte Sicherheit kann ihren rechenbaren Preis haben. Es ist hinreichend bekannt, daß größere Bezugsmengen, sichere Lieferzeitpunkte und längerfristige Erfahrungen im Umgang mit einem Kunden Kosteneinsparungen erzeugen. Diese vergrößern das Wertschöpfungspotential und können zum Teil als Konditionenvorteil weitergegeben werden. Des weiteren verlaufen die Geschäfte mit zufriedenen und loyalen Kunden langfristig immer ertragreicher, weil in der gemeinsamen Zusammenarbeit die Effektivität erhöht und die Kosten gesenkt werden. Seitens der Automobilhersteller werden die Preisreduktionen aus den Vorteilen der Lernkurve dem Lieferanten bereits auf Jahre im voraus als „Target-Preisnachlaß" gegeben (vgl. Abb. 50).

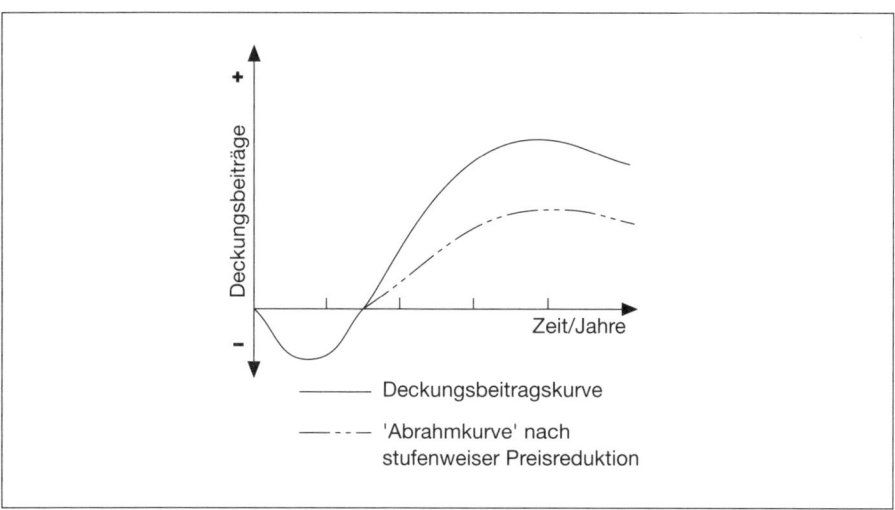

Abb. 50: Kundenloyalität und die Entwicklung von Deckungsbeiträgen aus Geschäften mit Key Accounts im Zeitablauf

Beispiel:
Ein Automobilhersteller gibt für ein Lieferteil einen Target-Preis und für die Nachfolgejahre die Absenkungs-Targets vor: erstes und zweites Jahr je

minus 5%, drittes und viertes Jahr je minus 4%, fünftes und sechstes Jahr der Lieferung je minus 3%. Der Lieferant muß zusehen, wie er dem durch Kostensenkung innerhalb der Lernkurve Rechnung tragen kann. Hier muß man aufpassen, daß die Rahmenvereinbarung nicht zur „Abrahmvereinbarung" wird, und darauf achten, daß während der Laufzeit der Rahmenvereinbarung ausreichende Erträge erwirtschaftet werden.

Inhalte von Rahmenvereinbarungen

1. Umsatzziele in DM nach Vertriebstypen und Produkten

2. Leistungen zur Erreichung dieser Ziele

2.1 Leistungen des Kunden:

- Halten des bisherigen Listungsstands
- Neulistungen
- Umlistungen
- Aktionen

2.2 Unsere Leistungen:

- Grundkonditionen
- Zentralkonditionen
- Anreizkonditionen
- Anreizkonditionen für die Förderung bestimmter Artikel
- Werbekostenzuschüsse

2.3 Beides als Aktionsplan

3. Zwischenkontrollen monatlich bzw. vierteljährlich mit nachfolgenden Gesprächen

4. Marktpreise und Leistungsziele: Auswirkungen von Marktpreisveränderungen auf Kundenumsätze, WKZ und Zielerreichungsprämien klären: Stufenplan nach Zielerreichungsgrad Basis: Absatz oder Umsatz

5. Zusätzliche mögliche Inhalte für Rahmenvereinbarungen:

- Preise:
  - Staffelpreise
  - Sonderpreise
  - Rabatt
- Zielvereinbarungsprämie
- Bonus

- Zahlungsbedingungen (Skonti, Valuta)
- Lieferbedingungen:
  - Verpackung
  - Lieferzeit
  - Franko
  - Incoterms
- Secrecy Agreement
- Auslieferungsquote
- Regalbeteiligung
- Merchandising
- WKZ
- Delcredere-Vereinbarungen
- Produktbeschreibung gemäß Spezifikation
- Qualitätsparameter (Festlegung d. Verantwortlichen)
- Stückzahl (Min./Max.)
- Rechtsverbindlichkeit (Auflösungsmöglichkeiten)
- Laufzeit der Rahmenvereinbarung
- Technologie- bzw. Know-how-Transfer (inkl. Softwarelizenzen, Patente etc.)
- Wettbewerbsklauseln (Belieferung des Wettbewerbs, etc.)

Wie zwingend kann eine Rahmenvereinbarung getroffen werden?

- Rechtsfolgen: immer problematisch, nur im Notfall! Beispiele:
  - Konventionalstrafen, weitgehende Festlegung durch Einzelspezifikation möglich
  - Spannen (Toleranzen) definieren
- kaufmännische Folgen:
  - veränderte Preise
  - Beeinflussung des Bonus
  - Veränderung der Lieferbedingungen

Was ist beim Abschluß von Rahmenvereinbarungen zu berücksichtigen?

- Die Rahmenvereinbarung muß Vorteile für beide Seiten bringen (einschließlich Risikoverteilung).
- Die Rahmenvereinbarung kann eine gemeinsame Strategie bzw. eine strategische Partnerschaft definieren.
- Secrecy agreement
- Ansprechpartner und Koordination festlegen.

- Erfüllbarkeit:
  - Qualität
  - Kapazität
  - Nachprüfbarkeit
  - generelle Linie

Regelmäßiger Inhalt von Rahmenvereinbarungen sind Konditionen des Lieferanten als Teil seiner Leistung und die Gegenleistungen des Kunden. Sie müssen dem Prinzip der Leistungs-/Gegenleistungsgerechtigkeit entsprechen:

- Jede Kondition muß eine Gegenleistung des Kunden auslösen oder
- eine Lieferantenschwäche kompensieren.

Beispiel:
Der Markenartikel-Hersteller A sagt im Jahresgespräch für das Produkt X eine Werbekampagne mit hohen Abverkäufen bei dem Kunden B zu. Die Wirkung der Werbekampagne tritt jedoch beim Verbraucher nicht ein, so daß der Kunde B für den Abverkauf zusätzlichen Aufwand treiben muß. Er wird sich an den Hersteller A wenden und Ersatz seiner Aufwendungen als „Werbekostenzuschuß" (WKZ) verlangen. In der Regel tut er dies schon im vorhinein.

Die folgende Aufstellung zeigt Beispiele für die Bereitschaft des Handels, für höhere Konditionen zusätzliche Gegenleistungen zu übernehmen:

Art der Gegenleistung	bereit	nicht bereit	keine Antwort
Durchführung aktionsbegleitender Maßnahmen durch den Handel	84%	9%	7%
Listung eines Kern-Sortimentes	83%	14%	3%
Bezugstreue des Handels	59%	34%	7%
Abnahme der Ware an einem Bezugspunkt	56%	38%	6%
Große Abnahmemenge p. a.	54%	40%	6%
Bestellung großer Mengen in einem Auftrag	41%	54%	5%
Steigerung der jährlichen Bezugsmenge um einen bestimmten Prozentsatz	41%	54%	5%
Teilnahme an Aktionen, wie sie der Hersteller wünscht	27%	67%	6%

Quelle: Wolfgang Irrgang: Strategien im vertikalen Marketing, München 1989

Prinzipien für Konditionensysteme, wie sie in Rahmenvereinbarungen berücksichtigt werden sollten:

Prinzip	Erklärung
Leistungsprinzip	Keine Kondition ohne Gegenleistung
Konditionengleichheit	Gleiche Konditionen für gleiche Leistungen
Transparenz	Ein Konditionensystem muß klar strukturiert und für jeden nachvollziehbar sein
Limitierte Konditionenspreizung	Der Abstand zwischen dem „günstigsten" und dem „teuersten" Kunden darf eine festgesetzte Grenze nicht überschreiten.
Wachstumsanreiz	Das Konditionensystem muß für jeden Kunden einen Anreiz zum Umsatzwachstum bieten.
Budgetprinzip	Die Konditionen dürfen sich ausschließlich im Rahmen der definierten Budgets bewegen.
Verantwortlichkeit	Die Verantwortung für die Handhabung des Konditionensystems muß klar zugeordnet sein.
Markenorientierung	Förderungswürdige Push-Marken sind gezielt stärker zu unterstützen als gefestigte Pull-Marken.
Implementierbarkeit	Ein neues Konditionensystem muß in partnerschaftlicher Übereinstimmung mit dem Handel umsetzbar sein.

Quelle: Andreas Bock: Disharmonie im Marketing-Mix, Lebensmittelzeitung 34/1989

Die Rahmenvereinbarung ist schließlich der key-account-bezogene Absatzplan für das betreffende Geschäftsjahr. Dieser sollte bottom-up konzipiert und top-down bestätigt werden.

4.8 Element 8: Realisierung der vereinbarten Maßnahmen

Dieses Element ist durch das Tagesgeschäft charakterisiert. Da dieses nach Branchen höchst unterschiedlich verläuft, wird hier im einzelnen nicht weiter darauf eingegangen.

Aufgabe des Key Account Managers im Rahmen dieses Elementes ist es, dafür zu sorgen,

- daß aus seiner Firma die vereinbarten Leistungen erbracht werden und
- daß der Kunde die einzelnen vereinbarten Aktivitäten und Maßnahmen trifft.

Sobald der Key Account Manager feststellt, daß dies nicht der Fall ist, muß er steuernd eingreifen: in die eigene Prozeßkette und in die des Kunden. Beides erfordert viel Fingerspitzengefühl, da für diese Eingriffe wenig Formalkompetenz zur Verfügung steht und sehr viel „Abstimmungskompetenz" im Sinne sozialer Geschicklichkeit erforderlich ist. Es handelt sich um „Kundenführung" ohne disziplinarische Vollmacht.

4.9 Element 9: Kontrolle der Zwischenergebnisse und der durchgeführten Maßnahmen; Abweichungsanalyse

Während des Geschäftsjahres muß der Key Account Manager den Überblick behalten über die Entwicklung der Zusammenarbeit mit dem Kunden und über die Ergebnisse. Dazu gehören vor allem:

- monatliche Kontrollen Plan : Ist
- quartalsweise Kontrollen Plan : Ist
- Ursachenanalysen der Abweichungen; dazu im folgenden das Ablaufschema:

Ablaufschema für Abweichungsursachenanalyse

1. Feststellung der Abweichung:
   Um wie viele Einheiten in DM, Stück, Tonnen, Prozent usw. weicht das Ergebnis von der Planzahl ab?

2. Liegt dieses Ergebnis innerhalb oder außerhalb einer geplanten Toleranzbandbreite?

3. Liegt die Abweichung im Rahmen oder außerhalb des Rahmens vergleichbarer Trends (Konjunktur, Branchendurchschnitt, Konkurrenten usw.)?

4. Wenn außerhalb:
   - Stimmen die Voraussetzungen (Prämissen) noch, die zum Zeitpunkt der Planung angenommen worden waren?
   - Welche Ursachen hat die Abweichung?
   - Liegen diese
     - beim Kunden?
     - wo sonst?

5. Schlußfolgerungen:
   Wie werden sich die Ergebnisse entwickeln, wenn sich die Abweichung in den nächsten Planperioden tendenziell fortsetzt?

6. Welche Entscheidungen müssen getroffen werden, um
   - diese Entwicklung zu vermeiden?
   - auf diese Entwicklung zu reagieren?
     - Korrektur des Maßnahmenplans
       - beim Kunden oder
       - im eigenen Unternehmen
     - Korrektur von Zielen und Budgets

7. Wie sieht das weitere Vorgehen aus?
   - Neuer Maßnahmenplan für und mit dem Kunden
   - Korrektur des Kundenbudgets?

8. Wann erfolgt der nächste Schritt?

4.10 Element 10: Durchführung von Korrekturen

Eine sachgerechte Korrektur von negativen Abweichungen setzt eine sorgfältige Ursachenanalyse voraus. Es kann passieren, daß ein Kunde die Umsätze gezielt aus dem Ruder laufen läßt, um den Lieferanten in einem „Nach-Jahresgespräch" erneut zu Konditionenverbesserungen zu bringen (System des „permanenten Jahresgespräches").

Deswegen ist es wichtig, daß

- in der Rahmenvereinbarung Leistungen und Gegenleistungen festgelegt werden,
- während des Geschäftsjahres die Durchführung der Maßnahmen beiderseits genau beobachtet wird und
- Abweichungen zwischen Soll und Ist möglichst frühzeitig festgestellt werden.

Nun geht es daran, diese Abweichungen zu korrigieren. Je später im Jahr dies beginnt, desto geringer sind die Chancen der Erreichung der ursprünglichen Ziele. Dabei ist es in vielen Fällen auch aus der Sicht und Interessenlage des Handelskunden wichtig, Abweichungen rechtzeitig vorauszusehen und zu korrigieren. Dafür gibt es zwei Gründe:

- Meistens ist an die Zielerreichung eine Prämie für den Einkäufer des Kunden gekoppelt, an deren Erreichung seine Leistung gemessen wird und die er sonst verfehlen würde.
- Gerät die Umsatzplanung des Lieferantenunternehmens bei mehreren Key Accounts aus dem Lot, so schlägt dies auf die Unternehmensplanung insgesamt durch, und das würde Korrekturen der Gesamtbudgets zur Folge haben.

Aufgabe des Key Account Managers ist es, in diesem Stadium negative Abweichungen vom Gesamtplan zu korrigieren bzw. eine Neukonzeption für den folgenden Zeitraum zu erstellen. Bevor der Key Account Manager ein neues Jahresgespräch und eine neue Rahmenvereinbarung vorbereitet, sollte er bei wesentlichen Abweichungen zwischen Plan und Ist noch einmal eine Gesamtursachenanalyse machen, die möglicherweise für das Folgejahr zu einer neuen Gesamtkonzeption führt.

4.11 Zusätzliche Besonderheiten für das Key Account Management in der Konsumgüterindustrie

In der Konsumgüterindustrie kommt es für den Erfolg des Key Account Managements sehr darauf an, Produkte und Marken mit Stärken aufzubauen. Das ist vielfach eine mühsame und langwierige Sache, die Geduld und viel Liebe erfordert.

Für das Key Account Management ist es dabei wichtig, eigene Stärken zu kennen und in Verkaufsgesprächen und Präsentationen in Argumente umzusetzen. Kern der Argumentation ist der Nachweis des Kundennutzens. Eigene Stärken können sein:

- Verbrauchernachfrage, gekennzeichnet durch:
  - Abverkäufe pro führendes Geschäft (share in handlers)
  - Marktanteil
  - Werbemarktanteil (share in voice)
  - Bekanntheitsgrad
  - Distribution
  - Unique Selling Position bzw. Alleinstellung
- Die Bedeutung des speziellen Marktsegmentes für den einzelnen Key Account. So ist z. B. das Segment Körperpflege für ein Drogeriemarktunternehmen erheblich wichtiger als für eine Delikatessenkette.
- Die Ertragskraft des Produktes für den Key Account, gemessen an
  - der direkten Produktrentabilität oder
  - deren Bestimmungsfaktoren, wie Flächenproduktivität, Umschlagshäufigkeit, Spanne, Stücknutzen, direkte Kosten.
- Push-Unterstützung des Key Accounts durch den Hersteller, z. B.:
  - Verkaufsförderungsaktionen, Shop-in-Shop-Systeme usw.
  - Merchandising
  - Durchgänge mit Überweisungsaufträgen an Großhändler
  - Beratung für die Vermarktung, Regaloptimierung usw.

Darüber hinaus sollte der Key Account Manager die Stärken und Schwächen seiner Kunden kennen, z.B. den Gesamtmarktanteil des Kunden, sein Potential für den Absatz und sein Nachfragevolumen, Zahl und Fläche seiner Läden, Durchsetzungskraft der Zentrale, Marketingleistung und Image der Läden („Anmutung", Ladendesign, Vertrauen, Ladentypgestaltung, Preiswürdigkeit, attraktive Sortimentsgestaltung usw.) des Key Accounts gegenüber seinen Verbrauchern.

Deswegen kommt in der Konsumgüterindustrie folgenden Instrumenten des Key Account Managements besondere Bedeutung zu:

- Kundenanalyse:
  Sie macht die Stärken und vor allem auch die Schwächen des Key Account bei der Vermarktung der Herstellerprodukte transparent, insbesondere sein Marketing. Es gibt Handelsunternehmen, die stärker verbraucherorientiert sind, und andere, die stärker einkaufsorientiert sind. Langfristig erfolgreicher haben sich die verbraucherorientierten Handelsunternehmen erwiesen.
- Trademarketing-Mix:
  Das ist die Summe der von einem Hersteller vorgeschlagenen und/oder von ihm oder vom Key Account durchzuführenden Maßnahmen, durch die Schwächen im Marketing-Mix des Key Account bei der Vermarktung von Herstellerprodukten beseitigt oder kompensiert werden sollen.
- Kenntnis der eigenen Stärken, die eigene Schwächen kompensieren.

Je besser der Key Account Manager diese drei Bereiche beherrscht,

- desto weniger braucht er sich eigene Schwächen vorhalten und sich mit Forderungen des Key Account konfrontieren zu lassen und
- desto mehr bewegt er sich im Problemfeld des Key Account, ist im Ballbesitz und spricht mit dem Kunden über dessen Schwächen und deren Beseitigung bzw. über die Chanchen, die für den Key Account aus der Beseitigung von Schwächen resultieren. Dadurch braucht er sich auch nicht zu lange in den Problemfeldern des eigenen Unternehmens aufzuhalten.

In der Markenartikelindustrie ist das Kernstück des Marketing das Produkt bzw. die Marke, deren Profil und ihre Positionierung. Die Bedeutung des Key Account Managements nimmt hier immer dann zu, wenn die Pull-Wirkung einer Marke nachläßt und sie sich nicht mehr von selbst verkauft. Das gleiche trifft für andere Branchen zu, wenn der faktische Nutzenvorteil als Wettbewerbsvorteil bzw. die Profilierung verlorengeht.

Key Account Management muß in diesen Situationen den marginalen Nutzen von solchen Produkten und Marken und ihre Bedeutung im Gesamtsortiment transparent machen, verstärken und im Markt durchsetzen helfen. Dabei kommt es insbesondere darauf an, diejenigen Faktoren des Handelsmarketing zu aktivieren, die für den Absatz an den Verbraucher erfolgsführend sind.

Beispiel:
Die Firma Brilliant hat seit einiger Zeit erkannt, daß für den Verkauf von Leuchten an den Verbraucher die Warenpräsentation ein entscheidender Erfolgsfaktor ist. Dem ist Brilliant durch Shop-in-Shop-Systeme für den Handel nachgekommen. In den Jahren 1995/96 stiegen Umsatz, Ertrag, Akzeptanz bei den Kunden, Aktienkurs, Dividendenrentabilität und Shareholder-value ganz enorm.

Fazit: Shareholder-value setzt Customer-value voraus.

Hier entsteht die Kompetenz des Key Account Managers aus der Kenntnis der Geschäfte und Erfolgsfaktoren seiner Key Accounts (weshalb er ja auch „Kundenmanager" heißt), ergänzt um die Kenntnis der eigenen Konzeption und der Stärken und Schwächen seines Unternehmens. Dabei werden in der Regel nach dem Pull-Push-Modell Schwächen der Pull-Wirkung durch Push-Maßnahmen kompensiert. Die Klärung des Verhältnisses der Stärke der Pull-Maßnahmen zu den zusätzlich erforderlichen Push-Maßnahmen ist eine Frage der eigenen Konzeption und erfordert viel Sachverstand einerseits und Verhandlungsgeschick andererseits. Der Verhandlungserfolg ist letztlich das Ergebnis aus Produktstrategie plus persönlicher Qualifikation des Key Account Managers (siehe auch Abb. 51 und 52).

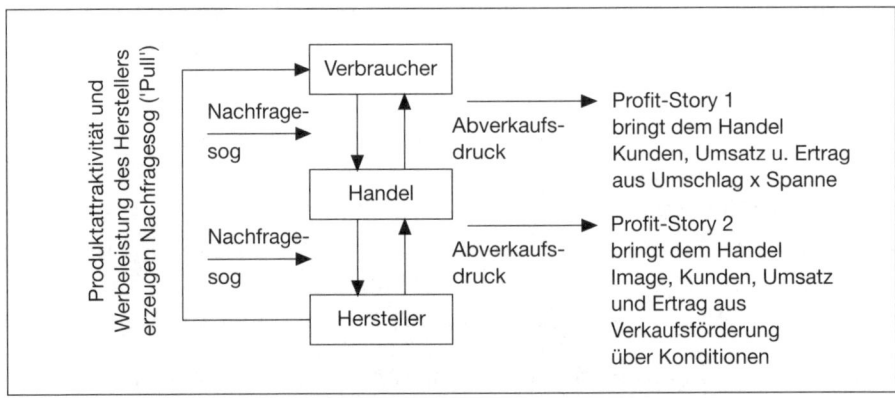

Abb. 51: Pull-Push-Modell für die Schaffung von Nachfrage und die Abverkaufsunterstützung

192

1. Verbraucherbezogene Faktoren (Pull)

1.1 Wichtigkeit des Marktsegments unserer Produkte für den Kunden — 10 Punkte 5 Punkte 0

1.2 Die Bedeutung meiner Firma im Marktsegment — 10 Punkte 5 Punkte 0

1.3 Bekanntheitsgrad/Wirkung der Werbeleistung/Vorverkauf — 10 Punkte 5 Punkte 0

1.4 Die relativen Marktanteile im Verhältnis zu den Mitbewerbern für unser Produkt — 10 Punkte 5 Punkte 0

2. Kundenbezogene Faktoren (Push)

2.1 Unsere Konditionen für den Kunden — 10 Punkte 5 Punkte 0

2.2 Unsere Trademarketing-Leistung für den Kunden — 10 Punkte 5 Punkte 0

2.3 Unser Außendienst-Einsatz für den Kunden — 10 Punkte 5 Punkte 0

2.4 Der Ertrag des Kunden an unseren Produkten — 10 Punkte 5 Punkte 0

3. Unsere Gesamtposition — 10 Punkte 5 Punkte 0

Abb. 52: Bestimmung der Verhandlungsstärke mit Hilfe eines Push-Pull-Polaritätenprofils

Zu den Push-Maßnahmen zählt vor allem das Trademarketing, das in der Regel mit dem Einsatz von Konditionen verbunden ist. Wahl und Einsatz von Maßnahmen des Trademarketing hängen von zwei hauptsächlichen Gesichtspunkten ab:

• Die Maßnahme des Trademarketing des Herstellers muß in das Handelsmarketing des Kunden passen, also für dieses geeignet sein.
• Sie muß auch im Kundenunternehmen durchsetzbar sein, z.B. über mehrere Entscheidungsstufen hinweg, also vom Kunden insgesamt akzeptiert werden (siehe Abb. 53).

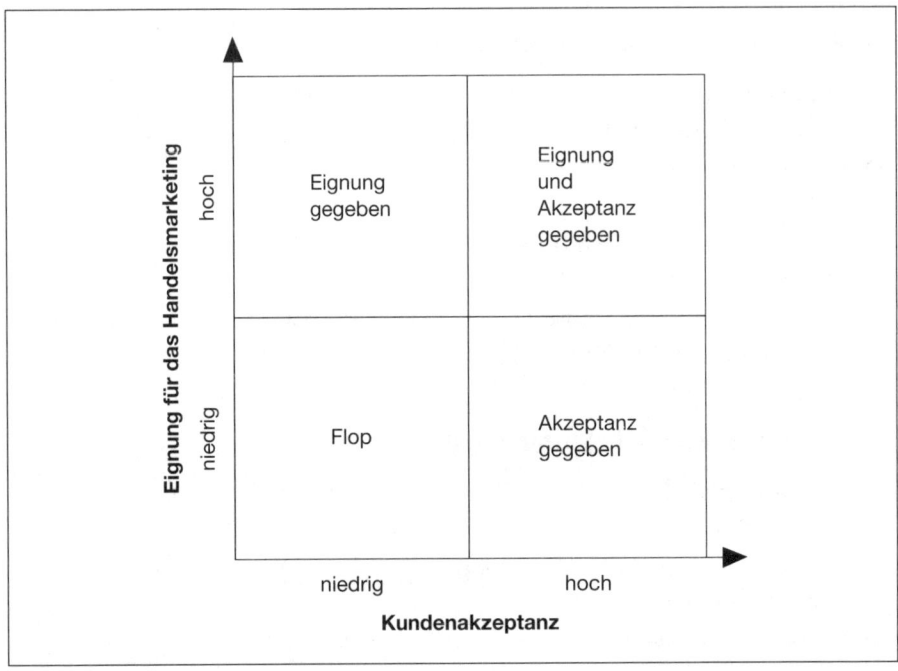

Abb. 53: Die Beziehung zwischen der Eignung einer Maßnahme des Trademarketing und ihrer Akzeptanz durch Kunden

Beispiele:
- Eine Waschmittelaktion vor Weihnachten paßt eigentlich schon ins Handelsmarketing des Kunden. Er möchte aber in dieser Zeit andere Produkte forcieren oder hat die Aktionsplätze schon für andere Warengruppen vergeben.
- Grundsätzlich passen Aktionen für Sekt und Spirituosen in den Zeitraum vom 15.–31. 12. des Jahres. Der Kunde hat sich jedoch für andere Marken und Hersteller entschieden.

Bei der Entscheidung über die Eignung einer Maßnahme für das Handelsmarketing müssen zwei Aspekte berücksichtigt werden:

- Die Absatzförderungsleistung: Ist die Trademarketing-Maßnahme geeignet, den Absatz des Herstellerproduktes zu fördern?
- Rentabilität: Lohnt sich der Aufwand im Verhältnis zum erzielten Ergebnis?

194

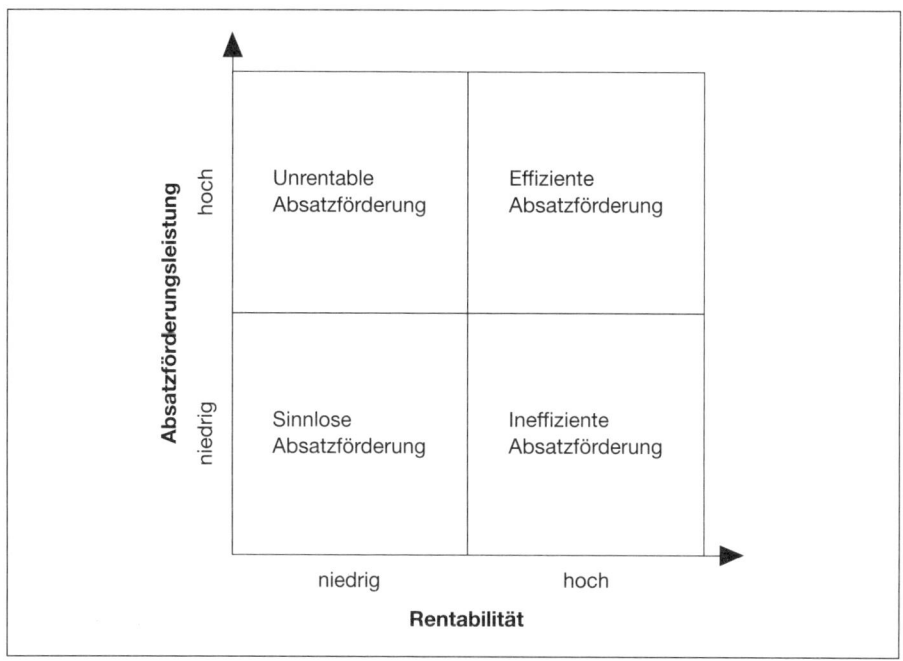

Abb. 54: Das Verhältnis zwischen der Wirkung einer Absatzförderungsleistung und ihrer Rentabilität

Nur wenn beide Fragen positiv beantwortet werden können, ist die Trade-Marketing-Maßnahme effizient (siehe Abb. 54).

Es gibt ausreichend viele Fälle, in denen eine Maßnahme des Trademarketing zwar grundsätzlich in das Handelsmarketing des Kunden paßt, der Kunde sie jedoch wegen anderer Prioritäten, Vorstellungen oder Unternehmensphilosophien trotzdem nicht akzeptiert.

Zusammenfassung

Dieser Teil sollte zeigen, daß es in den meisten Branchen neben aller konzeptionellen und sozialen Kompetenz auch sehr auf das Fachwissen ankommt. Das ist in der Konsumgüterindustrie das Gesamtwissen um das Marketing. Ein Key Account Manager in der Markenartikelindustrie ist deshalb gut bedient, wenn er auch Marketingerfahrungen gesammelt hat.

5. Wettbewerbsvorteile durch kundenbezogene Strategien

5.1 Unternehmensstrategie und Key Account Management

Strategie im hier gebrauchten Sinn kennzeichnet die grundlegende unternehmerische Idee, wie das Unternehmen seine Produkte und Vorgehensweisen gestalten will,

- um der ausgewählten Kundschaft im Zielsegment nachhaltig nutzenvorteilhafte Leistungen zu bieten,
- die sich vom Wettbewerb positiv abheben,
- dem Kunden Nutzen in Form von Wettbewerbsvorteilen in seinem Markt bieten und
- dadurch dem Unternehmen bessere Erträge bringen können.

Durch kundenbezogene Gestaltung und Umsetzung von Strategien müssen insgesamt höhere Treffsicherheit und Paßgenauigkeit des unternehmerischen Vorgehens beim Einzelkunden und dann auch im Gesamtmarkt erreicht werden. Das schafft höheren Kundennutzen, verbessert die Kundenzufriedenheit und stärkt die Kundenbindung.

So können ausgehend von der stärkeren Position bei den Key Accounts Wettbewerbsvorteile im gesamten Geschäftsfeld aufgebaut, Marktanteile gewonnen und die Rendite verbessert werden.

Der Key Account Manager macht nicht die Strategie für das Gesamtunternehmen. Er nimmt jedoch auf sie durch das Feedback von den Key Accounts maßgeblichen Einfluß. Er muß auch Gesamtstrategien paßgenau auf Key Accounts umsetzen. Je besser und häufiger ihm das gelingt, desto erfolgreicher läßt sich die **Erfolgsposition „Kundennähe"** praxisbasiert aufbauen. Sie führt zu einem möglichen Wettbewerbsvorteil mit zwei Merkmalen:

- Man hat besser und nachhaltiger als der Wettbewerb gelernt, seine Kunden in der Nutzung, Verarbeitung oder Vermarktung eigener Produkte und Dienstleistungen zu unterstützen, damit diese die Stärken des Lieferanten für den Aufbau eigener Stärken nutzen können.

- Man kann durch die Intensität der Zusammenarbeit mit seinen Key Accounts früher und prägnanter als die eigenen Mitbewerber Veränderungen in den Märkten der Kunden wahrnehmen und sich „proaktiv" bzw. vorauseilend darauf einstellen und vorbereiten.

Dieser Wettbewerbsvorteil kann nur mittelfristig

- durch den Auf- und Ausbau eines qualifizierten Stammpersonals,
- durch den Aufbau von leistungsfähigen „systems und procedures", d. h. Systemen und Formen der Arbeitsbewältigung, und
- durch die Entwicklung einer effizienten internen Zusammenarbeit erworben werden.

Dieser Wettbewerbsvorteil der Kundennähe oder der „Vernetzung" kann insbesondere dann eine große Hilfe sein, wenn das Unternehmen mit seinen Produkten oder seiner Werbung in Schwierigkeiten gerät, was bei kurzfristigen Trendänderungen in vielen Branchen schnell passieren kann: Je intensiver man am Puls der Key Accounts und damit mit diesen lebt, desto früher kann man Trendveränderungen wahrnehmen und darauf reagieren.

Dabei geht es im Kern auch darum, dem Key Account gegenüber das bessere Image und die stärkere Corporate Identity aus höherer Kompetenz aufzubauen. Der Kunde muß wahrnehmen und erleben, daß das eigene Unternehmen

- nicht nur gute Produkte und Dienstleistungen,
- sondern vor allem die kompetentere und effizienter arbeitende Mannschaft hat, welche die Produkte und Dienstleistungen des Lieferanten in **Wertschöpfungsverbesserung** umsetzen kann.

Der Kunde muß erkennen können, welches von zwei Lieferantenunternehmen im Wettbewerb bei vergleichbaren Produkten und Dienstleistungen die bessere Fähigkeit hat, ihm zu helfen, durch diese Vorleistungen selbst erfolgreich zu sein.

Diese Stärke, diesen Wettbewerbsvorteil kann man den **Kundenerfolgssicherungsfaktor oder KES-Faktor nennen**.

Er ist nur erzielbar, wenn es gelingt, Mitarbeiter, Systeme, Prozesse und Arbeitsweisen auf Kunden auszurichten, insbesondere auf die Strategien und Anforderungen der Key Accounts. Kundenerfolgssicherung bedeutet, nicht nur ein Produkt oder eine Dienstleistung zu verkaufen, sondern dem Kunden damit zu **seinem Erfolg** zu verhelfen. KES beinhaltet die Fähigkeit eines Lieferanten, das eigene Produkt bzw. die eigene Dienstleistung **für die Bedürfnisse und Strategien seiner Kunden jeweils optimal wirksam werden zu lassen**. KES bedeutet, den Kunden durch optimale Nutzung der Vorprodukte und Vorleistungen des Lieferanten in seinem eigenen unternehmerischen Erfolg bestens zu unterstützen und dadurch zugleich die eigenen kundenbezogenen Erträge zu steigern. KES ist **Erfolgsimplementation durch das Key Account Management im Kundenunternehmen**. Sie resultiert aus der Summe aller kundenbezogenen Maßnahmen des Unternehmens, um Kunden mit ihren eigenen Produkten zu mehr Erfolg im Markt zu verhelfen als ihr Wettbewerb.

Kundenerfolgssicherung beinhaltet zwei wichtige Punkte, nämlich

- den Erfolg des Kunden mit den eigenen Produkten und Dienstleistungen und dadurch
- den Ertrag des eigenen Unternehmens aus den Geschäften mit dem Kunden.

Kundenerfolgssicherung wird bei Nivellierung der Produktunterschiede in der Zukunft auf vielen Gebieten der **kritische Erfolgsfaktor in Marketing und Verkauf** sein. Denn erfolgreiche Kundenerfolgssicherung trifft den Kern aller Fragen zur Gestaltung von Wettbewerbsvorteilen: **Wodurch sind wir für den Kunden nützlicher als unser Wettbewerber?**

5.2 Strategisch verkaufen an Key Accounts

Wettbewerbsvorteile zu haben ist das eine, sie zu vermitteln etwas anderes. Der Kunde muß dazu von seinem Nutzenvorteil (Value added) eines Produktes oder einer Dienstleistung, eines Systems oder einer Konzeption im Verhältnis

- zum geforderten Preis,
- zum Wettbewerb und
- zu einer Nichtinvestition

überzeugt werden. Überzeugen bedeutet dabei: beweisen.

Strategisches Verkaufen liegt vor, wenn

- die eigene Strategie auf Unterstützung der Kundenstrategien ausgelegt wird,
- **Kundennutzen durch positive Einflußnahme** des Lieferanten auf die Kundenstrategie geschaffen wird,
- Lieferantenstrategie und Kundenstrategie zum **Nutzen beider gekoppelt** werden können,
- der **Kunde Nutzen aus der Strategie** des Lieferanten ziehen kann und
- diese Zusammenhänge dem Kunden auch verständlich erklärt werden. (Meist macht er sich ein eigenes Bild über diese Zusammenhänge, d. h., er kauft strategisch ein, ohne daß ihm strategisch verkauft wird.)

5.2.1 Positionierung: Die Produkt-Kunden-Kombination passend machen

Strategisch zu verkaufen erfordert zunächst die Klärung und Zuordnung von Produkten zu Kunden und ihren unterschiedlichen Anforderungen durch Prüfung der Frage,

- welches Produkt
- in welchen Geschäftsfeldern
- welchen Key Accounts
- für welche ihrer Anforderungen und Probleme
- in welchem Stadium ihres Lebenszyklus

angeboten werden soll.

Dabei kommt es darauf an,

- die wirklichen (nicht die angenommenen) Kundenbedürfnisse und Anforderungen zu erkennen und
- für diese eine paßgenaue Lösung zu liefern.

Dazu ist es nötig, daß man sowohl ein „underengineering" als auch ein „overengineering" vermeidet. Letztere Positionierung war über Jahrzehnte hinweg eine Schwäche der deutschen Industrie, insbesondere in Ländern mit niedrigeren Anforderungen und geringerer Kaufkraft.

Ein Wettbewerbsvorteil kann hierbei durch höhere Paßgenauigkeit zwischen Kundenanforderungen und Lieferantenleistung erzielt werden. Siehe dazu Abbildung 55.

200

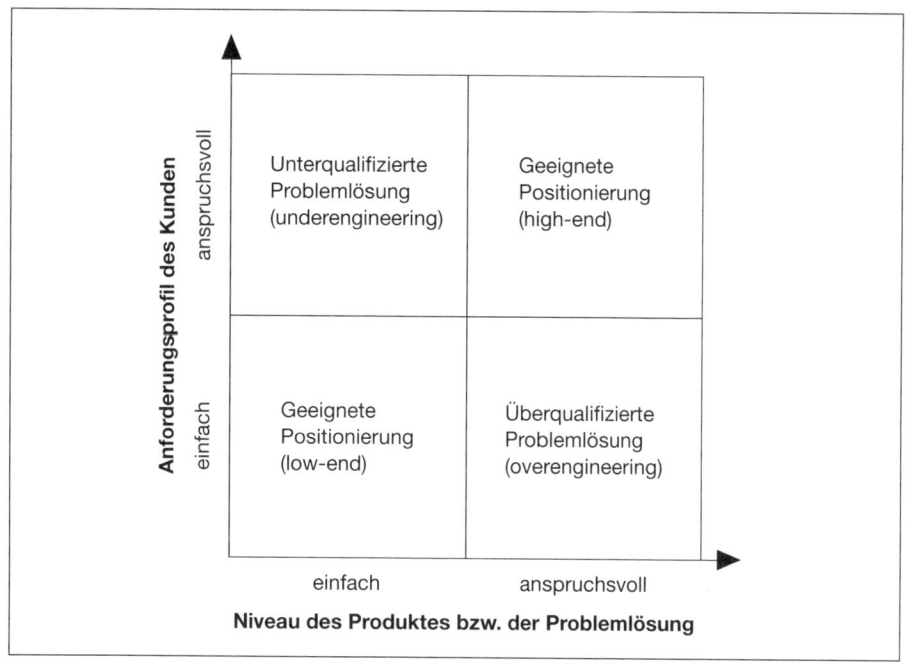

Abb. 55: Strategisch verkaufen, Variante 1: Die Produkt-Kunden-Kombination passend positionieren

Produkte und Angebote so positionieren, daß sie in den Lebenszyklus des Kunden passen

Für die Bedürfnisse und Anforderungen von Key Accounts spielt die Situation, in der sie sich gerade mit ihrem Geschäft bewegen, mit eine wichtige Rolle. Diese Situationen lassen sich als Lebenszyklus darstellen, in dem die Kunden selbst vier Phasen durchlaufen. In jeder Phase haben sie unterschiedliche Bedürfnisse und Anforderungen, für die sie bei Lieferanten Unterstützung suchen.

- Phase 1: die Startphase
- Phase 2: die Aufschwungphase
- Phase 3: die Reifephase
- Phase 4: die Abschwungphase

Siehe dazu Abbildung 56.

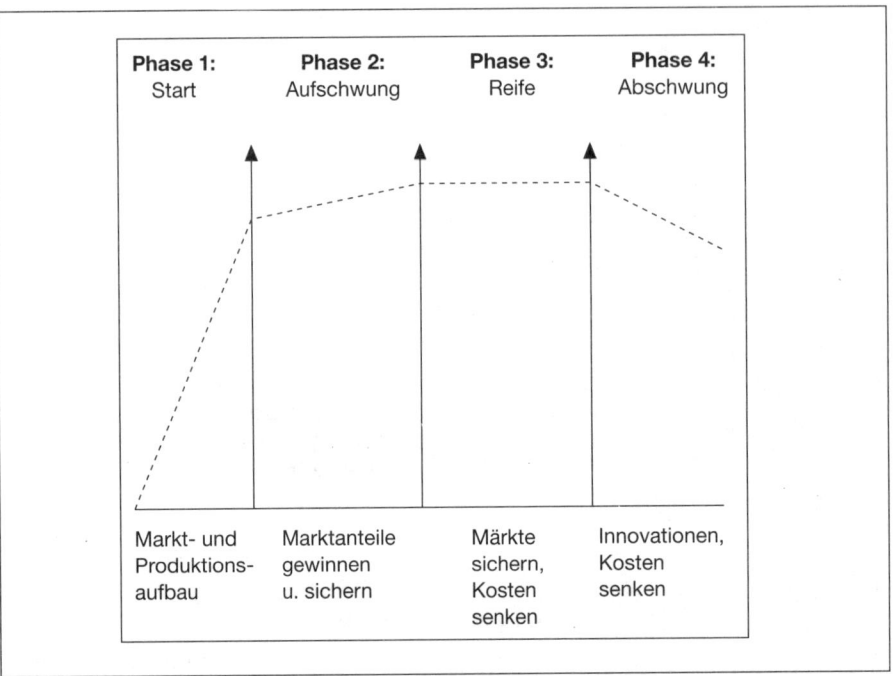

Phase 1: Start	Phase 2: Aufschwung	Phase 3: Reife	Phase 4: Abschwung
Markt- und Produktions- aufbau	Marktanteile gewinnen u. sichern	Märkte sichern, Kosten senken	Innovationen, Kosten senken

Abb. 56: Kundenlebenszyklen, Bedürfnisse der Kunden und Schwerpunkte der Lieferanten-unterstützung

In jeder Phase dieses Lebenszyklus lassen sich unterschiedliche Bedürf-nisse, Erwartungen und Forderungen des Kunden an seine Lieferanten er-kennen.

- **Phase 1: Die Startphase**

  In dieser Phase brauchen Kunden Unterstützung, um sich in den von ihnen angesteuerten Märkten zu etablieren, Marktanteile zu gewinnen, Umsatzvolumina zu holen und zu sichern. In dieser Phase muß man ein Angebot so positionieren, daß man dem Kunden als Entwicklungshel-fer für seine Markterschließungsmaßnahmen dienen kann. Gelingt dies, so macht man sich für solche Kunden attraktiv, die in einen Markt eintreten und schnell die Gewinnschwelle erreichen müssen; darauf muß der Lieferant seine kundenbezogene Strategie, sein Angebot und seine Argumentation auslegen.

- **Phase 2: Die Aufschwungphase**

  In dieser Phase wollen Kunden wachsen und schnell weiterwachsen. Sie müssen Marktanteile sichern, Kunden sichern, Ertragspotentiale für ihre Kunden erschließen und ihre Wettbewerber verdrängen. Kunden in dieser Phase brauchen Hilfe für die Gewinnung und Sicherung ihrer erreichten Position sowie für Kostensenkungen, um zu Erträgen zu kommen.

- **Phase 3: Die Reifephase**

  In dieser Phase ist das Wachstum des Kunden weitestgehend stabilisiert. Value-added-Potentiale bei bestehenden und neuen Kunden lassen sich schwer gewinnen oder ausweiten. Hier braucht der Kunde vom Lieferanten vor allem Ideen für die kreative Stabilisierung seiner Position und die Senkung seiner – meist hohen – Kosten.

- **Phase 4: Die Abschwungphase**

  Es ist nicht zwingend, daß sich alle Kunden in die Phase 4 hinabbewegen, weil die meisten vorher etwas dagegen unternehmen, um dem vorzubeugen. Aber auch diese Maßnahmen kennzeichnen die Bedürfnisse gegenüber Lieferanten am Ende der Reifephase.

Der Kunde braucht dringend Anstöße, um kreative Relaunches, Restrukturierungen seines Geschäftes oder den Aufbau neuer, attraktiver Geschäftsfelder zu meistern. Dementsprechend sind sein Bedarf und die notwendige Positionierung von Lieferantenangeboten. In dieser Phase sind Kunden oft schon verkrustet und halten an eingefahrenen Denkrahmen fest, die der Key Account Manager durch „Reframing" aufbrechen helfen muß. Dabei geht es darum, verfestigte Denk- und Verhaltensmuster über die Art, wie er sein Geschäft **bisher** erfolgreich betrieben hat, zu brechen („Das haben wir schon immer so gemacht!" „Damit hatten wir bisher gute Erfolge!"). Schwierig wird die Situation dann, wenn der Kunde seine hausgemachten Probleme nicht lösen kann, darf oder will und die Lösung seiner eigenen Probleme in dieser Phase durch Machtpoltitik auf seine Lieferanten und zu deren Lasten ablädt, wie eine bekannte Automobilfirma in Deutschland in den 90er Jahren. Hier muß der Lieferant auch für sich die Frage des „Grenzinteresses" an diesem Kunden stellen und für sich beantworten. Das hat sich in seiner kundenbezogenen Strategie niederzuschlagen, insbesondere als Konsolidierungsstrategie.

Zusammenfassung

Die Kenntnis der verschiedenen Bedürfnisse von Kunden entsprechend ihrer Lebenszyklusphase ist eine von mehreren Möglichkeiten, sich mit seinen Leistungen paßgenau an den Anforderungen seiner Key Accounts zu orientieren. Andere Möglichkeiten bestehen darin, sich an den Ausschreibungen, Anforderungsprofilen und Lieferanten-Beurteilungssystemen seiner Key Accounts zu orientieren, die sprunghaft immer transparenter werden. Die wesentlichen Kriterien, die sich daraus erkennen lassen, sind zugleich auch Indikatoren für die Erfolgsfaktoren der Kundenstrategien.

Im Bereich dieser Erfolgsfaktoren versucht der Kunde, Stärken aufzubauen und Schwächen zu vermeiden oder abzubauen. Kern der kundenbezogenen Strategie des Lieferanten muß es sein, den Key Account in seinen dahingehenden Bemühungen aus der Kraft der eigenen Kernkompetenz und deren Stärken heraus zu unterstützen.

Eine Form der Positionierung ist eine rein kommunikative Variante. Ein Beispiel dafür wurde unter Teil 3.1.1.2 bereits dargestellt. Dabei geht es darum, zu erkennen und herauszuarbeiten, welche Probleme ein Kunde in einer konkreten Situation hat und welche Leistungsdetails eines Produktes, z. B. eines Computers, für ihn deshalb im Moment von besonderem Nutzen sind.

5.2.2 Anpassungsstrategien: Die Strategie auf die des Kunden ausrichten und ihm helfen, seine Strategie erfolgreich zu realisieren

Während es bei der paßgenauen Positionierung primär um Produkte auf Kundenanforderungen geht, erfordert strategisches Verkaufen mehr. Denn insgesamt geht es dabei um die Herstellung von **Paßgenauigkeit in der Prozeßkette**, die gegenseitige Anpassung der Strategien erfordert. Es geht um das **Streamlining der eigenen Strategie mit den Strategien des Kunden**. Dadurch wird die eigene Leistung schon durch die Ausrichtung der Strategie vorverkauft. Dabei lassen sich zwei Varianten erkennen: die Anpassungsstrategien und die Gestaltungsstrategien (vgl. Abbildung 57).

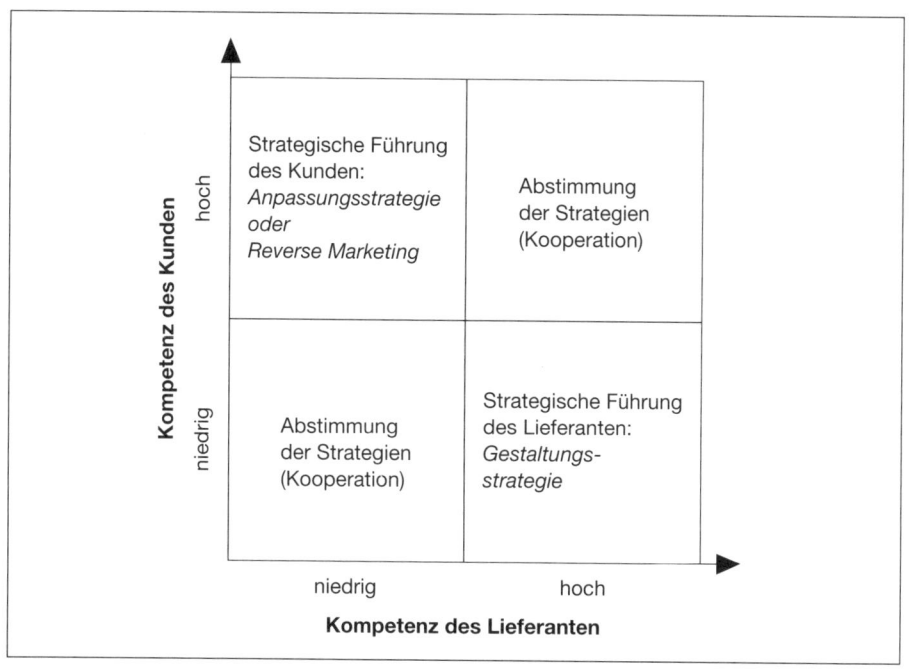

Abb. 57: Strategisch verkaufen, Variante 2: Anpassungs- und Gestaltungsstrategien

Der Lieferant paßt seine Strategie an die des Kunden an

Strategisch zu verkaufen bedeutet, die eigenen Strategien so zu gestalten und zu erklären, daß sie dem Kunden helfen, seine eigenen Strategien erfolgreich umzusetzen. Bei der **Anpassungsstrategie kommt es darauf an, aus eigener Initiative die eigene Strategie an die des Kunden anzukoppeln,** sozusagen als Erfüllungsgehilfe. Es geht darum, Kernkompetenzen in der Prozeßkette synergetisch zu vernetzen und zu kombinieren. Der Lieferant bringt das Kernstück der eigenen Strategie, d. h. seine eigenen strategischen Stärken, in die Strategie des Kunden ein und hilft diesem, seine Strategie zu realisieren und selbst Value added zu liefern. Klingt kompliziert, ist aber einfach und tägliche Praxis.

Ausgangspunkt ist die Frage, welche Strategie-Varianten dem Key Account vom Grundsatz her zur Verfügung stehen. Diese lassen sich so darstellen:

- **Differenzierungsstrategie**
  Der Kunde will seine Leistung an den Anforderungen seiner Kunden

ausrichten, sich aber gegenüber seinem Wettbewerb absetzen oder durch bestimmte Leistungsdetails differenzieren. Hier kommt es darauf an, die Differenzierungsmerkmale des Kunden zu erfragen, zu erkennen und ihm durch die eigene Vorleistung zu helfen, mit seiner Differenzierungsstrategie erfolgreich zu sein.

- **Qualitätsvorsprungsstrategie**
  Die Strategie, sich durch bessere Qualität zu profilieren, ist eine wichtige Variante der Differenzierungsstrategie. Für den Lieferanten muß es darum gehen zu erkennen, durch welche Qualitätsmerkmale sich der Kunde profilieren will, und ihn zu unterstützen, die gewollten Qualitätsmaßstäbe auch zu erreichen.

- **Nischenstrategie**
  Die Nischenstrategie ist eine weitere Variante der Differenzierungsstrategie in einem eng definierten Zielsegment, das der Kunde als Marktführer oder als einziger besetzt. Der Lieferant muß erkennen, welches die spezifischen Anforderungen der Zielgruppe in diesem Segment sind, wie sich der Kunde positioniert und wie er ihm helfen kann, diese Position zu sichern und auszubauen.

- **Softwareprofilierung**
  Hier versucht der Kunde seine Profilierung über Know-how, Do-how oder durch die Beratung durch zielgruppengeeignete und passend qualifizierte Mitarbeiter zu finden. Es handelt sich um eine häufige Profilierungsstrategie für alle Arten von Dienstleistern. Hier muß der Lieferant Stärken und Leistungen aufbauen und liefern, die dem Kunden helfen, seine Form von „Software" noch stärker auszubilden oder effizienter einzusetzen.

- **Preis-Strategie durch Kostenvorteile**
  Hier muß der Lieferant versuchen, dem Kunden zu helfen, seine Kosten zu senken – in welchen Bereichen auch immer.

- **Strategie der Zeitführerschaft**
  Vielen Unternehmen steckt die weitverbreitete Aussage in den Knochen: „Sieger werden nicht die Größeren, sondern die Schnelleren sein". Hier geht es darum, zu erkennen, welche Aspekte der Zeitführerschaft der Kunde anstrebt oder anstreben müßte und welche Unterstützung er dazu vom Lieferanten braucht.

- **Zeit-Qualitäts-Kosten-Führerschaft**
  Diese sehr anspruchsvolle Strategie kommt aus der japanischen Automobilindustrie, sie wurde in dem MIT-Report von Womack, Jones und Roos: „Die zweite Revolution in der Automobilindustrie" (New York

1990) dargestellt. Sie ist auch unter dem Schlagwort „Lean Management" geläufig und wird im Moment von allen Automobilherstellern weltweit praktiziert. Für den Lieferanten wird es hier eng, denn er muß sich in die Lage versetzen, selbst Zeit-Qualitäts-Kosten-Führer in seinem Segment zu werden, um seine Kunden mit entsprechenden Leistungen zu bedienen. Dabei geht es in Mitteleuropa darum, die Denkmuster einer ganzen Industriekultur zu verändern. Diese Denkmuster hießen z. B. „Qualität kostet ihren Preis" und „Gut Ding braucht Weile".

Wir haben lernen müssen, daß es auch anders geht, nämlich daß man Produkte **schneller, besser und preisgünstiger** herstellen und liefern kann. Darauf müssen sich heute viele Hersteller aller Prozeßstufen einrichten.

Der Kunde nimmt Einfluß auf die Gestaltung der Strategien und Prozesse des Lieferanten (Reverse Marketing)

Soweit sich der Lieferant nicht an den Kunden anpaßt, geht es auch umgekehrt: **Der Kunde bringt den Lieferanten „auf Vordermann".** Der bekannteste Betreiber dieser Strategie wurde Herr Lopez, Vorstand bei VW. Die Gestaltung der Strategien und Prozesse der Lieferanten wird auch als „Reverse Marketing" bezeichnet. Durch Reverse Marketing werden die **Voraussetzungen** geschaffen, Produkte und Dienstleistungen besser verkäuflich zu gestalten. Reverse Marketing umfaßt alle lieferantenbezogenen Aktivitäten eines Herstellers, durch welche die Vorleistungen des Lieferanten zur Unterstützung der eigenen Kernkompetenz und der eigenen Strategien verbessert und gestärkt werden. Das spielt seit Jahren in der Automobilindustrie eine große Rolle, da hier der Eigenfertigungsanteil weiter gesenkt und ein immer höherer Anteil der gesamten Produktion an Zulieferanten vergeben wird. So verkündete der Einkaufsleiter von BMW Anfang 1996, daß man den Eigenfertigungsanteil von 40% auf 30% senken wolle. Das erfordert, daß der Hersteller auf die Leistungsfähigkeit und damit auf die Strategie seiner Zulieferer massiv Einfluß nimmt. Dies geschieht schon seit Jahren durch die Lieferanten-Beurteilungssysteme und durch die Qualitätszertifizierungen. Ähnlich auch Renault in seinem Verzeichnis seiner Anforderungen an Lieferanten.

Ein Wettbewerbsvorteil durch Anpassungsstrategien kann durch die enge Vernetzung in der Prozeßkette und den Schub aus der Verkettung der Strategien des Lieferanten und des Kunden erzielt werden.

5.2.3 Gestaltungsstrategien: Die Strategie des Kunden zu Zwecken der eigenen Strategie gestalten und beeinflussen

Bei dieser Variante des strategischen Verkaufens geht es im Gegensatz zur vorangegangenen um die **Beeinflussung der Strategie des Partners in der Prozeßkette** zu Zwecken der eigenen Strategie und zum eigenen Vorteil, aber zugleich auch zum Nutzen des Partners. Man kann diese Variation des strategischen Verkaufens deshalb auch als **„Gestaltungsstrategie"** bezeichnen.

Gestaltungsstrategien kommen in die direkte Nachbarschaft von Vorwärtsintegrationen. Die Strategie des Kunden zu Zwecken der eigenen zu beeinflussen und zu gestalten erfordert **konzeptionelle Führerschaft in der Prozeßkette**.

Hersteller mit hoher konzeptioneller Kompetenz in der Prozeßkette bilden „Vorwärtsstrategien". Dabei werden an den Kunden, meist Absatzmittler (oft auch „Systempartner" genannt), ganz konkrete Anforderungen gestellt in bezug auf dessen Art und Weise, das Herstellerprodukt zu verarbeiten oder zu vertreiben. Das beginnt z. B. schon beim „Fachhandelskonzept" der Industrie: Durch dieses werden bestimmte (Fach-)Händler zum Vertrieb der eigenen Produkte zugelassen, die dezidierte Mindestanforderungen erfüllen, z. B. Mindest-Image, qualifizierte Beratung oder Service. Durch diese Art der „Vertriebsbindung/Fachhandelsbindung" sowie von Anforderungsprofilen oder Idealkundenprofilen wird indirekt auf den Marktauftritt und die Strategie des Kunden Einfluß genommen. Es handelt sich um vertikale Strategiedurchsetzung top-down.

Beispiele:
- Auswahl von Händlern durch Hersteller für Produkte des gehobenen Niveaus.
- Auswahl von Fachhändlern entsprechend ihrer Fachkunde, für die z. B. ein qualifizierter Fachberater zur Verfügung stehen muß.
- Vertragshändlersysteme
- Werksniederlassungen
- Alle Formen des Franchising, bei denen sich der Franchise-Nehmer zu einer ganz bestimmten Art und Weise des Geschäftsbetriebs und seines Marktauftritts verpflichten muß bis hin zu Gestaltungsdetails: Der Franchise-Geber gibt dem Franchise-Nehmer dessen gesamte Geschäftspolitik vor.

- Weniger stark und oft recht subtil sind die Formen, bei denen der Hersteller durch
  - Partnerschaftsverträge,
  - vertikales Marketing,
  - Trademarketing,
  - Systemverkauf,
  - technische Unterstützung,
  - gemeinsame Entwicklungsprojekte usw.

  versucht, den Marktauftritt seines Kunden mit seinen Produkten und damit die Kundenstrategie mitzugestalten. Es handelt sich um sanftere Formen der Strategiebeeinflussung.

Ein Wettbewerbsvorteil kann durch den besseren Auftritt des eigenen Unternehmens durch den „beeinflußten Absatzmittler" bzw. den „beeinflußten Endhersteller" gegenüber dem Endverbraucher erzielt werden.

Zusammenfassung

Probleme bei der Einflußnahme des Herstellers auf die Strategie seines Kunden ergeben sich immer dann, wenn der Kunde eigene Ideen und Konzeptionen für seine Geschäftspolitik und sein Marketing hat und sich damit konzeptionell emanzipiert. Dann kommt es zu Konzeptionskonflikten zwischen dem beeinflussenden Strategiegestalter und dem Kunden als Gegenstand seiner Beeinflussungsmaßnahmen, was sorgfältige Abstimmungsprozesse nötig macht.

5.3 Key Account Management und Shareholder-Value-Management

Wettbewerbsvorteile durch kundenbezogene Strategien müssen in Erträge umgesetzt werden. Nach Herstellung von Paßgenauigkeit von Produkten, Strategien und Prozessen kommt es auf weitere Gesichtspunkte an, um eigene Erträge zu verbessern. Diese Gesichtspunkte lassen sich am besten durch die Portfolio-Technik darstellen. Sie liefert Entscheidungshilfen für die Optimierung der Geschäfte eines Unternehmens nach Ertragsgesichtspunkten. Das Hauptinstrument der Portfolio-Technik ist die Portfolio-Matrix. Mit ihrer Hilfe werden Geschäfte von verschiedenen Seiten her nach den für die Renditeverbesserung wichtigsten Entscheidungskriterien durchleuchtet. Auf diese Weise lassen sich Handlungsalternativen herausfinden, die zur Erschließung von Ertragspotentialen führen. Je präziser und konsequenter dies geschieht, desto größer sind die Chancen, durch kundenbezogenes Vorgehen die Wettbewerbsposition und die Erträge im Verhältnis zur Konkurrenz zu verbessern.

Das Grundmodell der Portfolio-Matrix wurde in Kapitel 4.4 bereits dargestellt. Es stellt zwei für das Auffinden ertragreicher Geschäftsfelder wichtige Gesichtspunkte in Matrix-Form gegeneinander:

- In welchen Geschäftsfeldern liegen generell Ertragschancen?
- In welchen Geschäftsfeldern sind wir speziell so kompetent, daß wir darin die Nr. 1 oder Nr. 2 sein können? Die Position im Geschäftsfeld ist Gradmesser der von den Kunden akzeptierten Kompetenz des Unternehmens. Sie wird am Marktanteil gemessen. Die meisten Geschäftsfelder vertragen auch nur ein bis drei kompetente Wettbewerber, was aus den Beschaffungsstrategien der Kunden resultiert: Sie brauchen pro Beschaffungsfeld ein bis drei kompatible Anbieter.

Normalerweise verwendet man die Portfolio-Matrix fast ausschließlich für das Ausloten von Ertragschancen nach den beiden Entscheidungsgesichtspunkten „Marktattraktivität" und „Relative Wettbewerbsposition" (Abb. 58).

Abb. 58: Portfolio-Matrix zur Prioritätenbildung für die Verbesserung kundenbezogener Deckungsbeiträge

210

Die Portfolio-Matrix als Werkzeug des Key Account-Managements kann aber auf weitere, für das Auffinden von Ertragspotentialen ergiebige Felder angewendet werden. Das wird im folgenden dargestellt.

5.3.1 Wertschöpfungspotentiale von Lieferant und Kunde erkennen und nutzen

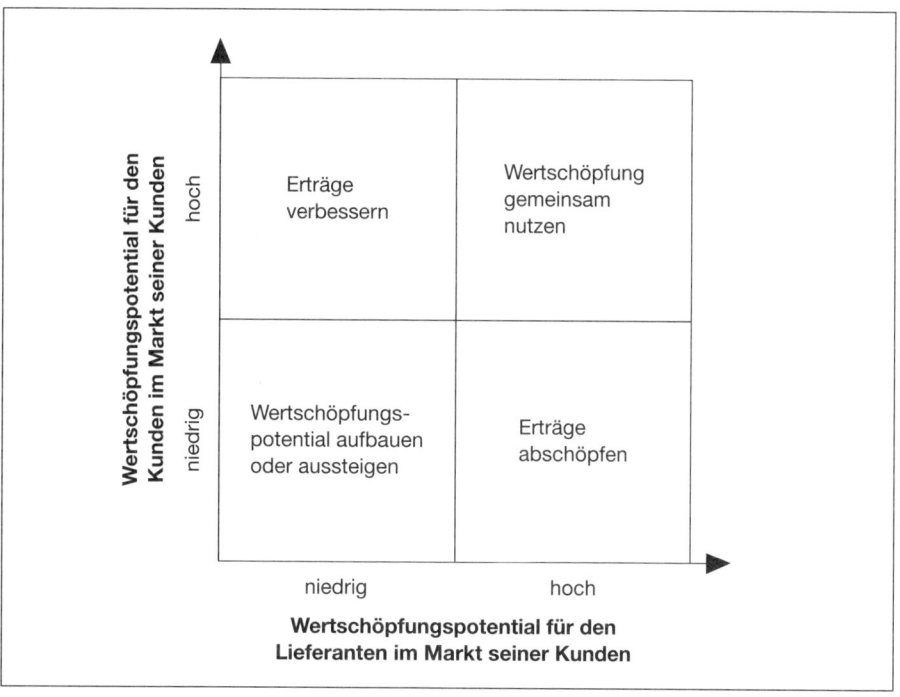

Abb. 59: Strategisch verkaufen, Variante 3: Wertschöpfungspotentiale erkennen und nutzen

Bei der Koppelung von Strategien von Kunden und Lieferanten geht es vor allem um die Erschließung möglicher Wertschöpfungspotentiale und die Nutzung eigener Ertragschancen daraus. In welchem Maße das möglich ist, hängt davon ab, ob im gemeinsamen Geschäftsfeld der Key Account selbst die **Kompetenzführung** und damit die Dominanz hat oder der Lieferant. Für die Erwirtschaftung von Erträgen macht es einen großen Unterschied, ob

• der Lieferant dem Kunden eine Vorleistung bietet, mit welcher der Kunde die Chance hat, Wertschöpfung zu erzielen, oder

- ob der Kunde einen Markt bedient, in dem es Wertschöpfungspotentiale gibt und dem Lieferanten die Möglichkeit gibt, daran zu partizipieren.

Abbildung 59 macht dies deutlich.

5.3.2 Prioritäten bilden für das Management von Key Accounts unter Ertragsaussichten

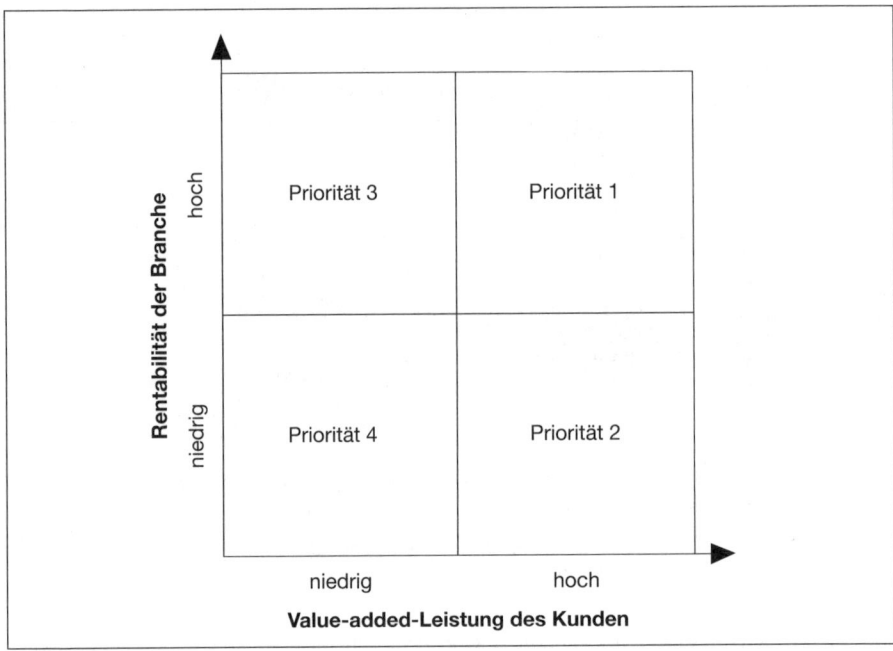

Abb. 60: Strategisch verkaufen, Variante 4: Prioritätenbildung für das Management von Key Accounts unter Ertragsaussichten

Die Rentabilität von Branchen und den Kunden darin

Ob der Kunde ein Wertschöpfungspotential hat oder nicht, hängt von zwei Gesichtspunkten ab:

- Der Rentabilität der Branche des Kunden: Es gibt Branchen, in denen insgesamt alle Anbieter gleich wenig oder gleich viel erwirtschaften.
- Dem Value added, den der Kunde in dieser Branche bietet: innerhalb derselben Branche gibt es Anbieter, die es durch ihre bessere Strategie

verstehen, der Zielkundschaft mehr Nutzen zu bieten als andere. Das wird in Abbildung 60 dargestellt und bedeutet für die Praxis, daß man sich in der Branche seiner Kunden diejenigen heraussuchen sollte, die es verstehen, jeweils mehr Value added für ihre Kunden zu bieten als andere. Denn das ist wieder Voraussetzung für das Wachstum dieser Kunden – und damit das eigene Wachstum (siehe Abb. 60).

Die Kundenattraktivität im Verhältnis zum Erschließungsaufwand

Um kundenbezogene Erträge zu verbessern, kann man seine Prioritäten für die Kundenbearbeitung auch nach diesen beiden Aspekten bilden:

- Wie attraktiv ist der Kunde insbesondere unter dem Gesichtspunkt des Ertrages?
- Welchen Aufwand muß man betreiben, um ihn zu erschließen?

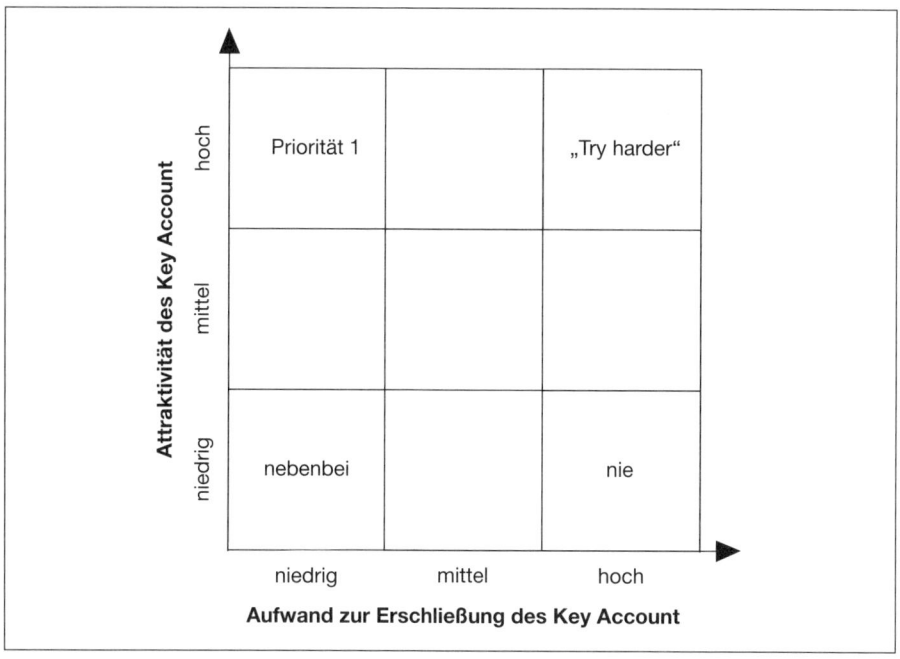

Abb. 61: Portfolio-Matrix für die Prioritätenbildung bei der Erschließung von Key Accounts, insbesondere Zielkunden (prospects).

In manchen Fällen kann der Erschließungsaufwand die Erträge wieder verzehren. Allerdings ist es andererseits auch so, daß eine einmal überwundene Erschließungsbarriere vor neuen Konkurrenten schützt und eine Eintrittsbarriere für sie bildet. Also wird man in harten Fällen eher auf eine Strategie der langfristigen Kundengewinnung und Kundendurchdringung setzen. Bei kurzfristigen Ertragsproblemen muß man die Priorität 1 wählen (siehe Abb. 61).

Die Kundenattraktivität im Verhältnis zur Kundenaktivität

Will man seine kundenbezogenen Erträge verbessern, so benötigt man außer attraktiven Kunden auch **aktive Kunden.** Die Aktivität des Kunden spielt insbesondere bei Absatzmittlern eine Rolle, deren Aktivitäten für den Umsatz und Ertrag sehr wichtig sind. Die Aktivität von Kunden kann auch durch Anreize, wie z.B. Aktionskonditionen, stimuliert werden, was wieder zu einem neuen Verhältnis von Umsatz und kundenbezogenem Deckungsbeitrag führen kann (siehe Abb. 62).

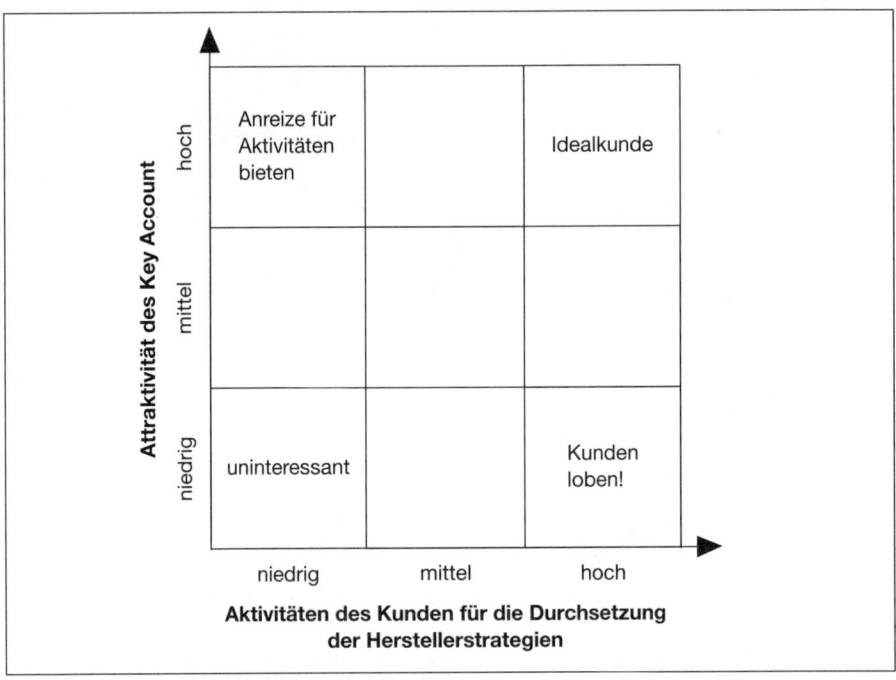

Abb. 62: Kundenattraktivität und Kundenaktivität

Kundenattraktivität und Multiplikationsleistung

Die Berücksichtigung der Multiplikationsleistung als Gesichtspunkt für die Prioritätenbildung bei der Kundenbearbeitung dient meist weniger direkt dem Ertrag als vielmehr der Umsatzmehrung und dem Marktanteilsgewinn. Multiplikatoren sind z.B.:

- Meinungsbildner
- Marktführer
- Prestige-Träger als Referenzkunden
- Entwicklungskunden usw.

Insbesondere Kunden, mit denen man als Lieferant interessante Innovationen entwickeln kann, also Entwicklungskunden, können Steigbügelhalter für Micro-Marketing sein. Dabei wird der erste Einstieg in neue Märkte mit einem Kunden vollzogen und die Innovation später auf andere Kunden und Märkte multipliziert (siehe Abb. 63).

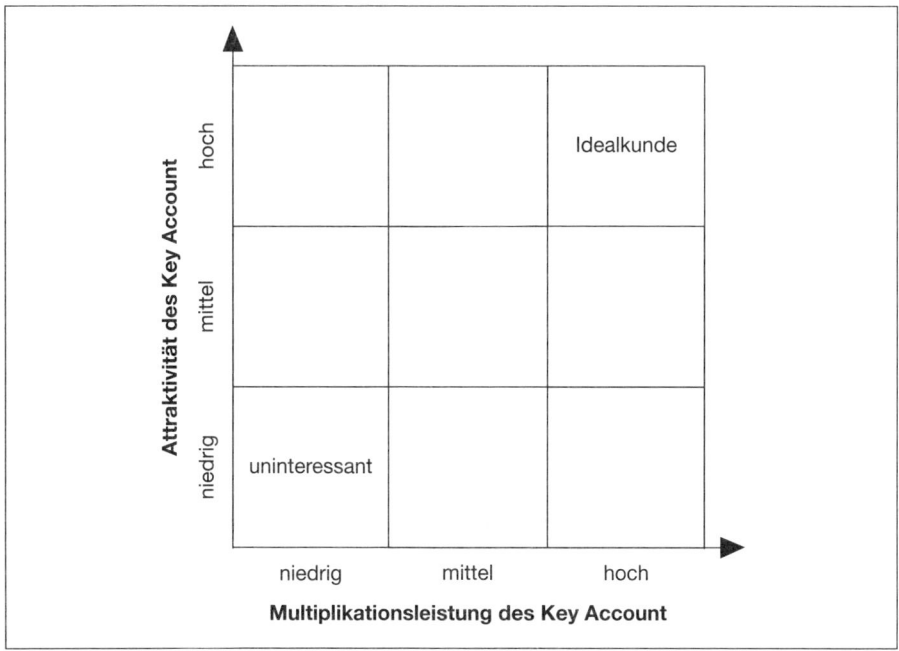

Abb. 63: Kundenattraktivität und Multiplikationsleistung

Differenzierung der Kundenbearbeitung nach Umsatzvolumen

Die Differenzierung der Intensität der Kundenbearbeitung nach dem mit ihnen erzielten Umsatzvolumen ist die klassische Methode, um über die Steuerung des kundenbezogenen Aufwandes die kundenbezogenen Kosten zu kontrollieren und die Erträge zu verbessern. Man muß dabei allerdings darauf achten, daß man neben dem Umsatzvolumen nicht die Umsatzpotentiale übersieht.

Kundenklasse	Umsatz p.a.	tenden- zieller DB	Bearbeitungsart
A-Kunden	> 1 Mio	+	Key Account Management
B-Kunden	> 0,5 Mio.	++	Verkaufs-Außendienst und Verkaufsleitung
C-Kunden	> 100 TDM	+	Verkaufs-Außendienst
D-Kunden	< 100 TDM	0	Telefonverkauf
E-Kunden	< 10 TDM	–	Großhandel

Kundenbezogene Prioritäten unter den Gesichtspunkten von Absatzmengen und kundenbezogenen Deckungsbeiträgen

Bei dieser Variante wird versucht, die unterschiedlichen unternehmerischen Interessen zwischen Absatzmengen einerseits und kundenbezogenen Deckungsbeiträgen andererseits zu lösen. Große Kunden und große Absatzmengen leiden meist unter beschränkten Deckungsbeiträgen. Die Handlungsspielräume zur Ertragsoptimierung sind hier begrenzt. Denn Größe und Menge lassen sich diese jeweils etwas kosten (siehe Abb. 64).

Produkt-Deckungsbeitrag und kundenbezogener Deckungsbeitrag

Aus Abbildung 65 lassen sich Möglichkeiten ablesen, den Ertrag aus Geschäften mit Key Accounts durch die Forcierung von deckungsbeitragsträchtigen Produkten zu verbessern. Dabei ist zu beachten, daß die forcierten Produkte auch kundengeeignet sein müssen und die Forcierung nicht nur unter Deckungsbeitragsgesichtspunkten an den Kundeninteressen vorbei getätigt wird.

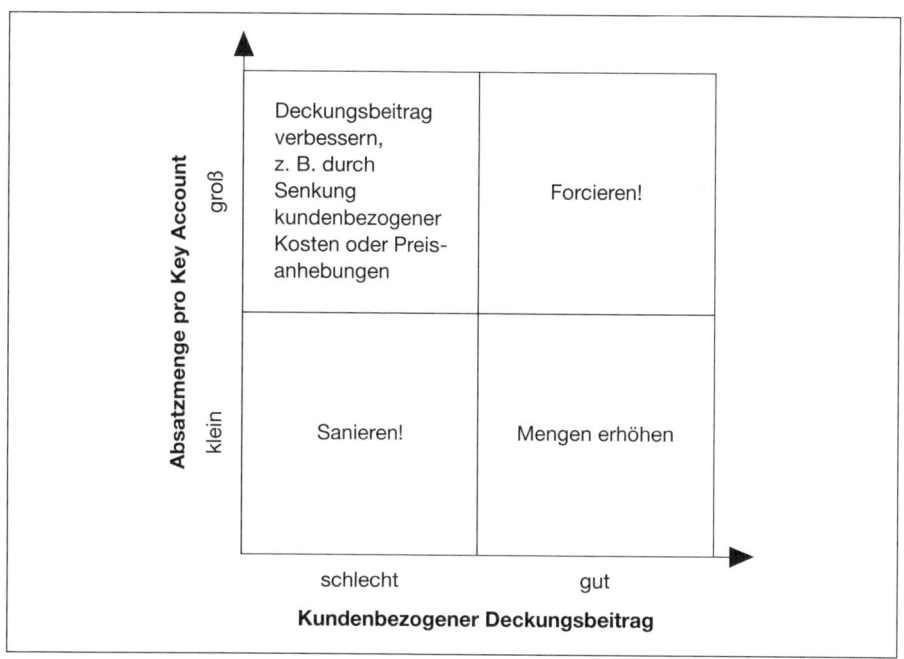

Abb. 64: Kundenbezogene Absatzmengen und Deckungsbeiträge

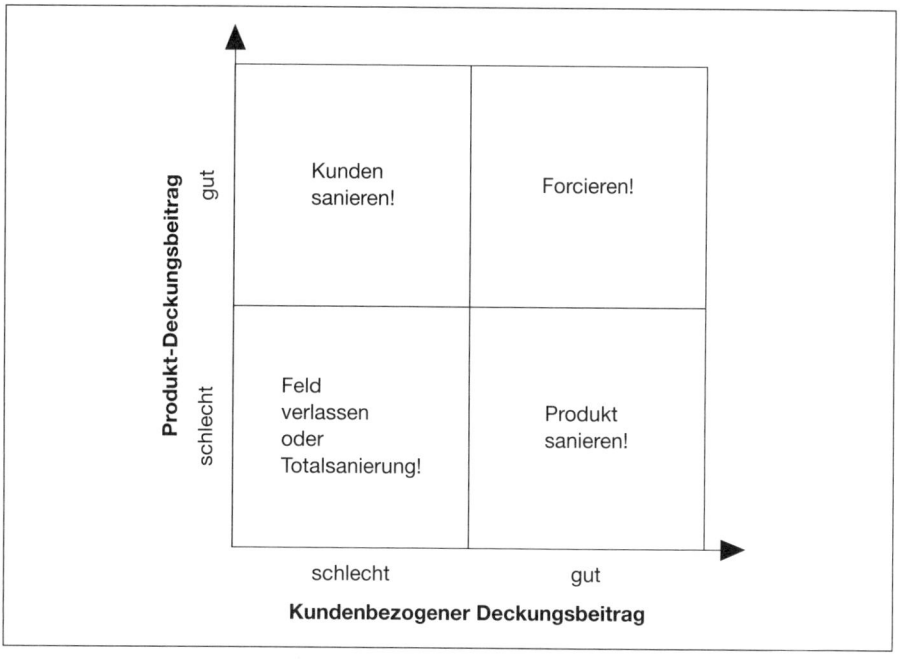

Abb. 65: Das Verhältnis von kundenbezogenen und Produkt-Deckungsbeiträgen

Zusammenfassung:

So hat Key Account Management die wichtige Aufgabe, die Grundlagen nachhaltiger Gewinnerwirtschaftung zu legen, indem **systematisch Schwerpunkte dort gesetzt werden, wo Erträge aus Märkten und mit Kunden erwirtschaftet werden können.** Key Account Management wird damit zum wichtigen Instrument des Shareholder-Value-Management und zwar durch Fokussierung der Marktbearbeitungsaktivitäten nach Gesichtspunkten der strategischen Ertragserwirtschaftung. Es geht darum, Märkte systematisch nach Feldern zu durchforsten, aus denen Erträge generiert werden können – eigentlich eine uralte Methode in der Nähe von Binsenweisheiten:

- Wo besteht Bedarf?
- Wo wächst er?
- Wo kann verdient werden?
- Was muß ich tun, um ihn ertragsträchtig zu decken?

Dabei ist es wichtig, knappe und teure Ressourcen gezielt zur Nutzenmaximierung für Kunden und zur Gewinnmaximierung für das eigene Unternehmen einzusetzen. **Key Account Management wird dabei zum Instrument, mit dem sich das Unternehmen durch kundenbezogene Strategien horizontale Wettbewerbsvorteile gegenüber seinen Wettbewerbern verschaffen kann.**

6. Key Accounts gewinnen, entwickeln und langfristig binden

Key Accounts sind wichtige Teilmärkte. Sie bedürfen zum einen einer operativen Bearbeitung im Rahmen des Tagesgeschäftes. Die Werkzeuge dafür wurden in Kapitel 4 im Rahmen der „Zehn Elemente für das Management von Key Accounts" dargestellt. Zusätzlich bedürfen Key Accounts aber auch einer **langfristigen Pflege**. Diese läßt sich im Rahmen der **Phasen im Lebenszyklus einer Geschäftsbeziehung** darstellen.

Den meisten Unternehmen sind Key Accounts vorgegeben. Für sie ist z. B. die Kundenbindung eine wichtige Aufgabe. Es ist wesentlich billiger, einen Stammkunden zu pflegen, um ihn zu halten, als einen Neukunden zu gewinnen. Aber gerade für dynamische Unternehmen, die neue Geschäftsfelder aufbauen, ist die Neukundengewinnung eine sehr wichtige unternehmerische Aufgabe. Unternehmen im eigenen Aufschwung brauchen Kunden, die diesen Aufschwung tragen helfen.

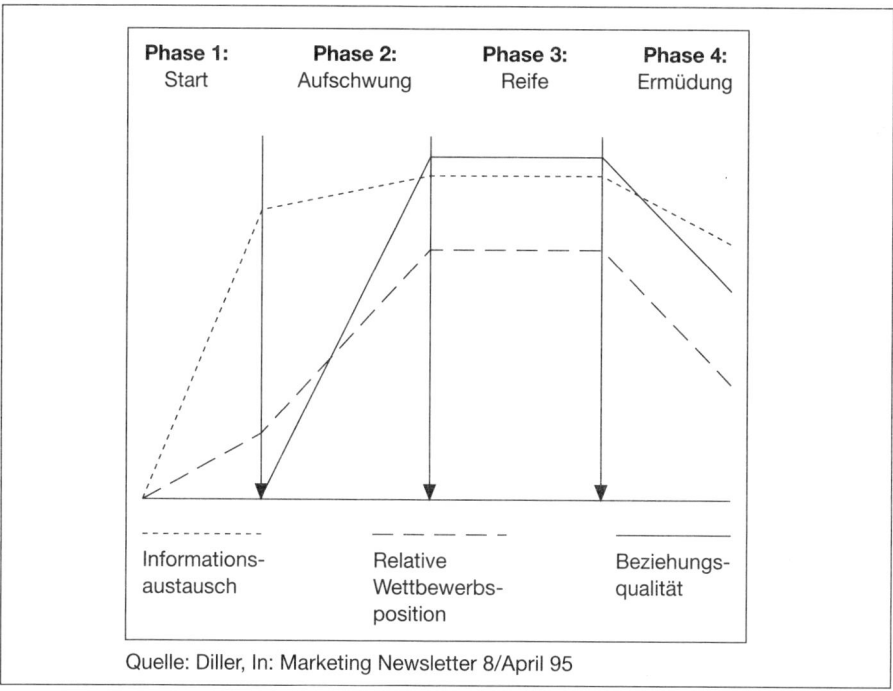

Quelle: Diller, In: Marketing Newsletter 8/April 95

Abb. 66: Vier Phasen der Entwicklung einer Geschäftsbeziehung zu Key Accounts

Die Entwicklung der Geschäftsbeziehungen zu Kunden verläuft in vier typischen Phasen:

- Phase 1: Start: Kundengewinnung
- Phase 2: Aufschwung: Kundenentwicklung
- Phase 3: Reife: Kundenbindung
- Phase 4: Ermüdung: Kundensicherung oder -rückgewinnung

Siehe dazu Abbildung 66.

Für jede dieser vier Phasen werden im folgenden Statusanalysen der Beziehungen, Ziele und Bearbeitungsmaßnahmen dargestellt.

Will man Key Accounts gewinnen, entwickeln und langfristig binden, so empfiehlt es sich, in jeder Phase dieses Prozesses zu verstehen:

- Wie ist die Einstellung des Kunden zu uns nach für ihn wichtigen Kriterien?
- Welche Ziele verfolgen wir pro Phase?
- Welche Maßnahmen kommen in Frage, um diese Ziele zu erreichen?

Einstellungen von Kunden zu Lieferanten in den einzelnen Phasen der Geschäftsbeziehung

Einstellungen des Kunden	Phase 1	Phase 2	Phase 3	Phase 4:
Vertrauen	höchst argwöhnisch	weniger argwöhnisch	Starkes Vertrauen	Abnehmendes Vertrauen
Interesse	niedrig	steigt	sehr hoch	nimmt ab
Status	lockere informatorische Kontakte	wachsender Status	gleicher oder höherer Status	schwankender Status
Risiko	hoch	abnehmend	sicher und zuverlässig	wieder steigend
Macht	minimale Lieferantenmacht	zunehmende Lieferantenmacht	die Macht liegt beim Lieferanten	schwankende Machtbalance
Abhängigkeit	keine	leicht	hoch	teilweise
Sensibilität	sensibel auf Verhalten	sensibel bezüglich Leistung	kleine FehlerToleranz	steigende Fehlersensibilität
Rolle des Lieferanten	unwichtig	GelegenheitsLieferant	Partner	strategischer Partner
Zuverlässigkeit	offen	muß geprüft werden	sehr gut	zweifelhaft

Ziele von Lieferanten in den einzelnen Phasen und Maßnahmenvorschläge, um diese Ziele zu erreichen

Ziele des Lieferanten	Maßnahmen des Lieferanten zur Zielerreichung			
	Phase 1	Phase 2	Phase 3	Phase 4
Kontaktbasis aufbauen	erste Kontakte aufbauen	Kontakte auf alle Entscheider des Kunden ausweiten	Kontaktniveau halten, Beziehungsmanagement	Kontaktmangel abstellen, BeziehungsManagement
Nicht-persönliche Kommunikation	Aufmerksamkeit auf Produkte lenken	bisherige Kaufentscheidung bestätigen, volles Sortiment einbringen, neue Produkte	gemeinsame Marketingaktivitäten	Treue pflegen, Interesse für Innovationen wecken
Eintritts-Barrieren überwinden	High competitor resistance factor identifizieren und aushebeln	Value added bieten durch niedrigen Preis und überlegene Produkte		
Umsatz	Erstauftrag, begrenzte Anzahl von Produkten	Umsatzausweitung auf bewährte Produkte	Umsatz auf gesamte Palette ausweiten	neue Produkte bringen
Anteil	Fuß dort in die Tür, wo Wettbewerb schwach ist	bis 40% ausweiten, Dominanz anstreben	zwischen 40% und 100%	Anteil halten
Verein-barungen	begrenzt	Zugeständnisse verringern	frühere Zugeständnisse beschneiden	Rahmenvereinbarung abschließen
Service	begrenzt, gratis	ausgeweitet und gratis	größtmöglich gegen Berechnung	hohes Niveau zu niedrigen Kosten, gegen Berechnung

Neben dem Erkennen und Eingehen auf Einstellungen der Kunden in den verschiedenen Phasen der Kundenbeziehung verfolgt der Lieferant in jeder Phase ganz bestimmte Ziele, die weitere Maßnahmen erfordern, siehe Seite 222.

6.1 Spezielle Empfehlungen für die Kundengewinnung

6.1.1 Auf die Einstellungen und Erwartungen von Kunden eingehen

Einstellungen des Kunden	Phase 1	Maßnahmenvorschläge zur Kundengewinnung
Vertrauen	höchst argwöhnisch	Vertrauen aufbauen durch Darstellung von Stärken und Referenzen
Interesse	niedrig	wecken durch Inaussichtstellung von Kundennutzen
Status	lockere, informatorische Kontakte	Vorleistungen bieten
Risiko	hoch	absolute Genauigkeit im Detail demonstrieren
Macht	minimale Lieferantenmacht	Testauftrag anbahnen
Abhängigkeit	keine	Interesse für Kompetenz und Know-how wecken
Sensibilität	sensibel auf Verhalten	absolut korrektes Verhalten zeigen
Rolle des Lieferanten	unwichtig	Testauftrag anbahnen
Zuverlässigkeit	offen	Zuverlässigkeit im Detail erleben lassen

6.1.2. Entscheider identifizieren

Für diese Phase der Kundengewinnung gelten zunächst dieselben Empfehlungen wie im Kapitel 4, Element 1: Kontaktaufbau. Die Bezeichnungen der verschiedenen Rolleninhaber sind unterschiedlich. Das Beispiel in Abbildung 67 schließt an die übrigen Beispiele im Element 1 an und zeigt eine Möglichkeit für die Rollenidentifikation, ergänzt durch ein Scoring-System, auf. Dieses vermeidet Ungenauigkeiten der Rollenbezeichnungen.

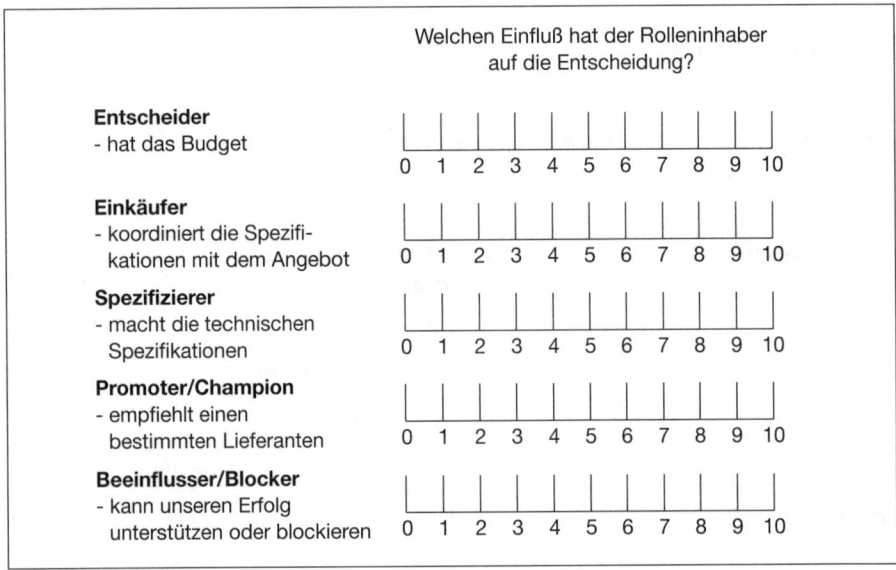

Abb. 67: Rollenverteilung und Einfluß in Entscheidereinheiten identifizieren

6.1.3 Die verschiedenen Einstiegsmöglichkeiten in das Kundenunternehmen nutzen

Die Einstiegsmöglichkeiten in das Kundenunternehmen zur Kundengewinnung hängen wiederum von der jeweiligen Entscheidungsstruktur ab. Diese ist gekennzeichnet

- einmal durch die Rollenverteilung und
- zum zweiten durch die Machtverteilung zwischen den einzelnen hierarchischen Ebenen bzw. zwischen Zentrale, Niederlassung und Einzeleinheit des Kunden. Die Informationen darüber aus dem Kundenunternehmen widersprechen sich zum Teil, da vielfach mehr Kompetenz auf den einzelnen Ebenen der Kundenseite in Anspruch genommen wird, als jeweils vorhanden ist. Insofern muß man sich bei seinem Einstieg sehr diplomatisch verhalten, indem man jeder Person in der Entscheidereinheit den ihren Erwartungen entsprechenden Nutzen leistet.

224

Insgesamt lassen sich vier Einstiegsmöglichkeiten erkennen:

- Der **Einstieg „top-down"** empfiehlt sich immer dann, wenn die Macht für die Entscheidung über das eigene Angebot eher beim Top-Management liegt. Dieses hat vor allem Interessenlage, Produktivität und Gewinn zu verbessern, so daß man sein Angebot auf diese Anforderungen hin positionieren muß.
- Der **Einstieg im oberen Mittelmanagement** setzt voraus, daß von hier die Initiative für die Suche nach einer geeigneten Problemlösung ausgegangen ist. Diese Ebene interessiert sich vor allem für die optimale Lösung eines bestehenden Problems und hat in etwa die gleichen Interessen wie die sog. „Anwender".
- Der **Einstieg beim Einkauf** ist in der Regel der ungünstigste Ansatz. Den Einkauf interessiert meist nur noch das bereits abgeglichene Preis-Leistungs-Verhältnis.
- Der **„Zangen-Ansatz" oder „Top-down-bottom-up"** bedeutet, daß bei allen Mitentscheidern zugleich angesetzt wird. Dabei gilt es, mit Fingerspitzengefühl die Egoismen aus der Profit-Center-Systematik sowie die üblichen internen Eifersüchteleien zu umschiffen.

Im übrigen siehe Abbildung 68.

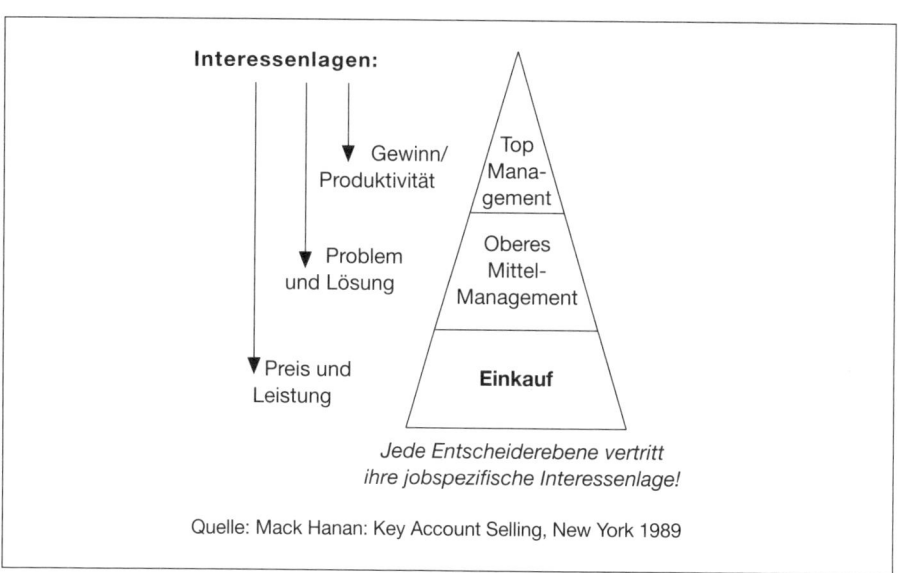

Abb. 68: Entscheidungskriterien nach Entscheiderebenen

6.2 Spezielle Empfehlungen zur Kundenentwicklung

6.2.1 Auf die Einstellungen und Erwartungen von Kunden eingehen

Einstellungen des Kunden	Phase 2	Maßnahmenvorschläge zur Kundenentwicklung
Vertrauen	weniger argwöhnisch	Vertrauen stärken durch gute Erfahrungen
Interesse	steigt	steigendes Interesse durch Demonstration von Kundennutzen stärken
Status	wachsender Status	Status durch Engagement rechtfertigen und festigen
Risiko	abnehmend	Sicherheit vermitteln
Macht	zunehmende Lieferantenmacht	Geschäftsumfang ausweiten
Abhängigkeit	leicht	Lieferbedingungen klären
Sensibilität	sensibel bezüglich Leistung	weiterhin korrektes Verhalten
Rolle des Lieferanten	Gelegenheitslieferant	Lieferantenposition zum Partner anstreben
Zuverlässigkeit	muß geprüft werden	weiterhin Zuverlässigkeit im Detail erleben lassen

6.2.2 Value-added-Beratung durchführen

In dieser Phase muß der Kunde davon überzeugt werden, daß die Zusammenarbeit mit einem bestimmten Lieferanten hilft, in seinen eigenen Geschäften erfolgreich voranzukommen. Dabei ist der Ansatz der Value-added-Beratung sehr hilfreich.

Value-added-Beratung

Schritt 1: Informationsbeschaffung über

1.1 das Geschäft des Kunden und

1.2 seine kritischen Probleme und Geschäftsmöglichkeiten, die wir durch unsere Vorleistung lösen helfen können:

- Welche sind es?
- Welches Profit-Potential für den Kunden ist zu erkennen?
- Wer sind die Entscheider?

1.3 seine derzeitigen Lösungen:

- Welche verwendet er?
- Was kosten sie ihn?
- Wo sind deren Schwächen?
- Wer verteidigt diese beim Kunden?

1.4 unseren Lösungsansatz für die Probleme und ungenutzten Möglichkeiten des Kunden:

- Wie hoch sind die Kosten der bisherigen Lösung für den Kunden?
- Welcher Nutzen entsteht für den Kunden durch unsere Lösung?
- Welche Kosten verursacht unsere Lösung?
- Wie sieht die Kosten-Nutzen-Rechnung für den Kunden unter dem Strich aus?

Berücksichtigen Sie dabei jeweils sowohl die Kosten der Anschaffung als auch die Costs of Ownership oder Costs of Lifetime.

Schritt 2: Planung der Kundendurchdringung

2.1 Welches ist unsere optimale Lösung für

- jedes Kundenproblem?
- jede Kundenmöglichkeit?

2.2 Wie rechnet sich diese in Mark und Pfennig

- für den Kunden?
- für uns?

2.3 Woraus besteht die Lösung im Detail

- Welche Produkte?
- Welche Dienstleistungen?

2.4 Wer sind die an der Entscheidung beteiligten Personen?

- Welche Funktion haben sie?
- Welchen Einfluß haben sie?
- Inwieweit haben wir sie schon für uns gewonnen (1 – 10)?

2.5 Welchen Aufwand erfordert die Kundengewinnung für uns und wie rechnet sich dieser Aufwand?

- Aufwand
- Zielumsatz
- Ziel–DB
- Wie hoch ist der relative Marktanteil, den wir bisher erreichen?
- Wie hoch ist die Potentialreserve für uns?

Machen Sie aus den obigen Informationen einen Kundendurchdringungsplan, den Sie als Key Account Manager auch mit dem Kunden besprechen können.

Schritt 3: Vorstufe zur Partnerschaft

3.1 Partnerschaft beginnt, wenn der Key Account Manager seinen Kundengewinnungsplan gemeinsam mit den Entscheidern und Beeinflussern des Kunden besprechen kann:

- **Informationspartner** geben Ihnen Informationen, aber sie tun nichts für Sie.
- **Aktionspartner** arbeiten für den Key-Account-Manager, aber sie kämpfen nicht für ihn.
- **Anwaltspartner** setzen sich für Sie auf hoher Ebene ein, spielen aber bei der Arbeitsverrichtung keine aktive Rolle.
- Der **Mentorpartner** (auch **Promoter, Coach**) führt den Key-Account-Manager durch das politische und soziale System des Kunden, führt ihn zu Helfern und hält ihn von Gegnern und Ablehnern fern.

3.2 Die Beziehungspflege (Beziehungsmanagement) zu vielen verschiedenen Positionen auf verschiedenen Ebenen mit sehr unterschiedlichen Persönlichkeiten, berufsspezifischen Kulturen und politischen Beziehungen ist eine komplexe Aufgabe. Sie erfordert die meisterliche Beherrschung von dementsprechenden Fähigkeiten eines Key Account Managers.

3.3 Das Ziel ist,

- die eigenen kundenbezogenen Interessen und Vorstellungen
- mit den Zielen jeden einzelnen Partners beim Kunden in Einklang zu bringen.

Schritt 4: Vorschläge bringen

4.1 Jedes Projekt zur Verbesserung des Ertrages, der Produktivität oder der Leistungsfähigkeit des Key Account sollte ein Baustein im Kundendurchdringungsplan sein. Er sollte

- mit einer Priorität bzw. Rangstelle verbunden sein,
- sich aus einem vorangegangenen Projekt ergeben und
- in ein Folgeprojekt übergehen.

4.2 Das Wissen darum,

- wem der Vorschlag gemacht und
- wann er vorgestellt werden sollte,

muß sich aus dem Wissen über die Entscheidungsträger beim Key Account ergeben. Jeder Vorschlag sollte drei Zwecken dienen:

- Einmal sollte er einen hohen Ertrag bringen für
  – den Kunden und
  – das eigene Unternehmen.
- Zum zweiten sollte er den Weg für weitere Projekte ebnen.
- Drittens sollten erfolgreiche Vorschläge in das Kundeninformationssystem (KIS) aufgenommen werden, so daß sie als Referenzen oder für Wiederholungen in anderen Fällen zur Verfügung stehen.

Schritt 5: Implementation/Ausführung

5.1 Projekte werden aus Informationen geboren, wachsen in Profitabilität auf und gehen in ihrer Ausführung unter. Gleichgültig, wie wertvoll Ihr Vorschlag ist: Er wird wertlos, wenn er nicht in das Geschäft des Kunden integriert wird.

5.2 Die Ausführung ist der Säuretest für die Fähigkeit des Key Account Managers, Versprechen in Ergebnisse umzusetzen. Sie ist Ihre größte Chance, um die Partnerschaft zu zementieren, mehr über das Geschäft des Kunden zu lernen und der erste zu sein, der seinen nächsten Vorschlag zur Verbesserung der Erträge des Kunden bringt.

5.3 Dabei spielen drei gemeinsame Nenner bei allen Geschäften eine Rolle:

- So schnell wie möglich anfangen, durchführen und fertig sein ist der entscheidende Faktor: Ihr Vorschlag muß den Ertragsfluß (profit-stream) bringen, den Sie versprochen haben.
- Überwachen Sie Ihre Projekte, insbesondere in bezug auf die Ertragsverbesserung. Schaffen Sie sich dafür ein Überwachungssystem.
- Coaching und Training on the job. Weisen Sie die Mitarbeiter des Kunden ein. Das spart Ihrem Kunden Zusatzkosten und verbessert damit seine Erträge. Außerdem erspart es Ihnen Zusatzkosten durch endlosen Service, Reparaturen, Garantieleistungen, wenn der Kunde mit Ihrer Lösung nicht klarkommt.

5.4 Der Ausgangspunkt für jeden Beratungs- und Verkaufszyklus ist klar: Es sind immer Informationen über besser lösbare Kundenprobleme. Die erfolgreiche Ausführung eines Vorschlags ist zugleich der Einstieg in den nächsten Verbesserungszyklus.

Schritt 6: Benchmarking – Den Erfolg des Projektes messen am Value-added für den Kunden

- Welche Kosten hatte der Kunden vorher?
- Welchen Aufwand hatte er für die implementierte Problemlösung?
- Wie sieht die Bilanz für ihn aus?
- Diese Bilanz muß dem Kunden präsentiert werden, um den Fuß für das nächste Projekt in die Tür zu bekommen!

Quelle: Mack Hanan: Key Account Selling, New York 1989

6.3 Spezielle Empfehlungen zur Kundenbindung

In dieser Phase einer Geschäftsbeziehung kommt es darauf an, das erreichte Niveau zu stabilisieren und zu halten. Dafür empfehlen sich drei Ansätze:

6.3.1 Auf die Einstellungen und Erwartungen der Kunden eingehen

Einstellungen des Kunden	Phase 3	Maßnahmenvorschläge zur Kundenbindung
Vertrauen	volles Vertrauen	Vertrauen halten, Beziehungsmanagement aktiv betreiben
Interesse	sehr hoch	Kundennutzen halten und ausbauen
Status	gleicher oder höherer Status	Status nutzen und demonstrieren
Risiko	sicher und zuverlässig	Sicherheitsniveau für den Kunden erkennbar halten und ausbauen
Macht	die Macht liegt beim Lieferanten	Macht nicht fühlen lassen, aber Erträge steigern
Abhängigkeit	hoch	Rahmenvereinbarung abschließen zur Minderung der Abhängigkeit
Sensibilität	kleine Fehlertoleranz	Fehler abstellen und die Toleranz des Kunden nicht überstrapazieren
Rolle des Lieferanten	Partner	Rolle eines strategischen Partners anstreben
Zuverlässigkeit	sehr gut	Image der Zuverlässigkeit beim Kunden halten. Aktives Beziehungsmanagement betreiben.

6.3.2 Den Status eines strategischen Partners anstreben

Partnerschaftsbindungen kann man in vier Typen gliedern:

- Typ 1: normaler Lieferant
- Typ 2: bevorzugter Lieferant
- Typ 3: Partner
- Typ 4: strategischer Partner

Die Typen unterscheiden sich nach der **Stärke** der erreichten Bindung **und** dem **Zeithorizont der Bindung,** vgl. Abbildung 69.

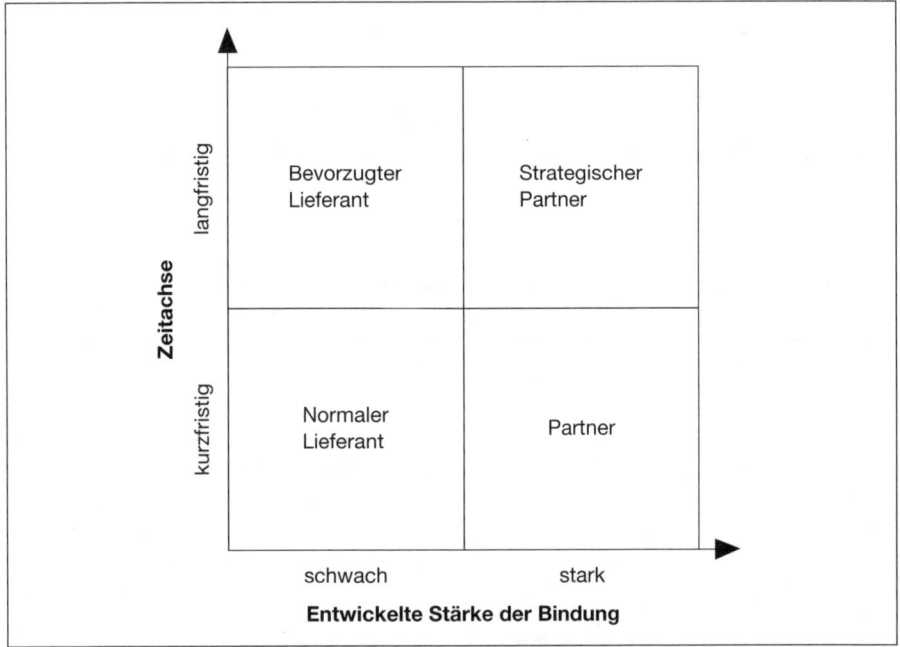

Abb. 69: Die verschiedenen Stadien einer Lieferantenposition

Zur Stärkung der Kundenbindung ist sicher auch das Modell der IBM zur Kundenintegration nach prozeßorientierten Kriterien geeignet (vgl. Abb. 70):

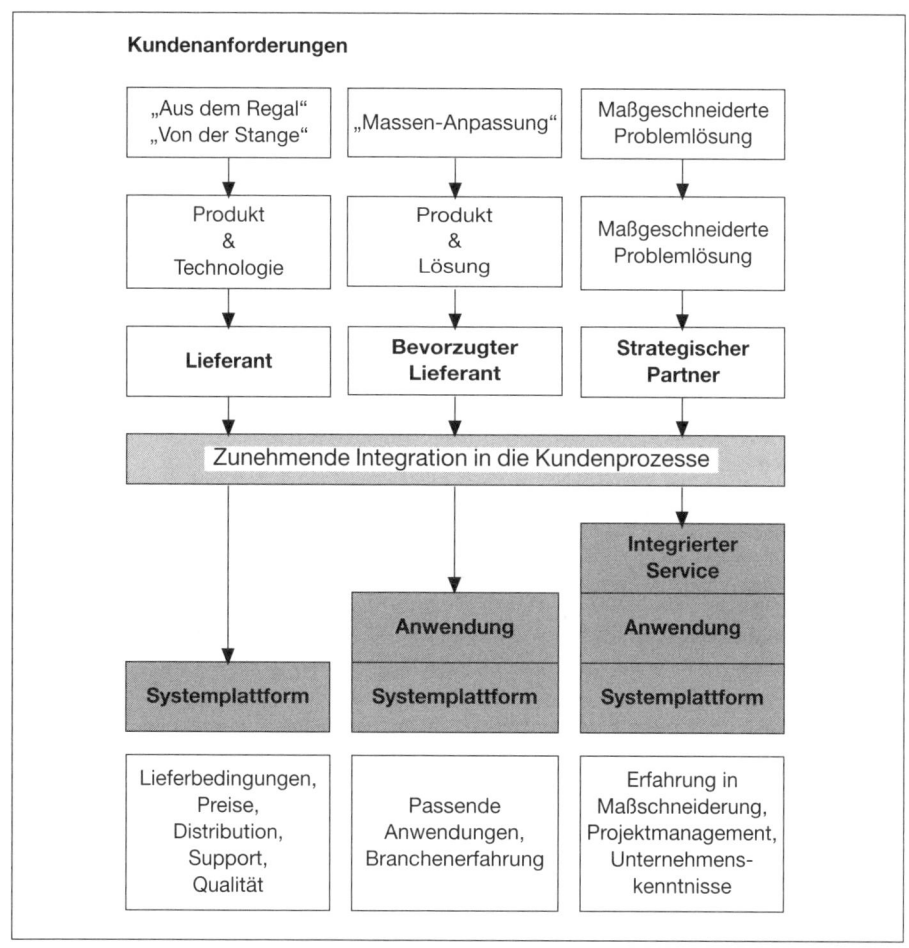

Quelle: IBM, nach: absatzwirtschaft 8/95

Abb. 70: Kundenintegration nach prozeßorientierten Kriterien

6.3.3 Methoden der Kundenbindung anwenden

Methoden der Kundenbindung lassen sich einmal nach ihrer Eignung in den einzelnen Phasen der Geschäftsbeziehung, zum anderen nach ihrer Wirksamkeit gliedern. Dabei gewinnt in zunehmendem Maße das **Beziehungsmanagement** an Bedeutung, welches in den Abbildungen 71 und 72 unter den Methoden und Bausteinen der Kundenbindung dargestellt ist.

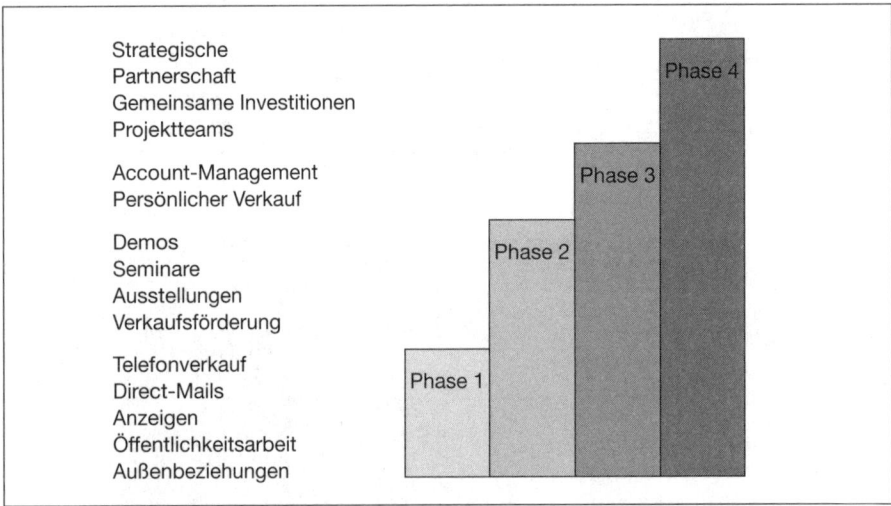

Abb. 71: Bindungsmethoden in den einzelnen Stadien der Geschäftsbeziehung

234

Bereiche	Methoden	Geschätzte Wirkung
Vertrauen	Betriebsbesichtigungen	schwach
	Unterhaltung	schwach
	Regelmäßiger Kontakt	mittel
	Kundenereignisse	mittel
	Event-Marketing	mittel
	Versprechen halten	mittel
	Offene Kommunikation	stark
	Probleme miteinander teilen	stark
	Einbezug des Top-Managements	stark
Ausstiegs-barrieren für Kunden	Hohe Position auf der Lernkurve	mittel
	Technische Unterstützung	mittel
	Problemlösungsprozeduren	mittel
	Kundenclub	mittel
	Leihgeräte	stark
	Frühere Investitionen	stark
	Training	stark
	Informelle Kontakte	stark
	Familienkultur	stark
	Finanzielle Unterstützung	stark
Eintritts-barrieren für Wettbe-werber	Niedriger Preis	schwach
	Überlegene Produkte	schwach
	Electronic Links	stark
	Szenario-Präsentation	stark
	Beziehungsnetzwerke	stark
	Leistungsbasierte Preisstruktur	stark
	Gemeinsame Langfristplanung	stark
	Gemeinsame Innovationen	stark
Ver-netzung zum Kunden-nutzen	Verkäufer arbeiten für den Kunden	stark
	Gemeinsame Werbung	stark
	Geschäftliche Unterstützung	stark
	Gemeinsame Projektteams	stark
	Gemeinsame Finanzierung von „Ventures"	stark
	Wie kann ich dem Kunden helfen, in seinem Markt erfolgreich sein?	
	Strategische Partnerschaft	stark

schwach ☐   mittel ▨   stark ▬

Abb. 72: Bausteine der Kundenbindung

6.4 Spezielle Empfehlungen zur Kundensicherung oder -rückgewinnung

6.4.1 Auf die Einstellungen und Erwartungen der Kunden eingehen

Einstellungen des Kunden	Phase 4	Maßnahmenvorschläge zur Kunden-sicherung und -rückgewinnung
Vertrauen	abnehmendes Vertrauen	vertrauensbildende Maßnahmen neu auflegen; Beziehungsmanagement
Interesse	nimmt ab	Innovationen mit neuem Kundennutzen vorstellen
Status	schwankender Status	Engagement verstärken, Kunden wichtig machen und ernst nehmen
Risiko	wieder steigend	Bedenken des und Risikofaktoren für den Kunden ausräumen
Macht	schwankende Machtbalance	Machtbalance stabilisieren
Abhängigkeit	teilweise	Abhängigkeit kontrollierbar halten
Sensibilität	steigende Fehlersensibilität	Fehler abstellen und die Toleranzgrenzen des Kunden nicht überschreiten
Rolle des Lieferanten	strategischer Partner	strategische Partnerschaft durch ein Maß-nahmenpaket zur Kundenbindung festigen
Zuverlässigkeit	zweifelhaft	jeden Zweifel an der Zuverlässigkeit beseitigen; aktives Beziehungsmanagement

6.4.2 Diagnose und Therapie kranker Geschäftsbeziehungen

Jede Geschäftsbeziehung kann – vor allem in der Phase 4 – einmal krank werden. Unabhängig vom Stadium der Lieferantenposition lassen sich gesunde und kranke Geschäftsbeziehungen erkennen.

Wichtige Checkpunkte für die Diagnose sind:

- das Alter der Geschäftsbeziehung
- der Trend der Umsatzentwicklung
- der Trend des Anteils beim Kunden
- das Maß der Sortimentsdurchdringung

- die Intensität des Beziehungsmanagements
  - der Umfang der Kontaktbasis
  - die Häufigkeit der Kontakte
  - die Offenheit des Informationsaustausches
  - die Häufigkeit und Schwere von Problemen
- der Erfolgstrend der Wettbewerber-Aktivitäten
- der Preisdruck
- die Zahlungsmoral
- der Zeithorizont für die Zusammenarbeit
- der Grad der gegenseitigen Abhängigkeit u.a.m.

Nach diesen Checkpunkten muß die Qualität der Geschäftsbeziehung geprüft und ihr „Gesundheitszustand" beurteilt werden. Dazu dient das „Diagnoseblatt" (Abb.73).

Checkpunkte für den „Gesundheits- zustand" einer Geschäftsbeziehung:	++	+	0	–	– –
Alter der Beziehung					
Umsatzwachstum/-rückgang					
Anteilswachstum/-rückgang					
Sortimentsdurchdringung					
Schmale/breite Kontaktbasis					
Häufigkeit der Kontakte					
Offenheit des Informationsaustausches					
Häufigkeit und Schwere von Problemen					
Wettbewerberaktivitäten					
Preisdruck					
Zahlungsfristen					
Kurzer/weiter Zeithorizont					
Grad der gegenseitigen Abhängigkeit					
Lieferantentreue des Kunden					

Abb. 73: „Gesundheitszustandsdiagnose"

Immer wenn die **Diagnose Krankheitssymptome** erkennen läßt, muß der Key Account Manager eine **Therapie zur Gesundung der Beziehung** einleiten. Dazu muß gezielt ein Maßnahmenpaket konzipiert und realisiert werden.

7. Europäisches, internationales und globales Key Account Management

Europäisches, internationales und globales Key Account Management verfolgen die gleichen Ziele wie nationales Key Account Management, nämlich: **Sicherung und Ausbau von Umsätzen und Deckungsbeiträgen mit Key Accounts.** Es ist von der Aufbauorganisation her gesehen eine Form des gebietsübergreifenden Key Account Managements, wie es im Modell E bereits dargestellt wurde (siehe Abb. 74).

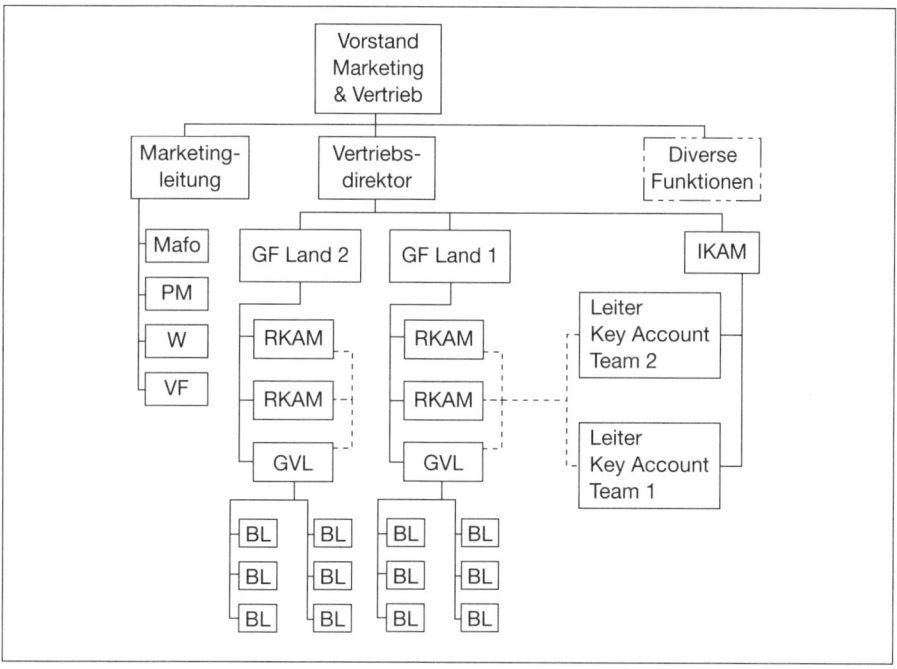

Abb. 74: Internationales Key Account Management

Im Prinzip geht es bei all diesen Modellen immer darum, Kunden, vor allem die sogenannten Large Accounts, ganzheitlich zu bearbeiten, die sich nicht in einer Region erfassen lassen (siehe Abb. 75).

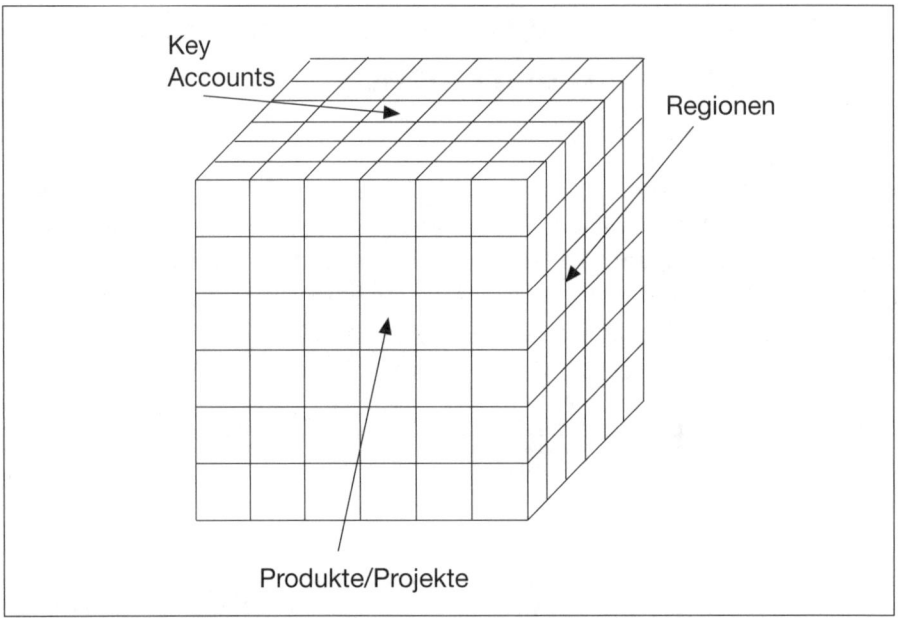

Key
Accounts

Regionen

Produkte/Projekte

Abb. 75: Key Account Management als dritte Dimension der Marktbearbeitung und Markt-durchdringung

Dabei gibt es eine Fülle von Teil- und Unterzielen, insbesondere z. B.:

- die Erfassung von Potentialen
- die Ausschöpfung von Potentialen
- die Erhöhung der relativen Marktanteile bei Key Accounts
- die Intensivierung der Zusammenarbeit
- die Vertiefung der gegenseitigen Informationen
- die Vertiefung der Geschäftsbeziehung usw.

Alle diese Teilziele sind jedoch nur Etappenziele auf dem Wege zum obengenannten Oberziel. Im Grunde sind zwei Begriffe zu beachten, die Unterschiede im Denkansatz und in der Vorgehensweise kennzeichnen:

- **Internationales Key Account Management als Organisationsform,** welche spiegelbildlich der Struktur international operierender Key Accounts gerecht werden muß, um diese adäquat bearbeiten zu können.
- **Das Management international tätiger Key Accounts,** das nicht unbedingt international strukturiert, sondern als nationales Key Account Management weiterarbeitet sein muß, um die nationalen Strukturen

240

internationaler Key Accounts widerzuspiegeln und im einzelnen Land und aus dessen Struktur heraus die jeweilige internationale Teileinheit Key Accounts zu bearbeiten.

Der Unterschied macht in bestimmten Situationen Sinn, wie insbesondere unter Punkt 7.2 ausgeführt wird.

7.1 Internationales oder globales Key Account Management in Branchen außerhalb der Konsumgüterindustrie

In Branchen außerhalb der Konsumgüterindustrie ist internationales und globales Key Account Management seit Jahrzehnten geläufig. So erfolgt zum Beispiel in der Automobil-Zulieferindustrie der Verkauf an und die Belieferung von globalen Automobilherstellern schon seit Jahrzehnten über die nationalen Grenzen hinweg. Im Prinzip gibt es in dieser Branche nur Key Accounts. Die Organisation des Key Account Managements kann eigentlich nur übernational und nur kundenbezogen erfolgen. In der Automobil-Zulieferindustrie ist Key Account Management identisch mit dem Verkaufen an sich. Man kann es sich gar nicht leisten, nicht kundenbezogen zu denken oder zu arbeiten.

Zwei Varianten des internationalen Key Account Managements sind jedoch zu erkennen, nämlich

- die Bearbeitung nicht-nationaler Accounts und
- die Bearbeitung ausländischer Werke deutscher Automobilhersteller vor Ort. Hier geht die Zusammenarbeit in der Praxis so weit, daß der Zulieferer sein Werk neben dem des Herstellers errichtet und betreibt.

Ähnliche Modelle sind auch im **Maschinenbau** und in der **Bauwirtschaft** zu erkennen.

Die **chemische Industrie** bearbeitet ihre Key Accounts seit Jahrzehnten global:

- Kleinere Unternehmen bearbeiten ihre Key Accounts von Deutschland aus.

- Mittlere Unternehmen bearbeiten ihre internationalen Kunden „kaufmännisch" aus dem Land heraus, in welchem die Key Accounts ihre Zentrale oder ihre Entscheidereinheiten haben, während die technische Beratung aus Deutschland kommt.
- Großunternehmen machen die kaufmännische und technische Betreuung von ihren lokalen Niederlassungen aus.

Auszug aus dem „Global Account Management Konzept" eines Chemieunternehmens:

- Führende Anbieter konzentrieren sich auf regionale Schlüsselkunden, folgen ihnen dann in Schlüsselmärkte und entwickeln mit ihnen in enger Zusammenarbeit Produkte mit globaler Akzeptanz.
- Firmen, die neue Produkte vom heimischen Markt ins Ausland transferieren wollen, können dort von etablierten Konkurrenten regelrecht abgeblockt werden.
- Unsere Kunden suchen die größtmögliche, in sich abgestimmte Kompetenz bei ihren Lieferanten.
- Wir bilden Regional- und Global-Account-Teams, um unsere Key Accounts durch einen Kreis kompetenter Mitarbeiter abgestimmt und schlüssig bedienen zu können.
- Standorte:
  - Europa
  - Nordamerika
  - Japan
  - Südostasien
- Definition von Key Accounts:
  - technologisch auf für uns wichtigen Gebieten führend
  - finanziell gesund
  - Marktführer in seinem Gebiet
  - geeignet, unsere Marktanteile entwickeln zu helfen
- Erwartungshaltung an Key Accounts (Idealkunden-Profil):
  - Vertrauen und Offenheit auf allen Gebieten
  - intensive Zusammenarbeit.
- Unsere Leistungen:
  - höchste Qualität
  - spezielle Auftragsbehandlung
  - Priorität in Forschung und Entwicklung
  - totales Engagement des Managements

- Die Account-, Regional-Account- und Global-Account-Teams treffen sich
  - regelmäßig
  - in anlaßspezifischer Zusammensetzung
  - zur Abstimmung der kundenbezogenen Informationen, Wünsche, Leistungen, Stärken, Schwächen, Maßnahmen und Verhandlungen.

7.2 Europäisches Key Account Management der Konsumgüterindustrie

Eine andere Entwicklung hat das internationale Key Account Management in der Konsumgüterindustrie in Europa oder auch das europäische Key Account Management. Auslöser war die Internationalisierung durch Bildung der Europäischen Union und des Europäischen Wirtschaftsraumes. Erste Anstöße kamen vom Handel, dem es vor allem um die Durchsetzung von Meistbegünstigungsbedingungen ging, da die Industrie in den einzelnen Ländern der EG durchaus unterschiedliche Preise und Konditionen hatte. Es ging dem Handel also primär um die Konzentration und Nutzung von Einkaufsmacht zur Verbesserung von Einkaufbedingungen, ohne daß der Industrie dafür nennenswerte Gegenleistungen gebracht werden konnten. Die Grenzen von Gegenleistungen des Handels aus den verschiedenen Ländern seiner Aktivitäten heraus sind auch durch die unterschiedlichen Verbrauchergewohnheiten gegeben. Das hat zur Folge, daß die Hersteller in den einzelnen Ländern zum Teil recht unterschiedliche Produktvarianten bringen und differenzierte Marketingmaßnahmen treffen.

Das alles setzt dem Sinn eines internationalen Key Account Managements Grenzen. Denn übernationale Aktivitäten des internationalen Key Account Managements müßten ja auch internationale Aktivitäten bei den international operierenden Kunden auslösen können. Das ist jedoch – bis auf Bereiche der Logistik – höchst selten der Fall. Vielmehr operieren die nationalen Einheiten der internationalen Key Accounts entsprechend den Verbrauchergewohnheiten in den einzelnen Ländern. Folglich können sie auch mit besserer Kompetenz von den nationalen Key Account Managern der Niederlassungen der Hersteller in den einzelnen Ländern bearbeitet werden. Das entspricht dem Modell des Managements internationaler

Key Accounts aus den einzelnen Ländern heraus in loser Gesamtkoordination und erspart ein internationales Key Account Management. Die Koordination beschränkt sich im wesentlichen auf die Sammlung, Strukturierung, Auswertung, Koordination und Verstärkung von Informationen und verzichtet weitgehend auf übernationale Aktivitäten, die zuwenig Nutzen für die Hersteller bringen würden.

Es handelt sich dabei um passives Key Account Management: Man läßt die Kunden auf sich zukommen und geht auf ihre Wünsche entsprechend den eigenen Interessen fallweise ein.

Das Aufgabengebiet für europäisches Key Account Management ist begrenzt durch die Handlungsmöglichkeiten mit den Kunden und gekennzeichnet durch:

- unterschiedliche Einkaufspreise, die Preisharmonisierung bei Key Accounts mit Bezugsquellen in verschiedenen Ländern zu unterschiedlichen Preisen erfordern
- unterschiedliche Verkaufspreise, die allerdings auch ein nationales Problem für das Key Account Management sind
- unterschiedliche Mehrwertsteuersätze
- unterschiedliche Spannen
- unterschiedliche Konditionen für jeweils gleiche Artikel in den verschiedenen Ländern der EG

Natürlich gibt es für all diese Unterschiede stichhaltige Sachargumente. Dennoch wird auch hier aus den verschobenen Machtpositionen heraus vom Handel versucht, aus Unterschieden Vorteile zu schaffen und aus dem gemeinsamen Wertschöpfungspotential einen größeren Anteil herauszuholen. Dagegen muß sich die Industrie durch abgestimmte Konzepte ihrer internationalen Vertriebspolitik wappnen. Die Handlungsfelder für solche Konzeptionen sind so gekennzeichnet:

- Bestimmung von Leit-Ländern für die Bearbeitung bestimmter Key Accounts
- Entwicklung von Betreuungskonzepten
- Festlegung eines europaweiten Kundenentwicklungsplans
- Einrichtung europaweiter gemeinsamer Projekte zwischen Industrie und Handel
- Erarbeitung eines Konzeptes für die europaweite Preispolitik
- Festlegung von Zielen und Strategien für die Verhandlungsführung

244

Zusammenfassung

Im europäischen Key Account Management der Konsumgüterindustrie sind die Ziele, Aufgaben, Organisationsformen, Arbeitsweisen, Methoden und Techniken des „nationalen" Key Account Managements entsprechend anwendbar. Das bedeutet aber auch, daß – wenn schon internationales Key Account Management sinnvoll ist und eingerichtet wird – dieses mit ausreichender formaler Kompetenz ausgestattet werden muß. Diese ist allerdings bei allen Formen des Key Account Managements sehr stark durch die „Abstimmungskompetenz" und durch sachliche und persönliche Überzeugungskraft gekennzeichnet. Soweit europäisches Key Account Management als passives Key Account Management betrieben wird, beschränkt es sich weitgehend auf firmenintern betriebenes Informationsmanagement.

Chancen und Risiken eines europäischen Key Account Managements können aus der folgenden Abbildung 76 abgelesen werden.

Handel	
Chancen:	**Risiken:**
* Höhere Transparenz	* Änderung der
* Know-how-Bündelung	Organisationsstruktur
* Optimale Warenbewirtschaftung	* Kompetenzgerangel
* Ausbau der Sortimente	* Reibungsverluste
* Kostenersparnis	
* Niedrigere Einkaufspreise	
Industrie	
Chancen:	**Risiken:**
* Wachstum	* Margen- und Erlösdruck
* Gewinn von internationalen	* Kompetenzgerangel
Marktanteilen	* Reibungsverluste
* Schnellere Harmonisierung	* Mittelstand verliert
des Produktangebots	gegen Giganten??
* Scale-Effekte	
* Einheitliche Positionierung	

Quelle: Roland Berger & Partner, Lebensmittelzeitung vom 18.05.90

Abb. 76: Chancen und Risiken im europäischen Key Account Management

Ein weiterer Aspekt des europäischen Key Account Managements ist die **Standardisierung der Systematik,** mit der Key Account Management betrieben wird. Diese bezieht sich vor allem auf die gesamte Informationstechnologie, die Verkaufsplanung und Verkaufssteuerung, auf die Abstimmung der Produktion und auf die Logistik. Diese Standardisierung der „systems and procedures" hat von den Herstellerzentralen auszugehen, um eine einheitliche Sprachregelung der Begriffe zu schaffen sowie gemeinsame und einheitliche Denkansätze, Betrachtungsweisen und Arbeitsweisen durchzusetzen und damit die Effizienz der Markt- und Key-Account-Bearbeitung zu steigern.

Bei multinational arbeitenden Unternehmen sind diese standardisierten Systeme und Abläufe längst installiert.

Literaturverzeichnis

Bald, M.:   Großkunden gewinnen und professionell bearbeiten, München 1994

Bauernfeind, J.;
Maximow, J: Internationales Key Account Management als Antwort der Industrie auf Entwicklungen im Handel, in: Lebensmittelzeitung vom 18. 5. 1990

Bock, A.:   Disharmonie im Marketing-Mix, in: Lebensmittelzeitung 34/1989

Diller, H.;
Gaitanides, M.:   Das Key Account Management in der deutschen Lebensmittelindustrie, Hamburg 1988

Ebert, H.:   Der Key-Account-Manager im Spannungsfeld zwischen Industrie und Handel, Bamberg 1991

Ebert, H.; Lauer, H.:   Key Account Management, Bamberg 1988

Große-Oetringhaus, W. F.:   Das Geheimnis strategischen Verkaufens, in: HarvardManager Nr. III 1990, S. 93 ff.

Hanan, M.:   Key Account Selling, New York 1989

Irrgang, W.:   Strategien im vertikalen Marketing, München 1989

Kemmna, H.:   Key Account Management, Landsberg 1979

Kleine, S.:   Das Erfolgspotential des Key Account Management am Beispiel der Druckindustrie, Diplomarbeit, Paderborn 1992

Köhler, R.:   Beiträge zum Marketing-Management, Stuttgart 1989

Maderthaner, W.:   Der Kundenmanager, Wiesbaden 1987

Miller, R. B.;
Heiman, S. E.:   Strategisches Verkaufen, 8. Auflage, Landsberg/Lech 1997

dieselben: Schlüsselkunden-Management, Landsberg 1991

Münzberg, H.:   Den Kundennutzen managen, Wiesbaden 1995

Nordloh, J. J.:   in: Altschul: Marketing in Mark und Dollar, in: absatzwirtschaft 5. 1990

Pümpin, C.:	Das Management strategischer Erfolgspositionen, Bern 1982
Rau, H.:	Key Account Management, Wiesbaden 1994
Renault, S. A.:	Achats de Composants et Matières/Purchasing of Components and Materials, Paris 1996
Richter, N.:	Möglichkeiten und Probleme der Organisation des Key Account Managements bei indirektem Vertrieb über den Handel, Diplomarbeit, Münster 1986
Sidow, H. D.:	Key Account Management Teil 2: Irrwege, Umwege, Auswege, in: absatzwirtschaft 8. 1989
Sidow, H. D.:	Der Key Account Manager: Versuch eines Profils, in: MARKETING JOURNAL 5. 1986
Sidow, H. D.:	Vom Großkundenmanager zum Kleinunternehmer, in: absatzwirtschaft 7. 1984
Sidow, H. D.:	Key Account Management: Organisation und Arbeitstechniken der Großkundenbearbeitung bei Vertrieb über den Handel, unveröffentlichtes Manuskript, München 1983
Sidow, H. D.:	Marketing – am Partner vorbei in die Sackgasse, in: Marketing und Verkauf 5. 1975
Sidow, H. D.:	Account-Management, in: absatzwirtschaft 2. 1979
Simon, H.:	Grüße von Darwin, in: manager magazin
Wolter, F. H.:	Großkundenmanagement, Landsberg 1985
Womak-Jones-Roos:	Die zweite Revolution in der Automobilindustrie, New York 1990

Stichwortverzeichnis

Trends Informationen
Erfolgsgeheimnisse